My best wishes
for Korea's
creative economy

John Howkins
30/10/2013

존 호킨스 **창조경제**

“이제, 아이디어를 가진 자가
미래를 지배하는 세상이 된다.”

존 호킨스 **창조경제**

초판 인쇄 | 2013년 11월 22일
초판 발행 | 2013년 11월 29일

지 은 이 | 존 호킨스
옮 긴 이 | 김혜진

발 행 인 | 김영희
발 행 처 | (주)FKI미디어
기획·마케팅 | 신현숙, 권두리
디자인·편집 | 문강건
교정·교열 | 이호열, 오경미
등록번호 | 13-160
주　　소 | 150-742 서울 영등포구 여의도동 27-2
전　　화 | (출판콘텐츠팀) 02-3771-0434 / (영업팀) 02-3771-0245
팩　　스 | 02-3771-0138
홈페이지 | www.fkimedia.co.kr
E-mail | drkwon@fkimedia.co.kr
I S B N | 978-89-6374-066-9 03320
정　　가 | 2만 2,000원

이 도서의 국립중앙도서관 출판시도서목록(CIP)은 서지정보유통지원시스템 홈페이지(http://seoji.nl.go.kr)와 국가자료공동목록시스템(http://www.nl.go.kr/kolisnet)에서 이용하실 수 있습니다.(CIP제어번호: CIP2013024759)

존 호킨스

창조경제

CREATIVE ECONOMY

존 호킨스 지음 김혜진 옮김

에프케이아이 미디어

일러두기

1. 이 책에서 인명, 기업명, 단체명 등 고유명사와 자주 나오는 용어들은 맨 처음 나올 때만 원어를 병기하였다.
2. 이 책에 나오는 책제목 중 국내 번역출간 도서는 한국어판 제목과 원제를 병기했고, 국내 미출간 도서는 원제목을 직역하고 원어를 병기하였다.
3. 문장 부호는 다음의 기준에 맞춰 사용하였다.
   『』: 단행본, 「」: 연구논문, 《》: 신문, 잡지, 그 외 여러 개의 기사가 담긴 정기매거진, 〈〉: 방송프로그램, 영화, 음반 등

창조경제 The Creative Economy New Edition
한국어판 발간에 즈음하여

지금 우리가 사는 시대는 인류 역사상 가장 창조적이고 혁신적인 시대입니다. 그 어느 때보다도 새로운 아이디어를 생각하는 데 시간을 투자하려는 사람이 많습니다. 오늘날 창조성은 사무실 중심으로 업무 시간에만 일어나거나 전문가만 하는 일이 아니라, 회사 안팎에 있는 사람들의 머릿속에서 하루 24시간, 생각할 시간이 있을 때마다 생겨납니다.

창의성은 예술에서 기술까지 아우르면서 범위도 훨씬 넓어졌습니다. 창의성을 발휘하는 사람도 어마어마하게 많아졌습니다.

사람들이 새로운 아이디어를 떠올리는 곳이라면 어디에서든 창의성이 보입니다. 창의성은 미술품 설치나 3D 인쇄, 컴퓨터 코드 작성, 스마트폰 앱, 생체모방에서도 뚜렷하게 나타납니다. 예술이나 과학 같은 구분에서 벗어나 도처에서 영감을 찾는 사람들을 보면 참 반갑습니다. 컴퓨터 소프트웨어를 예로 들어보지요. 1970년대 기업들은 소프트웨어를 제품으로 취급했습니다. 하지만 2000년 즈음에는 서비스형 소프트웨어SaaS(Software as a Service)를 생각하기 시작했습니다. 그리고 지금은 스마트한 회사들이 서비스를 우선시하면서 소프트웨어형 서비스를 개발 중입니다.

『창조경제The Creative Economy』 초판을 출간한 이후로 이제는 거의 모든 국가가 창의성이 얼마나 중요한지 깨달은 상황입니다. 기업들은 무형자산을 더 강조하고, 각국 정부와 협력하여 법률과 규제, 특히 지식재산 관련법을 개혁하려고 노력하는 중입니다. 교육과 훈련, 대학 연구와 연구개발 분야에서도 근본적인 변화가 일어나고 있습니다. 지금은 경쟁법을 적용하여 신생기업과 대기업의 거래조건에 균형을 잡습니다. 또한 영국과 미국에서는 2013~2014년 사이에 국가 통계나 사회복지제도 측면에서도 중대한 변화가 일어날 전망입니다.

이런 다양한 사안을 하나하나 구분하기가 어려울 때도 있습니다만, 저는 우리 개인의 창의성과 사회적 환경, 그리고 경제라는 세 가지 측면에서 접근합니다.

인간은 창의적으로 태어납니다. 우리가 삶을 더 나아지게, 아니 그저 더 재미있게라도 만들 방법을 전혀 생각하지 않고 산다고 해 보지요.

그런 모습이 과연 상상이 되십니까? 어떤 개선책을 내놓을 방법을 조금도 생각하지 않고 사는 모습 말입니다. 아이들은 늘 그런 창의적인 일을 하고, 예술가와 발명가들도 그렇습니다. 그리고 점점 더 많은 사람들이 일하는 과정 전반에서 그렇게 합니다. 맥킨지McKinsey는 미국과 영국, 독일 노동 인구의 절반 이상이 다른 사람의 허락을 기다리지 않고 자기 일을 알아서 개선하는 대가로 월급을 받는다고 추정합니다.

우리의 상상력은 우리가 자유롭게 생각을 표현하고 아이디어를 나누어야만 꽃을 피웁니다. 따라서 우리는 창의성을 바람직하고 가치 있는 대상으로 보는 집단이나 공동체에 있어야 합니다. 이 집단 또는 공동체는 소규모 집단이나 대기업, 공공단체, 도시, 국가 등 어떠한 사회제도 안에도 존재 가능합니다. 저는 이러한 창조생태계를 '변화와 다양성, 학습, 적응'이라는 네 가지 기준으로 측정합니다.

다음으로 새로운 아이디어를 내놓을 시장, 개방·공정·효율이라는 세 가지 특성이 있는 시장이 필요합니다. 가치사슬의 모든 단계에 이러한 시장과 거래가 있어야 합니다. 새로운 TV 형식이나 새로운 앱, 새로운 디자인을 개발하는 사람들에게는 개발 초기부터 팀 구성, 유통, 판매에 이르기까지 모든 단계에서 이러한 시장이 필요합니다.

창조경제의 성장은 분명 교육에서 금융 시장에 이르기까지 광범위한 요인에 따라 좌우됩니다. 그렇다고 놀랄 일은 아닙니다. 창조경제 시대에는 기존 제조업이나 서비스업과는 다른 자산이 존재합니다. 지난 20여 년간 전 세계에서 한 경험을 보면, 창조경제의 성공은 여러 사업모델은 물론 교육에서 문화정책, 도시설계, 기업 지원, 조세 및 경쟁 정책, 무역정책 등 다양한 정부 규제에 따라 결정됩니다.

그리고 그 중심에는 기업 투자자들과 관리자들이 새로운 경제를 이해하고 새로운 자산에 집중하려는 새로운 태도가 있습니다. 새로운 자산을 욕구의 대상이 될 상품과 서비스로 바꾸려는 목적이지요. 여기서 인터넷의 성장은 매우 중요합니다. 검색과 공유라는 인터넷의 힘은 공급과 수요 곡선을 둘 다 바꿔놓았습니다. 그리고 접근과 가치, 가격, 편의에 관해 사람들이 품은 기대 수준도 바꿔놓았습니다. 이렇게 이루어지는 새로운 협상은 소매 유통에서 한자리에 모입니다. 창조경제에서는 판매만큼 구매도 중요합니다.

저는 이번에 전국경제인연합회의 출판 자회사인 FKI미디어에서 『창조경제』 한국어판을 발간하게 되어 매우 기쁘게 생각합니다. 지난 수십 년간 대한민국이 거둔 성공은 정말 인상 깊었습니다. 그리고 이제 대한민국은 재조정을 해야 할 시기를 맞이했습니다. 저는 개인과 사회, 경제의 굳건한 결합에 기반을 둔 창조경제의 다양한 원칙이 앞으로 한국 사회가 나아갈 길이라고 믿습니다.

2013년 런던에서

존 호킨스

누가, 왜 **창조**하는가?

누가 창조하는가? 누가 창조하고자 하는가? 누가 창조할 수 있는가? 사람은 누구나 자기만의 상상력을 갖고 태어나 놀이와 질문 그리고 새로운 아이디어 제시를 통해 그 상상력을 시험하려는 원초적 본능이 있다. 창의성을 발휘하는 것은 성장의 일부이자 평범함의 징표다. 그러나 시간이 흘러 아이가 학교에 가서 여러 가지 사실과 처신하는 법을 배우면서 창의성은 미술 시간으로 밀려난다. 청소년의 교육 수준은 어느 정도 향상되지만 창의성은 침묵당한다.

물론 우리가 가진 가장 귀중한 자산 가치가 꼭 이렇게 하락하라는 법은 없다. 이제 학교 교사들도 자기표현이나 질문을 장려하고, 기존 사고방식에 도전하기를 기대하며 대학에 진학하는 사람도 많아졌다. 기업도 아이디어가 있는 사람을 채용하고자 한다. 우리는 자원, 에너지, 빈곤, 금융 등 여러 측면에서 위기에 직면해 있고, 이러한 위기에는 보다 현명하고 창의적인 해결책이 필요하다. 창의성과 창의성의 사촌 격인 혁신은 경제와 천재성이 지배하는 인터넷 부문에서 가장 흥미롭고 수익이 큰 분야다. 이제 평범한 사람도 창의적 사고를 하고자 하며, 또 자신도 창의적일 수 있다는 것을 깨닫게 되었다.

IBM이 60개국 CEO 1,600명을 상대로 리더십 설문조사[1]를 실시한 결과, 응답자들은 창의성이 그 어떤 리더십 특성보다 으뜸이며, 그 창의성에는 "모호함을 익숙하게" 생각하는 것도 포함된다고 답했다. 이 점은 일반적으로 IBM과는 어울리지 않는 부분이었다. 설문조사를 의뢰한 IBM의 CEO, 새뮤얼 팔미사노Samuel J. Palmisano는 이 결과를 보고 "정신이 번쩍 들었다"고 했다.

캘리포니아의 닷컴기업에서 코드와 알고리즘을 만드는 사람들이나 디지털 창업, 런던의 각종 임시매장(팝업스토어)을 보아도 새로운 분위기를 느낄 수 있다. 유럽 전역의 체험극장이나 비디오 설치물, 상하이의 패션, 온라인 블로그 활동과 디자인 네트워크, 텍사스의 SXSWSouth by South West 축제에서 오픈소스 의료와 생체모방공학, 유비쿼터스를 논하는 컴퓨터 전문가와 예술가 사이에서도 이러한 변화가 보인다. 인도의 저에너지 발전계획이나 브라질 빈민가의 디자인실, 보고타의 평화의 소리Notes of Peace 오케스트라에서 연주하는 빈곤층 아동에게서도 마찬가지다.

온라인 운동가이자 소설가인 코리 닥터로우Cory Doctorow의 마음속에도 이러한 기운이 있다. 그는 3D 프린터를 달로 보내 나중에 달 착륙에 필요한 구조물을 짓겠다는 단편소설을 쓰고, 이와 관련된 연구 프로젝트를 진행 중이다. 3D 프린터는 평면에 잉크를 분사하는 대신 플라스틱 등의 소재로 3차원 대상을 만든다. 닥터로우가 세운 계획이 터무니없게 들릴지도 모르지만, 미 육군은 이미 아프가니스탄에서 배낭 크기의 550달러짜리 3D 프린터를 사용하여 현장에서 병사들이 직접 부품을 재생산하게 한다. 영화 〈스카이폴Skyfall〉에서 제임스 본드의 애마인 애스턴 마틴 DB5가 불꽃 속에 폭발하는 장면을 본 대부분의 사람들은 그 차가 실물이 아님을 짐작했을 것이다. 그러나 그것이 기존의 보드와 접착제로 만든 모형이 아니라 3D 프린터로 인쇄한 실물 크기의 모형이라는 사실을 아는 사람은 거의 없었을 것이다(애스턴 마틴 인쇄는 영국의 프롭숍 모델메이커스Propshop Modelmakers가 착안해서 복셀제트Voxeljet사에 의뢰하였고, 복셀제트는 이 작업에 VX4000 프린터를 사용하였다).

이 책은 상상력을 활용하며 창의성과 비즈니스, 돈의 관계를 탐구하는 사람들에 관한 이야기다. 창의성도 경제학도 새롭지는 않지만 이 둘 사이의 성격은 새롭다. 전통적인 매체든, 온라인이든, 3D 프린터든 사람이 자신만의 아이디어를 표현하는 것은 즐거움과 이익을 동시에 창출하는 원천이 된다. 이 책의 초판이 출간된 지 10년이 지난 지금, 아이디어를 공유할 방법은 늘었고 비용은 줄었으며 시장은 커졌다.

이 책은 우리가 원하고 잘하는 것을 다룬다. 우리는 매일 창의적인 것과 기존의 것 사이에서 선택해야 하는 순간에 직면한다. 과연 우리가 원하는 것은 어느 쪽인가? 이는 생각하는 것과 생각하지 않는 것, 배우는 것과 배우지 않는 것 사이의 선택이다.

아이디어가 있는(아이디어를 소유한) 사람은 이제 기계를 작동시키거나 소유한 사람보다도 훨씬 더 힘이 있다. 그런데도 창의성과 경제학의 관계는 아직 분명하지 않다. 그래서 나는 하나의 프레임 안에 창의성과 경영, 자본, 부와 복지 등 모든 요소를 한데 모아보기로 하였다. 이 책은 바로 그 결과다.

커진 규모, 늘어난 범위

우리는 창의성과 독창성이 넘치는 시대에 산다. 오늘의 아이디어가 어제의 아이디어보다 '낫다'는 말이 아니다. 그 어느 때보다 창의성을 자기 정체성의 일부로 생각하는 사람이 많다는 말이다. 이러한 변화는 관련된 사람의 수(규모)와 이들이 하는 일이 미치는 영향력의 정도(범위)로 측정이 가능하다. 핵심 창조부문은 유럽과 미국, 일본 국내총생산GDP 가운데 12%, 성장률만 봤을 때는 훨씬 더 높은 비중을 차지한다. 미국은 식품과 음료, 자동차, 컴퓨터, 비행기보다 저작권으로 더 많은 가치를 수출하며 영국의 패션산업은 자동차나 제철산업보다 더 많은 사람을 고용하고 더 큰 수익을 올린다. 중국의 창조부문은 급성장하여 GDP의 4~5% 정도나 기여하고 있으며, 베이징과 상하이 지역만 따지면 이는 10~11%에 이른다. 세계 100여 개국이 창조경제와 관련해 자체적으로 국가적 차원의 계획을 세웠고, 몇몇 특이한 사례를 제외하고는 세계의 거의 모든 대도시가 창조도시를 표방하고 있다.

범위도 늘어났다. 미술가인 일레인 슈밀트Elaine Shemilt는 스코틀랜드의 작물유전학자들에게 유전자 데이터 일부를 달라고 요청하였다. 작물유전학자들은 거기서 아름다운 예술적 무늬가 나오리라 예상은 했지만 그 결과는 더 엄청났다.[2] 슈밀트는 이 데이터를 순수한 형태가 될 때까지 해체하였고, 과학자들이 그때까지 그저 잡음으로 무시하던 여러 대상에 의미를 부여할 만한 관련성을 시각화하였다. 그 덕택에 과학자들은 전에는 주목하지 않던 유전자 배열을 알게 되었고, 이에 자극을 받아 유전자가 병원체로 어떻게 변하는지에 관하여 새로운 이론을 생각해냈다. 슈밀트가 자신만의 미학을 활용하여 새로운 지식을 창조한 이 사례는 창조경제의 전형이다.

창의성은 어디서나 툭 튀어나온다. 누군가 혼자 잠시 생각하면서 재미있는 일을 할 수 있도록 새로운 방식을 내놓는다. 남아프리카공화국의 새라 콜린스Sarah Collins는 할머니가 건초 보온상자(짚을 넣어 불 없이 조리하는 상자 모양의 도구)를 사용하던 방식을 응용한 아이디어로 조리 기구인 원더백Wonderbag을 발명하였다. 콜린스는 원더백으로 5년 안에 탄소 수천 톤을 줄이겠다는 목표를 세웠다. 밀워키에서 도시 농업 운동 '그로잉 파워Growing Power'를 시작한 윌 앨런Will Allen은 황폐한 도시 한 가운데 농장을 짓겠다는 아이디어 창출은 물론, 수경재배 방식이나 작물 선택, 새로운 시장 창출에서도 창의적이었다.

스코틀랜드 정부는 "컴퓨터 게임 부문의 몇몇을 포함한 창의적인 인재들에게 이곳 스코틀랜드에서 테러리즘을 연구하라"고 요청했다(2010년 3월, 창의형 인재를 스코틀랜드에 초대한 사람은 스코틀랜드 정부 문화국 부국장인 웬디 윌킨슨Wendy Wilkinson이었다). 각종 창업과 임시매장으로 이루어진 신세계에서는 미국 중앙정보부CIA가 벤처투자 회사를 설립하고, 비디오게임 개발로 사회생활을 시작한 사람이 그 회사 초대 CEO라는 사실도 그리 놀랍지 않다(이 사람은 CIA 소속 인큐텔In-Q-Tel에 초대 CEO로 합류하기 전, 세계적인 베스트셀러 컴퓨터 게임 테트리스를 운영하던 길먼 루이Gilman Louie다). 중국에서는 창조경제를 앞장서 지지하는 리우웨이Li Wuwei 전국인민정치협상회의 부의장이 국가농업위원회를 통해 모든 농장에 창의적 사고를 도입하라고 주문했다.

중국에서 회의적 시각을 보이던 한 교육부 관리가 이런 내용을 요약해달라고 했을 때, 나는 창조생태계라고 하는 세 가지 명제를 내놓았다. 이 생태계는 3부작으로 구성된다. 사람은 누구나 태어날 때부터 창의성이 있고, 창의성에는 자유가 필요하며, 자유에는 시장이 필요하다. 그 교육부 관리는 창조생태계라는 이름과 이 세 가지 원칙을 마음에 들어 했다. 1주일 뒤 로스앤젤레스의 타임워너 스포츠 머천다이징Time Warner Sports Merchandising 사장도 열띤 반응을 보였다. 그 후 이 세 명제는 창의성과 혁신에 관한 내 연구의 핵심이 되었다.

자유와 시장에 관한 척도를 세우면 사람들은 아이디어를 관리하고 보다 효율적으로 일하는 법을 배우며 사회복지에 관한 영향도 평가할 수 있다. 세상에 예술이 넘쳐날 일은 없겠지만(좋지 못한 예술이 넘쳐날 때도 있지만 그것은 다른 문제다), 창의성의 규모와 범위가 커져서 사회 각 부문에 스며들면 사회복지와 형평에까지 영향을 미친다. 각기 다른 자유가 충돌할 수도 있다. 다양한 시장이 자원배분을 잘못시킬 수도 있다. 이러한 문제의 저변에는 창의성을 삶의 방식으로 선택하는 개인과, 익숙함과 안정성을 추구하는 개인 사이의 갈등이 존재한다.

10개의 장 : 아이디어에서 자산까지

이 책은 창조경제의 개요부터 출발하여 한 개인이 문제(어떤 단어, 어떤 컬러를 쓸 것인가와 같은)를 해결하거나 더 개인적인 사안을 다룰 때, 그리고 세상을 더 나아지게 하려고 할 때 어떻게 창의성이 생기는지 설명한다.

먼저 1장은 인간은 지식과 미(양대 정점)를 추구한다는 점을 이야기한다. 2장은 세 가지 명제(3대 명제)를 제시한다. "사람은 누구나 태어날 때부터 창의성이 있다", "창의성에는 자유가 필요하다", "자유에는 시장이 필요하다"는 것이다. 3장에서는 창의성이 얼마나 개인적이고 가치 있으며 어떻게 새로운 아이디어를 낳는지 설명하고, 창의적인 사람의 특징 몇 가지를 소개한다.

공백 상태에서 아이디어를 얻는 사람은 없다. 4장에서는 '창조생태계'와 변화와 다양성, 학습과 적응이라는 네 가지 요소를 설명한다. 창조하는 정신은 적응하는 정신이며, 끊임없이 학습하고 적응하면서 이해하고 더 나아지려고 한다. 우리는 복제에서 협업과 경쟁, 갈등에 이르는 여러 관계를 통해 이 과정을 겪어나간다.

"창의성에는 자유가 필요하다"는 명제는 개인과 아이디어의 관계를 관리할 자유를 포함하므로, 5장에서는 관리의 문제와 사람들이 함께 일하며 아이디어를 공유하는 방식을 살펴본다. 시장과 거래에 가까이 갈수록 각종 계약의 협상을 필요로 한다. 6장은 저작권과 특허, 기타 지식재산권법을 설명하고, 소유권과 접근권한에 관한 새로운 사상 속에서 이들이 어떻게 변화하는지를 보여준다.

온라인 시장은 구경제의 부채 및 금융위기와 구세계의 정치적 지배구조(거버넌스) 위기에도 영향을 받지 않고 전 세계적으로 가장 빠르게 성장하는 시장이다. 예술과 문화, 미디어, 혁신의 새로운 변화는 상당수가 온라인에서 형성되기 시작하고 온라인에서 통해야만 물리적 존재감을 갖기 시작한다. 7장에서는 '빅데이터'와 알고리즘의 현 상황, 그리고 온라인 시장의 네 가지 기본 수요를 설명한다.

이러한 요소들은 이 책에서 창조경제의 심장부라 할 수 있는 예술과 문화, 디자인, 미디어, 혁신 등의 핵심 시장에서 어우러진다. 8장에서는 이 핵심 시장들이 움직이는 방식과 사업모델, 가치사슬을 설명하고 시장의 수익을 제시한다.

창의적인 사람은 새롭고 재미있는 것을 알고자 하는 욕구가 매우 강하다. 이를 위한 최선의 방법은 협업이다. 9장은 도시가 어떻게 창의성이 자라날 클러스터를 제공하는지, 그리고 공장 규모의 생산라인이 두뇌 규모의 사고로 전환하면서 도시의 분위기가 어떻게 바뀌는지를 설명한다.

창의성과 혁신은 전통적인 사업모델에는 맞지 않으며, 기존 지식과 지금 실제로 벌어지는 일 사이에는 걱정스러운 격차가 존재한다. 마지막 장에서는 세 가지 명제와 생태계에 관한 이해를 기반으로 앞으로 나아갈 바를 제시한다. 개인의 목소리와 집단의 힘 사이에서, 그러니까 자신과 타인의 아이디어 사이에서 어떻게 헤쳐 나가야 하는지 말이다.

목 차

C o n t e n t s

1

제 1 장

오크Orc들이 옥스퍼드 서커스를 가로지를 때

도약하는 아이디어

2009년, 런던시장은 가장 번잡한 쇼핑가인 옥스퍼드가와 리젠트가 사이에 있는 교차로의 횡단 방식을 변경했다. 그날 사람들은 가장자리에서 간신히 지나던 좁은 보도로 우르르 몰려다니지 말고 중앙을 대각선으로 가로질러 건너라고 안내받았다. 보리스 존슨Borish Johnson 시장이 처음 이 아이디어를 제안했을 때는 다들 웃어넘겼다. 옥스퍼드 서커스는 하루 방문객만 50만 명이 넘고, 쉴 새 없는 교통량으로 악명 높은 곳이었다. 그 중심으로 걸어 들어간다는 터무니없는 생각은 존슨 시장도 인정했지만 정신 나간 것이었다. 어떻게 이것이 가능할까?

런던시는 자신만만했다. 지구 반대편에 있는 뉴질랜드 웰링턴의 영화감독과 로스앤젤레스에 있는 소방관의 독창성이 있었기 때문이다.

J. R. R. 톨킨Tolkien이 쓴 『반지의 제왕The Lord of the Rings』을 읽었거나 피터 잭슨Peter Jackson 감독이 만든 동명의 3부작 영화를 본 사람이라면 오크를 기억하리라. 톨킨은 오크를 설명하면서 "땅딸막한 키와 떡 벌어진 어깨, 납작한 코, 누런 피부, 쩍 벌어진 입, 치켜 올라간 눈……, 품위가 없으며 혐오스럽다"고 했다.[1] 잭슨 감독은 〈반지원정대The Fellowship of the Rings〉 시리즈의 첫 편에서 오크 무리에 생명을 불어넣기 위해 뉴질랜드 애니메이션 회사 매시브소프트웨어Massive Software의 창립자인 스티븐 르질러스Stephen Regelous를 고용했다.

잭슨과 르질러스는 몇몇 주인공들에게 해왔듯이, 손으로 그리는 방법을 쓰기에는 오크들이 너무 많다고 판단하였다. 게다가 당시 군중을 복제하는 소프트웨어는 아주 원시적인 수준이었다. 르질러스는 각각의 대상에 인공지능과 퍼지 논리를 부여하는 새로운 소프트웨어 알고리즘을 개발해야 할 필요성을 느꼈다. 그래서 각각의 오크가 서로 옆에 있는 오크들에 반응하고 자신의 길을 찾아가도록 오크 스스로 결정을 내릴 수 있게 만들어야 했다. 영화 속에서 모든 오크들은 자신의 의지와 생각대로 마치 살아 있는 듯 움직였다.

톨킨의 팬들은 영화화를 우려했지만 전 세계 관객은 영화관에서 〈반지원정대〉를 보려고 8억 7,100만 달러를 지불했다. 3부작 전체를 합하면 영화 관객 수입으로 29억 달러를, 홈비디오 수입으로 약 22억 달러를 거두어들여 총 수입은 50억 달러를 훌쩍 뛰어넘었다. 〈반지원정대〉는 아카데미영화상 13개 부문 후보에 올라 4개 부문을 수상했는데, 그 중에는 시각효과상도 있었다.

〈반지원정대〉는 새로운 영화제작 방식의 시작을 알렸다. 각본에 정식 작가로 4명이 이름을 올렸는데, 이름이 오르지 않은 작가도 7명이나 더 있었다. 피터 잭슨은 영화부서 7개, 음악부서 9개, 제작팀 2,400여 명을 관리하였다. 음악 중 일부분은 런던 외곽의 작은 마을 워트포드에서 녹음하였다. 이곳은 음악으로 유명하지는 않았지만 런던 심포니 오케스트라 가까이에 버려진 공회당이 있다는 장점이 있었다.

〈반지원정대〉 3부는 2003년 12월 17일 세계 최초로 개봉되었는데, 잭슨 감독조차도 이 날 웰링턴의 엠버시 극장에 앉기 전까지는 처음부터 끝까지 영화를 본 적이 없다는 이야기도 있었다. 어쨌든 그 뒤에 일어난 일은 영화 제작을 넘어서는 파장을 일으켰다.

3부작이 완성된 후에 스티븐 르질러스와 CEO인 다이앤 홀랜드는 소프트웨어를 보관해 두고, 다음 제작자에게 연락이 오기를 기다렸다. 그러나 곧 두 사람은 워너의 뉴라인New Line 제작사가 추가 개발에 아무 관심도 없다는 사실을 알게 되었다. 할리우드는 핵심 비즈니스에 집중하려고 할 뿐, 기술에 투자하려고 들지 않는다. 할리우드는 하도급이나 외주 제작을 선호한다.

모든 창조의 과정에는 어떤 아이디어가 자기 자리에서 도약해 다른 곳에 뿌리를 내리는 순간이 있다. 피터 잭슨은 자신이 〈반지의 제왕〉으로 도약한 순간은, 책『반지의 제왕』과 비슷한 영화를 만들려고 애쓰기보다 그냥 영화《반지의 제왕》을 만드는 편이 훨씬 낫다는 사실을 깨달았을 때라고 했다.[2] 매시브사의 새로운 알고리즘이 도약하기 시작한 순간은 CEO인 다이앤 홀랜드가 영화계를 넘어 실생활에 알고리즘을 적용하겠다는 아이디어를 품었을 때였다.

홀랜드는 로스앤젤레스의 한 공동체에서 살았는데, "이 아이디어를 되도록 많은 사람들이 살펴보게" 하고 싶었다고 한다. 그래서 유럽과 중국에서 지속 가능한 생태계 개발을 위한 특별부서가 있는 세계 최대 건설회사 오베아룹Ove Arup에 연락을 취했고, 오베아룹은 네이트 위터섹Nate Wittasek에게 홀랜드를 소개했다.

네이트 위터섹은 영화제작자도 아니고 자신을 창의적이라고 생각하지도 않는다.[3] 어머니가 호빗 관련 옛날 영화들을 사준 적도 있고 동네 극장으로 가족들끼리 〈반지의 제왕〉을 보러 간 기억도 있지만, 그것도 여러 해 전 일이었다. 오베아룹에 들어오기 전에는 로스앤젤레스 소방국의 화재안전 전문가였다. 위터섹은 사람들에게 건물에서 신속하게 대피하기 위해서 어떻게 행동해야 하는지 설명할 때 컴퓨터 프로그램을 사용하였다. 위터섹도 르질러스처럼 기존 소프트웨어로는 충분히 설명할 수 없는 점이 있다고 생각하였다. 기존의 소프트웨어는 화재 시설물 주변으로 어떻게 바람이나 연기가 흐르는지는 보여주었지만, 스트레스 상황에서 으레 그렇듯 수많은 사람들이 비이성적인 행동을 하면 어떤 일이 일어날지는 보여주지 못했다. 위터섹은 다이앤 홀랜드를 만나 매시브의 알고리즘을 인명구조 목적으로 개조할 수 있다는 말을 듣고 반색했다. 매시브의 소프트웨어는 놀라운 속도로 단기간에 건물과 공항 터미널, 기차역처럼 둘러싸인 폐쇄 공간을 설계하는 데 국제표준이 되었고, 사람들이 낯선 곳에서 신속하게 대피해야 할 경우 공황상태의 행동요령을 제시하였다. 그 후 도쿄와 런던의 도시계획자들도 더 안전한 도로횡단을 위해서도 알고리즘 모델을 사용할 수 있는지 문의해왔다.

오클랜드 영화 제작에서 로스앤젤레스 화재 예방으로, 그리고 런던 보행자 횡단으로 돌아온 이 과정은, 관련된 사람들(여기에서는 일부만 언급)이 너무 바쁘다거나 관심이 없다거나 그 밖에 거절하기 위한 흔해빠진 변명을 했더라면 실패했을 것이다. 그러나 이러한 일련의 과정에서 그들은 아이디어가 재미있으면서 자기 일에도 응용할 가치가 있다고 생각했다. 다이앤 홀랜드는 특정 영역에서 사용한 아이디어를 가져다 다른 곳에 응용했다. 네이트 워터섹은 홀랜드의 아이디어와 본인의 업무 사이에서 무엇보다 중요한 접점을 만들어냈다. 창의성은 바로 이렇게 생긴다. 누군가 재미있어 보이는 아이디어를 낚아채 어떤 문제를 해결하거나 무언가를 개선시키는 데 결정적 방법을 찾아낸다. 처음엔 혼자만의 아이디어 수준이겠지만 그것을 공개적으로 모두에게 의미 있게 만드는 것이 중요하다. 마치 원하는 것과 돌연 가능해지는 것 사이의 연결고리처럼 말이다.

핵심어

이 책에서 창의성은 아이디어를 활용하여 새로운 아이디어를 만들어내는 과정을 설명하기 위해 사용한다. 창의성은 '무에서 유'라는 뜻(비교적 드물다)에서든, 무언가에 의미를 부여한다는 뜻에서든 사람들이 새롭고 흥미로운 것을 말하거나 행하거나 만들 때 생긴다. 이 과정이 어떤 결과를 낳든, 낳지 못하든 창의성은 생겨나는데 그것은 창의성이 생각과 행동에 모두 존재하기 때문이다. 천국을 꿈꿀 때든, 정원을 설계할 때든, 무엇을 심을 때든 창의성은 존재한다. 출판 여부에 상관없이 글을 쓸 때, 사용 여부에 상관없이 무엇을 발명할 때 우리는 창의성을 발휘한다.

창의성은 아주 오랫동안 예술 언어의 일부였기 때문에 예술과 창의성을 거의 동의어처럼 여기지만, 그래도 이 둘은 그 과정에서 서로 다른 것, 다른 부분에 속한다. 예술가는 남보다 아이디어가 더 많거나 좋은 것이 아니라, 구체적인 작품을 낳는 미학과 기술을 갖추고 작업할 뿐이다.

창의성은 예술로 이어질 때가 많지만 혁신으로 이어질 때도 많다. 예술가나 과학자나 같은 사고 과정을 통해서 현실에 관한 자기 관점을 상상(시각화)하고 설명(재현)한다. 『케임브리지 세계 과학사The Cambridge Illustrated History of the World's Science』를 쓴 콜린 로넌Colin Ronan은 "과학에 종사하려면 살아 있는 창의적 상상력이 필요하며, 여기에 철저한 관찰 경험에 기반을 둔, 확고한 자신만의 지식분야를 갖추고 있어야 한다"고 했다.[4] 또 20세기 저명한 생물학자인 에드워드 윌슨Edward O. Wilson은 창의성이 "새로운 시나리오를 만들고 가장 효과적인 시나리오를 결정하는 두뇌 능력"이라고 했다.[5] 윌슨은 노벨 경제학자상을 수상한 허버트 사이먼Herbert Simon의 말을 인용하여, "창의적 사고를 일상적인 형식과 다르게 구분하는 특징은 (i) 모호하게 정의된 문제를 기꺼이 받아들이고 그 구조를 점차 잡아가는 것, (ii) 상당 기간 계속해서 문제에 몰두하는 것, (iii) 관련 분야와 관련 가능성이 있는 분야에 관한 폭넓은 지식"이라고 했다. 사이먼은 이를 대담함과 집념, 지식이라고 요약했다. 예술가와 과학자의 차이는 그들이 그렇게 생각하게 된 이유, 그 결과물을 세상에 내놓는 방식, 그리고 그 경제적 가치를 보호하는 방식에 있다.

혁신은 누구라도 그대로 따라할 수 있는 새로운 제품이나 과정이다. 창의성은 개인적이고 주관적이며 창조자 본인조차도 그대로 복제하지 못하는 반면, 혁신은 대중적이고 객관적이며 누구라도 따라할 수 있다. 창의성이 혁신을 낳는 일은 많지만, 혁신이 창의성을 낳는 일은 거의 없다. 혁신에는 합의가 필요하지만 창의성은 독립적이고 모호할 때도 많다(경제학에서 창의성은 외생변수다). 나는 무엇이 혁신인지 간단하게 판단할 때, 그것이 어떤 위원회에서 승인한 창의성인지를 본다.

생태계는 하나로 판단할 수 있는 인구집단과 일련의 자원 및 자양분(자산)을 갖춘 곳으로 집단 구성원 간의 여러 관계와 흐름으로 판단 가능하다. 한 생태계가 특별한 성격을 갖도록 하는 중요한 요소가 바로 이러한 관계다. 또한 창조생태계는 한 인구집단이 뚜렷한 목적의식을 가지고 상호작용하면서 새로운 아이디어를 만들기에 충분한 자원과 흐름을 갖춘 곳을 말한다. 이를 판단하는 기준은 변화와 다양성, 학습, 적응 등 네 가지이며, 창조생태계는 곧 창조경제의 모판과도 같아 애정 어린 보살핌이 필요하다.

생태계는 생태 속의 한 단위다. 가장 일반적인 생태계로는 서식지와 적소가 있다. 서식지란 서로 다른 많은 개체군이 사는 환경을 말한다. 적소란 서식지 내에서 특정 개체군에게 알맞은 장소를 말한다.

창의성은 형태와 의미를 갖추어 거래 가능한 상품으로 구현되기 전에는 아무런 경제적 가치가 없다. 그리고 상품에는 활발한 판매자와 구매자가 있는 시장, 법과 계약에 따르는 관련 기본 규칙, 합리적 거래 관습 등이 필요하다.

창조상품이란 창의성에서 비롯된 경제적 재화와 서비스, 경험 등이며 그 주된 경제가치는 창의성에 있다. 또한 아름다움이나 지식, 상징, 무형의 덕목을 특성으로 갖출 때도 있지만, 이는 선택사항일 뿐이다. 창조상품을 규정하는 특징은 창조활동에서 비롯되며 그 경제가치가 창의성에 기반을 둔다는 것, 이 두 가지다.

창조경제는 창조상품의 생산과 교환, 사용이 이루어지는 체제다. 경제학은 개인과 사회가 무한한 욕구를 유한한 자원으로 충족시키는 문제를 다루며, 주로 희소자원의 분배에 관련된다. 이 책에서는 거래 건수와 가치를 보고 창조경제의 시장가치를 산출한다. 음악과 패션, 컴퓨터 코드 등과 같은 몇몇 시장에서는 복제가 핵심 과정이지만, 예술 분야에서는 대개 물리적 대상이나 경험이 훨씬 가치가 높다.

창조의 결과물은 전부는 아니지만 대부분 지식재산권IPR(intellectual property right)이 있는 지식재산IP으로서 자격이 있다. 재산의 유형과 소유자의 권리는 각국 정부와 법원이 정의한다. 지식재산은 우리가 우연히 얻는 아이디어나 지식의 파편과는 달리 법에서 우리에게 있다고 정해야 생긴다. 가장 일반적인 지식재산은 저작권과 특허, 상표권이다. 저작권법은 아이디어 자체보다는 저작권 설정 대상 작품에서 아이디어가 어떻게 표현되었는지를 다룬다. 저작권은 자동적으로 발생하며 등록할 필요가 없다. 기간은 보통 저자 사후 70년이다.

특허는 발명을 보호하며 대개 20년 동안의 독점권을 준다. 저작권은 자동 발생하는 반면, 특허는 새롭고 뻔하지 않으며 실용적임을 인정받아야 한다. 이러한 인증절차는 저작권에는 전혀 필요하지 않다. 특허로 일단 등록되면 저작권보다 강력한 보호를 받는다. 상표권은 (저작권처럼) 예술적 표현이 필요하지도 (특허처럼) 전문가적인 기술이 필요하지도 않지만, 시장성이 있는 상징은 무엇이든 포함한다. 상표권도 특허처럼 출원해야 하지만, 기간이 영구적이다. 인터넷 도메인명도 상표권 형태 중 하나다.

창조경제의 범주를 정하는 방법은 여러 가지가 있다. 먼저 시장은 사람들이 아이디어를 사고파는 방식과 실제로 현실에서 무슨 일이 일어나는지를 가장 잘 보여준다. 사람들이 시장에 접근 가능한지, 시장이 어떻게 움직이는지, 공정한지(혹은 시장에 규제가 필요한지) 더 알아볼 필요가 있다. 시장을 보면 수요와 공급이 보이고 여러 나라 시장도 비교 가능하다. 시장이든 생태계든 경계가 어디인지 진입하기 얼마나 쉬운지를 판단하는 것에 달려 있으므로, 시장을 보면 이 둘의 유사점도 찾을 수 있다. 시장은 생태계와 마찬가지로 사물이 서로 어떻게 관계를 맺는가를 보여주는 지도이다. 둘 모두 좋지도 나쁘지도 않으며, 그저 존재할 뿐이다. 생태계는 전부 좋고 시장은 전부 나쁘다고들 하는 경향이 있는데, 이 또한 허술한 생각이다.

창조산업이라는 용어는 1998년 영국 정부가 광고와 건축, 미술, 공예, 디자인, 패션, 영화, 음악, 공연예술, 출판, 레저, 소프트웨어, 장난감,

TV와 라디오, 비디오게임 등 14개 부문에 그 이름을 붙이면서(혁신 부문은 아쉽게도 제외되었다) 대중적으로 사용되었다. 이 목록은 영국을 잠에서 깨웠고 국제표준처럼 되었다. 물론 대부분의 국가는 이 목록을 그대로 쓰기보다는 조금씩 변형하여 자체 성공담을 만들고자 한다. 중국은 무역박람회를, 태국은 식품과 스파를, 미국은 대개 실내장식을 포함한다.

그런데 이제 창조산업은 우리가 창의성과 혁신이 실제로 어떻게 움직이는지 이해하는 데 오히려 방해가 된다. 개인적이고 주관적이며 전혀 산업적이지 않은 과정에 산업의 특성을 붙이기 때문이다. 이 가운데 산업 규모로 복제품을 만든다는 의미에서 산업이라 할 만한 부문은 출판과 음악, TV, 영화, 패션, 게임 등 일부뿐이고, 온라인 미디어의 발달로 이들의 산업적 특성마저도 약해지는 실정이다. 미술과 공예, 디자인은 산업이 아니다. 창조하는 사람은 모두 창조산업에 종사한다고 가정하는데, 이 또한 명백하게 사실이 아니다. 앞서 서문에서 밝힌 창조성과 관련한 3대 명제에서는 사람은 누구나 창조 능력이 있다고 한다. 결과적으로 영국은 이제 창조산업보다는 모든 직업의 창의적 강도creative intensity 수준에 좀 더 집중하고 있다.[6]

세계지식재산권기구WIPO(World Intellectual Property Organization)는 미국에 본거지를 둔 국제지식재산권연맹IIPA(International Intellectual Property Alliance)처럼 저작권 산업 모델도, 특허 산업 목록도 보유한다. 그러나 저작권과 특허는 가치평가의 한 요소일 뿐이므로 이 책에서는 이러한 용어를 거의 사용하지 않는다. 무형 산업이라는 말도 마찬가지로 한 요소만 보여주지, 전체 그림은 보여주지 못한다. 창조경제에서는 책을 인쇄하고 스마트폰을 조립하고 3D 프린터 소재를 판매하는 사람들도 창조산업의 한 부분이 된다.

욕망의 사다리를 올라

창조경제가 여러 나라에서 빠르게 확산되는 이유는 여러 가지지만, 가장 강력한 이유는 우리가 인간으로서 진화하는 방식이다. 미국 심리학자 에이브러햄 매슬로Abraham Maslow는 인간의 욕구는 단계를 밟아 올라간다고 했다.[7] 맨 아래에서는 공기와 식량을 구하는 생리적 욕구가 시작되고, 이것을 충족하면 살 곳과 안전을 찾는 신체적 욕구가 생긴다. 다음으로는 사랑과 소속을 바라는 심리적 욕구, 자존감과 존경, 성취를 원하는 감정적 욕구가 생긴다. 매슬로는 맨 꼭대기에 인간의 자아실현 욕구를 둔다. 각 단계에서 욕구를 충족할 때마다 인간은 다음 단계에 있는 욕구를 점차 의식하고 원한다. 오픈소스를 개척한 리누스 토르발즈Linus Torvalds는 이를 현대적으로 건조하게 바꿔 말했다. "인간의 동기는 전부 생존이나 사회적 삶, 재미로 구분할 수 있다."[8]

매슬로는 고매하지만 강박적일 수도 있는 이 욕구의 충족을 생애 말에 지식(매슬로는 '인지'라는 단어를 사용)과 아름다움(미학)으로 구분했다. 이 책에서는 이 두 가지 충족을 향한 욕구를 매슬로의 양대 정점이라고 하겠다. 지식을 추구하는 욕구는 이해하고 또 어쩌면 통제하려는 욕구다. 아름다움을 추구하는 욕구는 보다 주관적이어서, 색깔과 모양부터 어떤 것이 잘 되고 잘 만들어져 완벽하다고 여기는 은근한 만족감까지 아주 다양하다.

지식과 아름다움이라는 두 원칙은 서로를 보완한다. 천문학자 프레드 호일Fred Hoyle은 알베르트 아인슈타인Albert Einstein의 상대성 이론 발표를 두고 이렇게 말했다. "아인슈타인은 여러 세부 사실이 혼란스럽게 뒤섞인 가운데 (이론의) 포장이라는 문제를 앞에 내세웠다.…… 물리학자라면 당연히 포장을 인정하지 않는다. 단어 자체에서 겉만 그럴 듯하게 꾸몄다는 이미지가 떠오르기 때문이다. 그래도 포장은 포장이다".[9] 음악가와 화가들은 자기가 추하다고 생각하는 방식으로 다른 예술가들이 미를 구현하면 서로 싸운다. 세잔느Cézanne와 고흐Gogh, 르누아르Renoir는 파리 미술박람회 입장을 거부당했고, 뒤샹Duchamps이 만든 작품 〈샘〉은 작가 자신도, 또 남들도 장난이라고 생각해서 버려졌다(지금은 복제품이 100만 달러가 넘는 가격에 팔린다). 데미언 허스트Damien Hirst는 죽은 소의 머리와 윙윙대는 파리 떼를 상자에 같이 넣어 죽음에 관해 생각하게 했다. 추한 소재들이다. 미래 세대가 무엇을 유용하거나 아름답다고 생각할지 우리는 알 길이 없다.

인간의 기본 신체적 욕구는 보편적이며 명확하고, 우리가 몸을 누일 곳도 있거나 없거나 둘 중 하나다. 그러나 더 높은 수준으로 가면 욕구는 바람, 즉 바랄 만하지만 꼭 필요하지는 않은 성질을 띠게 된다. 예술을 원하는 사람도 있지만 원하지 않는 사람도 있다. 이해와 아름다움에 관한 인간의 욕구, 혹은 바람은 다르다. 공기는 꼭 필요하지만 예술은 도전이다.

물질적 필요를 대부분 채우고 가처분소득 수준이 높은 사람들이 자기 포부와 정신적인 문제를 더 중시한다 해도 놀랄 일은 아니다. 또한 이러한 욕구를 충족시킬 시장이 떠오른다 해도 말이다. 시장경제는 다양한 인간 욕구를 채우는 능력이 아주 뛰어난데, 특히 욕구가 강렬하면서도 금방 시들해지는 엔터테인먼트 분야에서 그렇다.

공급 측면에서는 제조업의 자동화와 규모는 좀 더 작지만 서비스업의 자동화로 인해 노동에 대한 수요가 줄었고, 따라서 청년들은 다른 곳에서 일자리를 찾아야 한다. 그 가운데 창조산업으로 눈을 돌리는 사람이 많은데, 창조산업에서는 매력적인 생활방식이나 평균 이상의 경제적 보상이 가능하기 때문이다. 디지털 기술을 두고 여러 새로운 시장이 생겨났고, 이러한 시장에는 기술과 아이디어가 시급하게 필요하다. 이제 공급자들은 능수능란하게 쾌락에 가격을 매길 줄 안다.

수요 측면에서는 대부분의 선진국에서 음식이나 옷보다는 문화와 오락 부문 지출이 더 늘었지만, 그래도 주택과 에너지 비용만은 증가했다.[10] 미국인은 모든 면에서 비교적 적게 쓰는 경향을 보였는데, 이는 사교육비와 의료비 지출이 늘었기 때문이다. 일본인은 옷이나 의료보다 여흥에 훨씬 많이 지출하며, 옷은 실용성보다는 즐거움을 위해 선택한다. 2000년에서 2010년 사이, 선진국의 창조경제 부문의 연간 성장률은 다른 경제부문의 성장률을 뛰어넘었다.

가장 큰 성장은 신상품의 창조가 아니라 유통과 판매에서 일어났다. 판매 및 소매 기술의 급성장은 물론 디지털 기술이 창조경제의 산파 역할을 했다. 디지털 기술은 콘텐츠를 만들 새로운 기회와 온라인망으로 이루어진 새로운 우주, 사용자 제작 콘텐츠, 정보와 이미지, 이야기에 굶주린 양방향 미디어를 창조했다. 저비용 디지털 기술로 인해 사람들은 기업이나 시장과 나란히, 나아가 점차 그 안에서 자신만의 소재를 만들고 유통시키고 교환할 능력이 생겼다.

이러한 바람직한 개인의 창의적 기술을 사회 전반에서 복제하고 빌려 쓴다. 상상력의 활용, 지식자본의 관리, 창의형 인재에게 동기를 주고 보상하는 최선의 방법, 짧은 기간, 성공과 실패를 대하는 반응 등 최근에야 주요 사업의 의제에 올라온 이러한 내용들은 언제나 창조하는 사람의 비즈니스 도구였다. 지금은 두 개의 추세가 혼재된 상태다. 즉 창조하는 사람은 점점 사업가의 면모를 띠고, 비즈니스는 점점 창의성에 의존하게 되었다.

2

제 2 장

3대 명제

이제 현 추세를 다음 세 가지 명제로 요약하고자 한다. 첫째, 보통 아이는 누구나 상상력이라는 원료와 그것을 사용하려는 본능을 가지고 태어난다. 둘째, 모든 사람은 상상력을 발휘할 자유가 필요하다. 셋째, 돈을 벌려면 정보교환이 가능하며 공급과 수요를 반영한 가격이 형성되는 시장이 필요하다.

이 명제들은 하나의 사슬에 속하는 세 가지 연결고리다. 첫 번째는 두뇌와 내적인 삶에 관한 명제다. 두 번째는 아이디어 공개에 관한 명제다. 세 번째는 경제학에 관한 명제다.

모든 사람은 창의적이다

우리가 생각하는 건강한 보통 아이는 의식과 이성, 감정, 기억 등 일련의 정신 능력을 갖추고 태어난다. 외부 감각 데이터에 반응하고 설명이 가능한 형태를 찾고 앞으로 할 행동을 조절하는 아기의 능력은 건강하게 살아 있다는 기본 지표다.

아이가 태어나 몇 년 동안은 타인과 무엇을 주고받거나 도와주고 돌려받는 상호작용을 하면서 매초 새로운 신경세포 연결이 700개씩 일어난다.[1] 아이는 즉각적인 만족감을 추구하는 고착상태에서 과거 선택을 기억하며 실수를 반복하지 않으려는 의식적 인식으로 이행한다. 아이들은 잘 따라 하고 잘 놀고, 여러 가지를 자기에게 좀 더 편안하게 만들려고 하면서 기쁨에서 당혹, 좌절을 오간다. 아동기 전문가인 티나 브루스Tina Bruce는 아동의 창의성은 여러 단계로 발전한다고 한다. 처음에는 정식 놀이뿐만 아니라 모든 활동에 놀이하는 태도로 임하고, 그 뒤에 구체적인 아이디어를 발전시키고 창의적인 것을 만드는 단계로 이행한다. 브루스는 사람은 어린 시절을 그리워할 때 새롭고 흥미로운 것을 배우던 즐거움을 기억하고 창의성의 경이로움을 다시 음미한다고 한다.

아이들은 신체와 감정, 정신의 감각이 흐릿하게 섞인 상태로 가능한 일을 시험하고 의미를 찾으면서 발달한다. 사물이 존재하는 방식과 사물이 어떻게 하면 달라지고 나아지는지에 관해 매우 민감해진다. 그리고 점차 자기 느낌과 생각의 차이, 자기가 해도 되는 말을 의식하게 된다. 아동의 창의성 수준은 평균 3~4세 즈음에 정점에 달한다(피카소는 "인간이 어른이 되고 나서도 어떻게 예술가로 남아 있느냐가 문제다"라고 했다). 해야 할 선택에 관한 의식도, 서로 다른 가능성을 놓고 선택하는 자신감도 발달한다. 아이는 점차 결과물을 관리하는 법, 차이를 조정하는 법을 배운다. 아이가 이 과정을 의식하고 구체적 의미를 생각하기 시작하는 순간이 바로 자기만의 창의성이 시작되는 지점이다.

'사람은 누구나 창의적'이라는 말은 모두가 재능이 있다는 말과는 다르다. 그런 말은 걸을 줄 알면 누구나 운동선수가 되고 쓸 줄 알면 누구나 인기 작가가 된다는 말과 마찬가지로 어리석은 소리다. 노엄 촘스키Noam Chomsky와 스티븐 핀커Steven Pinker는 아이가 말하는 능력을 해석하면서 사람은 누구나 '언어 본능'(핀커)과 '심층적인 보편 문법'(촘스키)이 있는 상태로 태어난다고 설득력 있게 주장한다.[2] 그리고 두 사람의 생각을 뒷받침한 기능적 자기공명영상fMRI 기법을 다시 사용하여 아동에게는 자기가 보는 것을 이해하고 그것이 마음에 들지 않으면 개선하려고 하는 '창의적 본능' 또는 '심층적인 보편 창의성'이 있다는 주장을 펼쳤다. 개인적이면서 자립적인 창의성을 재능 또는 성취로 전환하려면, 아이가 글 쓰는 법을 배우기 위해 열심히 노력해야 할 때와 똑같이 결의와 노력이 필요하다.

아래의 꿈 질문에 '예'라는 답을 하는지 여부는 이러한 창의적 본능을 보여주는 좋은 지표다.

- 꿈을 꾸고 환상을 품는가?
- 상황이 어떻게 하면 달라질지 생각해 보는가?
- 어떤 일을 할 더 나은 방법을 생각할 때가 자주 있나?
- 더 나은 방법을 생각해 내기를 바라는가?
- 내 방식으로 일을 하는 데 자부심을 느끼나?

창의성에는 자유가 필요하다

IIIIIIIIIIIIIII 타고난 창의성이 꽃을 피우려면 우리가 원하는 아이디어를 자유롭게 탐구해야 하며, 여기서는 변명할 필요 없이 그렇게 해야 한다. 따라서 두 번째 명제는 '창의성에는 자유가 필요하다'이다. 우리는 자기표현을 할 내적 자유와 환경이 주는 외적 자유가 모두 필요하다. 질문을 하고, 믿고, 믿지 않고, 배우고, 가능성을 탐구하고, 새로운 것을 발견하고, 그에 따라 우리 생각과 행동을 적응하게 할 자유가 있어야 한다. 굶주림과 빈곤 같은 신체적 제약(매슬로의 가장 기본적 욕구)에서도 자유롭고, 편견과 검열, 간섭하는 정부, 그 밖에 언론과 표현의 자유라는 인간 권리를 위협하는 모든 것에서도 자유로워야 한다. 여기에는 비협조적인 학교가 들어갈 수도 있다.

이 말은 우선 우리가 어떤 아이디어와 관계를 맺고자 하는지 선택하고, 둘째로는 우리가 원하는 방식으로 그 관계를 관리하는, '어떤 아이디어와 자신의 관계를 관리할 자유'라고 요약할 수도 있겠다. 사람이 스스로 발견하려면 좀 더 참여한다는 느낌이 들어야 하므로(학교에서 억지로 책을 읽게 한 아이들은 평생 그 책의 저자를 싫어하는 일이 많다), 이 여정을 관리할 자유가 필요하다.

인공 지능과 무인 자동차 등 여러 프로젝트를 연구하는 구글X 연구소의 스티브 리Steve Lee와 세바스찬 스런Sebastian Thrun은 비정형이면서, 의미부착이 없는 데이터 이야기를 한다. 이 명제는 비정형이고, 의미부착이 없는 데이터를 선택하고 그것을 어떻게 부를지 선택할 자유와도 관계된다.

우리가 아이디어와 맺는 관계를 진심으로 관리하고 싶다면, 새로운 아이디어를 쉽게 수용하면서 또 좋지 못한 아이디어를 쉽게 버릴 정도로 강해야 한다. 개인의 열정은 사람을 맹목적으로 만들거나 낙담시킬 수도 있다. 좋지 못한 아이디어에 홀리는 일만큼 나쁜 일도 없다.

나는 창조경제를 '실패의 경제'라고 할 때가 있는데, 아마 성공에 초점을 두는 사람들에게 이 말은 충격일지도 모른다. 그렇지만 실제로 가능한 것, 재미있는 것을 가지고 자유롭게 이런저런 일을 해보다가 상상하던 다음 단계로 발을 내딛는 사람은 성공할 때보다 실패할 때가 훨씬 많을 터다. 매번 제대로 하는 사람은 진정으로 시도하는 사람이 아니다(아니면 아주 운이 좋은 사람이거나).

어떤 사람이 좋아하는 아이디어는 또 어떤 사람에게는 터무니없어 보일지도 모른다. 헨리 포드Henry Ford와 월트 디즈니Walt Disney는 자기 이름을 붙인 회사를 설립하기까지 실패를 거듭했다. 디즈니는 먼저 만든 토끼 오스왈드의 저작권을 잃어서 화가 났기 때문에 미키 마우스를 만들었고, 그러면서 다시 시작해야 했다. 빌 게이츠Bill Gates가 세운 첫 회사는 전적으로 빌 게이츠의 잘못만은 아니었지만 성공하지 못했다. 루드야드 키플링Rudyard Kipling은 노벨문학상 수상 8년 전에 《샌프란시스코 이그재미너》 편집장에게 "영어를 제대로 쓸 줄 모른다"는 말을 들었다. 엘비스 프레슬리Elvis Presley는 여러 오디션에 떨어졌고 다시 트럭이나 운전하라는 말을 들었지만 자기 스타일을 바꾸고 2년 뒤에는 첫 1위곡을 내놨다.

이러한 자유에는 익숙한 자유도 있지만 낯선 자유도 있다. 언론의 자유 원칙은 다른 사람들이 동의하지 않거나 어리석거나 충격적이라고 생각하는 말을 할 권리까지 포함한다. 볼테르Voltaire는 "나는 당신의 말을 인정하지 않지만 당신이 그 말을 할 권리는 죽을 때까지 옹호하겠다"라고 말했다고 전해진다. 이 말은 볼테르의 관점을 반영하기는 하지만, 사실 볼테르가 직접 이렇게 쓰지 않았을 가능성도 있다. 이 말은 S.G. 탈렌타이어Tallentyre라는 남성 필명으로 글을 쓰던 영국 여성 작가 에블린 비어트리스 홀Evelyn Beatrice Hall이 썼을지도 모른다고 한다. 홀의 존재 때문에 이 말은 좀 더 자극적으로 들린다. 우리는 자기 자신이 될 자유도 필요하다.

자유에는 시장이 필요하다

시장은 사람들이 정보와 관심, 돈이라는 자원을 배분하면서 가치를 시험한다. 아무리 단순한 골목시장에서라도 우리는 거래에 앞서 여러 가지 결정을 한다. 무엇이 일어나고 있다는 사실을 깨닫고, 시간을 쓰기로 결정하며, 그곳에 도착해 주위를 돌아다닌다. 판매중인 물건에 관심을 보이고 흥미로운 물건이 있는지 돌아본다. 어느 시장이든 구매 목적인 시장이기에 앞서 시간과 관심, 정보로 이루어진 시장이다. 허버트 사이먼, 그리고 후일 케빈 켈리Kevin Kelly는 사람들이 돈보다 많은 관심은 아니라도 같은 정도의 관심을 보이는, 관심 경제라는 사상을 내놓았다. 영어로 관심을 보인다pay attention와 돈을 쓰다pay money라는 말에서 같은 동사를 사용한다는 사실은 매우 흥미로운데, 우리는 언제나 돈을 쓰기 전에 먼저 관심을 보인다(언제나는 아니겠지만, 그러는 편이 현명하다).

시장과 경제의 역사는 서로 얽혀 뒷받침한다. 창조경제는 만드는 행위만큼이나 사는 행위와 관계가 있다. 물론 개인이 혼자서 뛰어난 창의성을 발휘할 수도 있고 과거 국가 통치자나 부유한 후원자들이 뛰어난 예술작품을 의뢰한 것도 사실이지만, 제대로 기능하는 경제에는 다양한 형태와 규모의 열린 시장이 가능한 많이 있어야 한다. 아이디어 교환은 거래속도가 빠를 뿐만 아니라 자원비용과 거래비용이 낮다. 디자인과 미디어, 엔터테인먼트 혁신 가운데 상당수는 새로운 상품을 창조하기 때문은 물론이고 새로운 시장을 창조하기 때문에도 성공한다.

1949년부터 1979년까지 구소련과 중국의 전제주의 계획경제는 창조경제의 숨통을 막았다. 통치 이익과 맞지 않으면 사람들이 아이디어를 발전시키고 공유하지 못하게 막았기 때문이다. 생각하고, 질문하고, 지적 위험을 감수하는 행위는 불충하고 어리석은 행위로 보았다. 정부는 개인이 진실을 확인하게 허용하는 대신 모든 데이터와 아이디어를 통제하여 정부 정책을 뒷받침하려고 했다.

일본이나 독일이 전후 경제를 재건할 때 보인 모습처럼 어떤 나라에 회복 탄력성 있는 공공부문과 독립적 제도, 자유 언론이 있고 정부가 이들과 협력해서 일하면서 그 자유를 존중한다면, 간섭하는 정부도 그 자체로는 문제가 되지 않는다. 전후 일본과 독일이 의지가 확고한 정부 덕택에 주요 수출국으로 발돋움해서 그렇게 빨리 회복했다는 말에는 강력한 근거가 있다. 그리고 같은 이유에서 이 두 나라가 창의성보다는 혁신에서 뛰어나다는 말에도 강력한 근거가 있다.

시장은 개방성과 공정성, 효율성 등 세 가지 기준으로 판단할 수 있다. 개방시장은 국적을 불문하고 누구에게나 접근을 허용하지만, 폐쇄시장은 외국인 진입장벽을 둔다. 이러한 장벽은 수입세나 비자 조건처럼 명백할 수도 있고 외국 회사는 극복하기 어려운 관료주의 및 규제장벽처럼 좀 더 미묘할 수도 있다.

공정시장은 모든 회사가 동등한 조건에서 아이디어의 장점을 기반으로 경쟁하는 시장이다. 독점 기업이나 지배적 지위가 있는 기업(완전 독점은 드물다)은 상당한 힘이 있어서 그 기업에 유리하게 시장을 움직인다. 약탈적 가격결정이라고 하는, 신규 사업자가 자리를 잡지 못하도록 원가 이하로 가격을 깎는 행위도 그 중 하나다. 현재 많은 기업이 자기 기업에 유리하게 시장을 왜곡하려 한다. 미국과 영국, 독일 등 일부 국가에는 경쟁을 옹호하고 독점에 반대하는 강력한 법이 있지만 기술이 빠르게 발전하고 시장 경계가 모호해지면 이런 법을 적용하기도 어려워진다.

시장을 판단하는 세 번째 기준은 효율성이다. 창조자가 구매자를 찾고 구매자가 자신이 원하는 것을 찾을 수 있는가? 효율시장은 어떤 상품의 특성과 기능, 가격 관련 정보를 모두 교환하고 판매자와 구매자(혹은 사용자와 사용자)를 한데 모은다. 구매자가 판매중인 물건에 관해 제대로 정보를 얻었다면, 그 구매에는 수요와 공급 곡선을 해결하는 효과가 있고 결국은 적정가격으로 이어진다. 그런데 실제로 이런 수준의 투명성은 흔하지 않다. 공급자들은 시장 정보를 자신에게 유리하게 관리하는 데 능숙하고 또 사람들에게 정보를 모두 주기보다는 시장 지위를 강화하거나 브랜드 독점성을 유지해 수입을 극대화하는 데만 관심을 두기 때문이다.

미국과 유럽의 경제위기는 시장을 향한 우리의 열정에 찬물을 끼얹었다. 자유시장이라는 이상은 부족하다는 사실이 드러났고 개방되지도, 공정하지도, 효율적이지도 않은 시장이 많다는 사실도 실감되었다. 시장자유는 1980년대 이후부터 광고, 미디어와 통신 자유화, 금융 데이터 성장 주도로 경제성장을 가능하게 했고, 시장에 나온 상품의 범위를 확대했다. 상당수 기업이 이러한 시장자유를 통해 사람들이 소득보다 많은 지출을 하고, 제대로 이해하지 못하거나 어쩌면 필요조차 없는 상품을 사도록(필요 없는 물건을 사는 행동이 그리 새로운 일은 아니지만) 자극했다. 시장이 문제의 일부이므로, 시장의 작동방식과 규제방식에 관해 더 잘 이해하는 것도 답의 일부가 된다. 그러나 유럽 각국 정부는 지금 창조경제에 걸맞은 경쟁정책이나 세금, 소비자 보호 및 지식재산 관련 규정을 개혁하는 작업을 시작도 하지 못한 형편이다.

시장을 보면 거래의 규모와 성격도 평가할 수 있다. 중국에서 미술시장은 어느 정도인가? 미국에서 가수 겸 작곡가 시장은? 브라질에서는? 유럽 디자인 사업은 미국 디자인 사업보다 더 빠르게 성장하는가?

중국에서 건축가 시장은 어느 정도인가? 경쟁을 허용하는 시장이 어디인지, 신규 기업이 쫓겨나는 곳이 어디인지도 보인다. 시장 분석으로 저작권법과 특허법이 창의성과 혁신에 미치는 영향도 알 수 있고, 규제가 도움이 되는 부분과 걸림돌이 되는 부분도 판단이 가능하다.

그리고 새로운 추이도 눈에 보인다. 자가출판 소설 시장은 얼마나 되는가? 시장은 종이책과 전자책을 어떻게 비교하는가? 인도네시아 공예품 시장은 어느 정도인가? '절약형' 주택 시장은? 2,500달러의 저렴한 월드하우스WorldHaus를 개발한 아이디어랩Idealab의 빌 그로스Bill Gross에 따르면 그 규모는 4,240억 달러에 달한다.[3] 태양 전력 시장은 얼마인가? 세계은행World Bank에 따르면 가정에 전기가 들어오지 않는 인구가 15억이고 그 단가는 8~20달러이므로, 시장은 200억에서 300억 달러 규모가 된다.[4]

3

제 3 장

첫째가는 **재능**

오래된 아이디어와 새로운 의미

앞서 더 똑똑해진 오크들이 안전한 도로횡단으로 이어지는 이야기를 살펴보았다. 이 이야기는 이미 자기가 하는 일을 잘하는 두세 사람이 그 일을 어떻게 하면 더 잘할지 계속 고민했다는 이야기이기도 하다. 창의성은 복잡한 덩어리지만 아이디어 하나를 활용해서 다른 면에서 더 나은 또 다른 아이디어를 낳는다는 말로도 간단히 요약할 수 있다. 출발점은 오래되거나 새롭거나, 내 것이거나 남의 것이거나, 사적이거나 공적인 아이디어일 수 있고, 새로운 아이디어는 그저 흥미로운 가능성에 불과할지도 모른다. 그렇지만 이 두 단어—가능하다, 흥미롭다—만으로도 시작하기에는 충분하다. 오래된 아이디어에 새로운 의미를 부여하고 그것이 어떻게 활용될지 시험하면 그때마다 창의성이 생긴다.

뒤엉킨 조합

출발점은 우리 개인이 품은 독특한 상상력이다. 그 다음 가장 중요한 단계는 의미 선택인데, 여기에는 시간이 지나면 변하겠지만 어쨌든 이름과 설명을 붙이는 작업이 들어간다. 의미가 있다는 사실은 흥미롭게 변하는 서막이고, 흥미로움은 다른 모든 일에 필요하다.

세 번째 특성은 새로움인데, 세 요소 중 가장 중요해 보일지도 모르지만 사실 단순히 새롭기만 해서는 대단한 흥미를 끌지 못할 때도 많다. 과정 자체는 이 세 가지가 정신없이 뒤엉킨 조합이지만 그래도 각 요소를 차례로 설명하고자 한다. 우리는 가능한 것, 흥미로운 것을 찾으면서 그것이 새로울지 알고 싶어 한다.

개인으로 창조하기

창의성은 우리가 자신이나 타인을 위해 풀어야 할 문제를 마주하거나, 무엇이 다른 것에 비해 만족스럽지 않은데 자기도 모르게 어떤 식으로든 개선할 방법이 있지 않을까 하는 생각을 떨칠 길이 없을 때, 그 궁금해 하는 충동으로 시작된다. 이와 같은 개인적 까다로움은 사실 문제라기보다는 질문, 우리가 의사표현이라는 자기 즐거움을 위해 해보고자 하는 도전에 가깝다. 아카데미 5개 부문 수상작 〈아메리칸 뷰티American Beauty〉와 제임스 본드 시리즈 〈스카이폴〉을 연출한 샘 멘데스Sam Mendes 감독은 연극이나 영화를 연출하는 순간을 두고 "나만이 행동과 말로 옮길 수 있는 무언가를 발견하는 때"라고 한다.[1]

독일 영화감독이자 카피라이터인 헤르만 바스케Hermann Vaske는 다방면에 종사하는 사람들에게 창조하는 이유를 물었다.[2] 이들의 답변은 다들 다른 삶의 방식은 생각할 수도 없기 때문이라는 이야기였다. 일이 아니라 삶 말이다. 시인이자 음악가인 로리 앤더슨Laurie Anderson은 "대안이 지루해도 너무 지루해서"라고 했고, 지휘자 다니엘 바렌보임Daniel Barenboim은 "호기심이 아주 많기 때문"이라고 했다. 데이비드 보위David Bowie는 "그곳을 향해 떠나도 절대로 그 끝에서 밀려 떨어지지 않을 곳을 찾고 싶어서"라고 했다. 음악가 브라이언 에노Brian Eno는 "이 업계에서는 스스로 비행기를 띄울 수도 있지만 또 비행기를 추락시키고 그냥 떠나버릴 수도 있다"고 했다. 미국 그래픽 디자이너 데이비드 카슨David Carson은 훨씬 직설적으로 "안 할 이유가 있나?"라고 답했다. 또 미술가 크리스토Christo는 "어쩔 수 없어서," 건축가 프랭크 게리Frank Gehry는 "달리 할 일이 없어서," 미술가 데미언 허스트는 자기답게 "모른다," 미술가 데이비드 호크니David Hockney는 "그럴 필요가 있어서," 배우 데니스 호퍼Dennis Hopper는 "나는 필사적이고 외로웠고, 출구가 없어 보였다"라고 답했다. 바스케와 같은 독일인이고 노벨문학상 수상자인 귄터 그라스Günter Grass는 "꼭 그래야 하니까"라는 말로 여러 사람의 마음을 대변했다.

몇 년 뒤에 미국 작가 커트 보네거트Kurt Vonnegut는 『나라 없는 사람A Man Without a Country』이라는 수필집에서 이와 비슷한 견해를 밝혔다.

> 예술은 생계수단이 아니다. 예술은 삶을 좀 더 견딜 만하게 하는 아주 인간적인 방법이다. 잘하든 잘 못하든, 예술을 실천에 옮긴다는 것은 영혼을 성장시키는 방법이라는 말이다. 샤워하면서

노래하기. 라디오 음악에 맞추어 춤추기. 이야기하기. 형편없는 시라도 친구에게 시 써주기. 자기가 능력이 있는 만큼 잘하면 된다. 그러면 엄청난 보상을 얻을 것이다. 무언가 창조했을 테니까.[3]

보네거트의 말은 이런 기회가 모두에게 있다는 뜻인데, 이런 사람들에게는 거대 조직의 작은 톱니바퀴나 정보사회의 작은 비트가 되느니 세상을 향해 자신의 창의적 상상력을 거는 편이 훨씬 안전한 제안이고 더 재미있는 일이다. 창의적인 사람은 자기 안에서 시작하고 자신에게 충실하며, 자신이 하는 일을 일반 대중이 알아주지 않아도 외곬으로 꾸준하게 버틴다. 이런 사람들은 전업이든 아니든, 돈을 받든 안 받든 자기가 하는 일에 열정적으로 몰두하고, 자신이 사용하는 매체 가운데 가장 잘되는 것, 가장 잘되었으면 하는 것이 무엇인지 느낌으로 안다.

이고르 스트라빈스키Igor Stravinsky는 1911년 〈봄의 제전〉을 작곡할 때 스위스 클라렌스에 있는 어느 집 작은 방에 세 들어 살았다. 스트라빈스키가 '틀린' 음으로 연주한다고 다른 세입자들이 주인 아주머니에게 불평했다고 하는데, 로버트 크래프트는 이 이야기를 작곡가 본인에게 전했다.[4] 스트라빈스키는 조금도 재미있어 하지 않았고, 나중에 "그 사람들한테야 틀린 음이었겠지만 나한테는 맞는 음이었다"라고 대꾸했다. 첫 공연에서 청중이 자기 이웃들과 마찬가지로 야유를 보내자 스트라빈스키는 그 자리를 떠나버렸지만, 이 30분 길이의 음악은 이제 가장 심오한 세기의 음악 작품으로 인정받는다.

창의성이 늘 개인의 통찰력에 달려 있는지, 혹은 집단도 의미 있는 방식으로 창조할 수 있는지에 관해서는 논란이 있다. 대부분의 지식과 지식의 표현은 개인의 머릿속에 있는 듯하고, 아이디어는 보통 개인이 표현하며 집단의 지식은 그저 그 집단을 구성하는 개인들의 지식으로 보인다. 그렇다면 집단이 아이디어를 낸다는 말은 비유에 불과하다. 그러나 사실 집단에 속한 사람들이 혼자서는 내지 못했을 아이디어를 내기도 한다. 두 과정 다 타당해 보인다. 집단에 개인이 필요하듯, 개인도 집단이 필요하다.

컴퓨터에 관해서도 같은 질문이 있다. 컴퓨터는 창조할 능력이 있는가? 슈퍼컴퓨터는 이제 1초에 100경급으로 작동할 성능을 갖췄지만 속도와 지능을 혼동해서는 안 된다. 진짜 문제는 컴퓨터가 아이디어를 활용하여 뚜렷한 목적을 갖고 다른 아이디어를 낼 능력이 있느냐는 점이다. 슈퍼컴퓨터는 데이터와 로직으로 환원되는 문제에서는 좋은 결과를 내고, 그러므로 IBM 왓슨Watson 컴퓨터는 2011년에 퀴즈 쇼 〈제퍼디Jeopardy〉에서 두 사람에게 완승을 거두었지만, 단어와 그림(또는 소리)을 조합하거나 문화적으로 모호한 의미가 있는 문제에 부딪히면 초라하게 실패했다. 컴퓨터는 인간이 주는 규칙에 따라서만 작동 가능하며, 우리는 아직까지 비선형의 주관적인 정보를 처리하는 컴퓨터 프로그램을 만들지 못했다.[5] 심리학자 대니얼 카네만Daniel Kahneman은 컴퓨터가 느린 사고보다 빠른 사고를 더 잘한다고 말한다.[6] 이러한 한계가 극복

될지는 두고 볼 일이다. 어쨌든 컴퓨터는 여느 도구나 마찬가지로 인간이 새로운 아이디어를(데이터로 환원 가능하다면) 표현하도록 도와주는데, 사실 인간과 도구, 알고리즘 사이에 선을 긋기가 어려울 때도 있다.

이름과 의미

아이디어를 만든 사람은 그 아이디어의 이름이 무엇이며 의미가 무엇인지 말할 기회를 가장 먼저 잡는다. 그 다음에는 다른 사람들도 나름대로 제안하는데, 이 또한 처음 아이디어를 내는 일만큼이나 창의적이면서 아이디어의 가치에 훨씬 더 기여하기도 한다.

잼 연주에도 이런 면이 있다. 디트로이트벤처파트너스Detroit Venture Partners CEO인 조시 링커Josh Linker는 전문 재즈기타 연주자이기도 하며 컴퓨웨어Compuware의 CTO이면서 키보드를 담당하는 폴 차르닉Paul Czarnik과 정기적으로 연주한다. 링커는 재즈 음악가들은 자기가 주도하기도 하지만 남을 따르기도 하면서 다른 사람들과 함께 창작하는 데 아주 능숙하다고 한다. 이 말은 의미가 어떻게 생성되는지 가르쳐주는 좋은 비유다. 링커는 자기 연주에만 몰두해서 차르닉의 연주를 무시하면 그 결과는 불협화음 덩어리라고 한다(직접 들어보니 사실이었다). 두 사람이 서로 귀를 기울이고 상대방에 반응해서 연주하여 의미를 더하면 그 결과는 음악이 된다.

협업은 사람들이 아이디어를 자기만의 방식으로 해석하고, 개인의 창의성을 더하며, 원래 의미를 돕기도 하고 그 의미를 막거나 비틀거나 다른 의미를 위한 도약대로 사용할 기회도 준다.

얼마나 새로운가?

새로움을 창의성의 특성으로 보는 일이 많지만 사실 새롭다고 해서 항상 그 가치가 큰 것은 아니다. 새로움은 필요하지만 충분하지는 않고, 오히려 신기하거나 아름답거나 싸거나 편리한 것이 더 많은 관심을 끌고 큰 가치를 낳는다. 또한 기원을 정확하게 추적하기가 어렵기 때문에 새로움의 정도를 놓고 전전긍긍해 봐야 별 의미도 없다. 인간은 계속해서, 그것도 무의식적으로 저장된 기억을 사용해 새롭고 더 나은 의미를 만들기 때문에, 어떤 아이디어는 독창적이고 또 어떤 아이디어는 독창적이지 않다고 단정하기에는 이 세상이 너무 넓고 풍부하며 그야말로 아이디어로 꽉 차 있다.

1755년, 새뮤얼 존슨Dr. Samuel Johnson은 자신이 집필한 『사전Dictionary』에서 '창조하다create'라는 단어에 여러 뜻을 넣었다. 이 중 첫 번째 뜻은 "무無에서 만들다"라고 되어 있다. 이런 일은 없지는 않지만 매우 드물고, 아마도 신적인 독창성에 관한 당대의 믿음을 반영했을 터다. 나머지 정의는 사람들이 기존 아이디어를 취해 새롭고 흥미로운 방식으로 다시 섞는다는 의미다. 새로움의 수준은 다양하다. 어른에게는 익숙하고 뻔해 보이는 일을 아이가 다르게 보듯 어떤 개인이 생각하기에만 새로운 아이디어도 있고, 적어도 알려진 바로는 모두에게 새로운 아이디어도 있다. 여기서 '모두'란 시장도 되고, 문화도 되고, 또는 인류 역사 전체도 된다. 이 두 번째 말은 대단하게 들리지만 이러한 극단에서도 새로운 아이디어가 흥미롭거나 누구에게 유용하다는 보장은 없다.

현대의 환경에서는 아이디어를 어디서 얻느냐보다 아이디어로 무엇을 하느냐가 중요하다. 현대 문화, 특히 미술과 엔터테인먼트, 디자인 분야에서 생각은 아주 뒤범벅이다. 할리우드는 영화가 나올 만한 아이디어에는 무조건 열려 있다. 창작 각본을 쓰기도 하고(인셉션Inception), 소설을 각색하기도 하고(용 문신을 한 소녀The Girl with the Dragon Tattoo), 영화를 리메이크하기도 한다(더 브레이브True Grit). 어떤 영화 이전이나 이후의 일을 다룬 속편도 아주 좋아한다(꼭 순서대로 나오지도 않는다). 실제 인물을 다루기도 하고(킹스 스피치The King's Speech), 외계인을 다루기도 한다(아바타Avatar). 둘을 섞을 때도 있다(화성 침공Mars Attacks). 배우 크리스토퍼 리브Christopher Reeve가 휠체어 신세를 지게 되자 휠체어를 탄 남자에 관한 고전 영화를 리메이크했다(이창Rear Window). 그리고 배우의 머릿속에 들어가는 영화까지 만들었다(존 말코비치 되기Being John Malkovich). 할리우드는 아무리 단순하고 조잡해 보여도 어떤 아이디어든 꿈의 출발점으로 받아들인다. 할리우드는 옳고 그른 것, 독창적이거나 차용한 것, 새롭거나 낡은 것에 관한 예술 또는 문학의 일반 개념에 흔들리지 않는다.

스위치 켜기

창의성을 재조합하려면 집중해서 계산해야 할 때도 있고 마음을 풀어놓고 정처 없이 떠돌게 해야 할 때도 있다. 이 두 상태에는 두 가지 감정이 있다. 사람은 첫 번째 상태에서는 고조된 경각심을 느끼고 두 번째 상태에서는 정반대 느낌으로 다른 모든 것을 의식하지 못하고 마치 꿈꾸는 듯한 수준에 이른다. 창조과정을 관리하려면 이 두 상태와 둘 사이의 스위치를 관리해야 한다.

잠에 관한 우리의 이해에는 재미있는 비유가 있다. 우리는 모두 잠을 자며 '잠들어 있다'는 말이 무슨 의미인지 누구나 안다. 그러나 실제로 잠이 무엇이냐에 관해 의학이나 심리학적 합의가 이루어진 바는 없다. 그저 대개 특수한 무의식의 사례로 여길 뿐이다. 그러면 무의식 상태에서 잠든 상태로, 그리고 완전한 의식 상태로 점진적 변화가 있는가? 이 범위를 의식이 있는 상태에서 창조하는 상태로 연장할 수 있을까? 그러니까 창조성이란 특수하고 고조된 의식의 변형일까?

심리학자 칼 융Carl Jung은 프로이드Freud를 따라 집중과 고조된 의식 상태는 "감정상 대단히 긴장하는 순간"이고, 떠도는 상태는 "생각이 꿈

같은 이미지로 정신을 스쳐가는 관조의 순간"이라고 설명한다.[7] 그리고 이 과정은 관리가 가능하다고 믿었다. 아이오와대학교 신경학과 석좌교수인 신경학자 안토니오 다마시오Antonio Damasio(『사건에 대한 느낌The Feeling of What Happens』(1999)의 저자)도 마찬가지로 존재와 의식, 창조성의 관계를 탐구했다(2000년 1월 14일 런던정치경제대학 강연에서 이 내용을 언급). 다마시오는 의식상태의 정신이 기존 지식이나 지나친 논리적 분석에 따르지 않고 그 자체의 형태를 만들어내게 하는 장점이 있다고 본다. 사람이 정신을 집중했을 때와 풀어놓았을 때 창의성을 보이는 능력을 비교하는 시험을 하면, 본질적으로 다른 개념을 의외의 방식으로 연결할 때 풀어진 상태가 훨씬 생산적이라는 결과가 나온다.[8] 시카고 일리노이대학교의 제니퍼 와일리Jennifer Wiley 교수는 "지나친 집중은 창의성이나 통찰력 있는 문제해결 작업의 성과에 해가 될 때도 있다"고 지적한다.[9] 와일리 교수는 수평 사고에서 (약하게) 술을 마신 학생이 평균 이상의 점수를 냈다는 결과를 보여 여러 세대의 미국인에게 많은 사랑을 받았다.

이 두 상태는 서로 다른 뇌파와도 비교 가능하다. 꿈꾸는 상태는 초당 4~8, 8~12의 낮고 느린 알파 범위 주파(헤르츠)와 연결된다. 고조된 의식과 높은 집중상태는 12~15, 15~18헤르츠 사이의 더 높은 베타 범위, 그리고 25헤르츠 이상으로 더 높고 빠른 감마파와 연결된다. 안정적 감마파는 뛰어난 집중을 나타내고, 느린 알파파와 감마파가 급증하는 몇몇 지점이 섞여 있으면 수평사고와 연결된다.

심리학자 미하이 칙센트미하이Mihaly Csikszentmihalyi는 "이젤 앞에 앉은 화가나 연구실에 있는 과학자가 느끼는 흥분은 인간이라면 누구나 얻으려 하지만 대개는 얻지 못하는 이상적 충족감에 가장 가깝다"라고 말했다. 칙센트미하이는 『몰입Flow』에서 '최적 경험'의 상태를 '기술이 도전에 상응하는' 지점이라고 설명한다.[10] 신경생물학자 찰스 셰링턴Charles Sherrington은 뇌가 외부 세계의 이미지를 끊임없이 짜내는 '요술 베틀'이라고 설명한 바 있다.[11] 인간의 상상력은 모든 새로운 이미지를 우리가 이미 아는 것과 비교하고 차이를 밝히며 그에 따라 적응하려고 한다. 창조성은 하나의 행위가 아니라 여러 과정의 조합이다. 우리는 이미 사실임을 아는 것과 사실일지도 모르는 것을 대비해 보여주는 명확한 이성과 주관적 꿈, 둘 다 필요하다.

창조의 순환

창의성에 가장 잘 알려진 표어가 있다면 '찾았다'를 뜻하는 그리스어 표현 '유레카!'다. 그리스 사람들은 아직도 무슨 이론이든, 잃어버린 열쇠든 찾게 되면 이 단어를 외친다. 이 말은 예전에 그리스 왕 히에론Hieron 2세에게 왕관이 순금인지 은이 섞였는지 시험해보라는 명령을 받고 고민하던 아르키메데스Archimedes가 내뱉은 말이기도 하다. 아르키메데스는 이 문제를 몇 달 동안 풀지 못하다가 어느 날 욕조에 들어가면서 물이 넘치는 모습을 보고 물에 넣은 물체와 넘치는 물의 부피, 그러니까 비중의 관계를 깨달았다. 다른 금속이 섞인 왕관을 넣으면 순금 왕관보다 더 많은 양의 물이 흘러나올 터였다. 전설에 따르면 아르키메데스는 어찌나 흥분했는지 욕조에서 벌거벗은 채 거리로 뛰쳐나갔다고 한다.

그렇다면 우리는 벌거벗고 뛰는 일 없이 유레카를 외칠 이런 순간을 어떻게 만들까? 여기서는 꿈과 분석, 직관적 도약과 냉철한 계산을 다섯 가지로 섞어 'RIDER'라는 목록을 제안하고자 한다.

검토 Review	–	배양 Incubation	–	꿈 Dreams	–	흥분 Excitement	–	현실 점검 Reality checks

검토는 재고조사 과정과 같다. 흥미로운 요소를 파악하고, 연관을 짓고, '그게 뭐지?' 혹은 '왜일까?'라는 질문을 하는 과정이다. 경제학자가 생산요소로 치는 원자재를 의식적으로 평가하는 일인데, 여기에는 경제학자가 무시하는 인간의 정신적 특성도 들어간다. 아이디어와 사물을 모두 아우른다는 말이다.

배양은 아이디어가 저절로 풀리게 둔다는 뜻이다. 몇 시간에서 몇 달까지도 걸리는 휴지기다. 창조하는 사람은 이런 배양을 해야 할 때를 알아야 하며, 돈이든 시간이든 휴지기를 줄 자원을 확보해야 한다. 기독교나 유대교 창조신화를 보면, 글쓴이들이 신조차도 세상을 창조한 뒤에 피곤해서 7일째는 쉬어야 한다고 생각했다는 점이 재미있다.

꿈은 무의식에서 헤매는, 그러니까 신화와 상징과 이야기를 탐구하고 맛보는 일이다. 밤에 꾸는 꿈에서든 백일몽에서든, 우리는 인간이 지닌 제약에서 벗어난다. 프란시스 베이컨Francis Bacon은 이것이 자기 정신을 외부 영향과 미지의 힘에 열어두는 '정처 없는 흐름'이라고 했다. 서머싯 몸Somerset Maughm은 "몽상은 창조적 상상의 토대"라고 했다.[12] 철학자이자 수학자인 A.N. 화이트헤드Whitehead는 "현대 과학 때문에 인류는 꼭 헤매야 할 필요가 생겼다"고 했다.[13] J.R.R. 톨킨은『반지의 제왕』에서 "헤매는 자라고 해서 모두 길을 잃지는 않는다"고 했다.[14]

흥분은 직관적 약동과 계산하지 않은 마구잡이 움직임에 원동력이 되는 아드레날린이다. 흥분은 마음을 풀어 놓아 '…하면 어떨까?'라는 질문을 하는데, 그 답이 말이 되는지 안 되는지는 생각도 하지 않게 한다. 여기서는 돌다리도 두드리지 않는 것이 비법이다.

그러나 꿈과 직관 때문에 너무 멀리 가지는 않았는지 현실 점검도 해야 한다. 현재 상태를 분석하고 측정하며, 문제를 다시 점검하고, 나와 있는 답도 연구해야 한다. 이러한 점검을 언제 얼마나 엄격하게 해야 하는지, 우리가 얼마나 가혹한 태도로 임할지 하는 문제는 신중하게 관리해야 한다. 여러 번 반복해서 실험을 해야 할지도 모른다.

이 목록에는 중요한 사항이 몇 가지 있다. 무엇보다 다른 단계와 정반대인 단계도 있다는 점이 눈에 띈다. 꿈과 현실 점검은 완전히 반대이며, 각각 다른 마음가짐이 있어야 한다. 창의성은 개방과 폐쇄, 엄격함과 느슨함으로 이루어져 주고받는, 밀고 당기는 과정이다. 런던 로열국립극장Royal National Theatre 감독을 역임하고 뮤지컬 〈캣츠Cats〉와 〈레미제라블Les Misérables〉을 연출한 트레버 넌Trevor Nunn은 이를 가속과 감속이라고 설명한다(1999년 트레버 넌이 저자와 인터뷰에서 한 말이다). 여기서는 위험을 감수하고 기회를 잡아야 하며, 자신의 자신감과 공포, 확실한 사실(데이터, '실제 세계')과 아련한 감각(꿈과 직관, 육감) 등 모든 자질을 활용해야 한다.

여기에 마법처럼 정리되는 순서는 없다. 사실 순서라고는 아예 없다. 앞서 나열한 순서도 그저 합리적으로 보아 기억에 더 잘 남을 법한 순서일 뿐이다. 이 목록에 지위나 위계는 없으며, 어디서 시작하면 더 좋다거나 어디서 끝나면 더 안 좋다는 지점도 없다. 어디서 출발해도 좋다. 꿈을 꾸면서 시작해야 할 때도 있고 분석하면서 시작해야 할 때도 있다. 매번 다 다르다. 우선 시작이 중요하다. 이미 만들어진 과정을 원하거나, 신호를 기다리거나, 명령받기를 기다리는 사람은 아무것도 창조하지 못한다.

진지한 놀이

아이들은 창의성을 놀이로 보며 현명한 성인들도 마찬가지이다. 덴마크 역사학자 요한 하위징아Johan Huizinga는 '호모 사피엔스'라는 단어를 비틀어 '호모 루덴스'라는 단어를 만들어서 인간은 생각하기 전에 논다고 주장했다.[15] 놀이의 본질은 가볍고 즐기기 쉽다는 데 있다. 사람은 즐겁지 않으면 그 순간 놀이를 멈춘다. 놀이는 자발적이지만 누구나 절대 복종하는 정해진 규칙에 따라 이루어진다. 그 규칙이나 벌칙이 아무리 제멋대로에 바보스러워 보여도 말이다. 놀이는 매우 시시하지만 중요하다. 이런 점 때문에 창조하는 사람이 일하는 과정을 관찰하는 사람들은 "일하는 걸로 보이지는 않는다"고 하면서 황당해 할 때가 많다. 그렇지만 가볍고 사소하다 해도 이 과정은 사람을 완전히 빠져들게 한다. 이 놀이는 불확실하고 운에 따르며, 일상이나 반복과는 반대다.

영화제작자 데이비드 퍼트넘David Puttnam은 "내 인생에서 가장 가슴 뛰고 창의적인 시기는 탭댄스를 엄청나게 많이 추던 때"라고 했다.[16] 그것도 사무실에서 말이다. 퍼트넘은 그 때 앨런 파커Allan Parker(후일 〈미드나이트 익스프레스Midnight Express〉, 〈에비타Evita〉를 연출했다)나 리들리 스코트(후일 〈에일리언Alien〉, 〈프로메테우스Prometheus〉를 연출했다) 등 동료들과 함께 사무실에서 춤을 추었다. "우리는 몇 시간씩 탭댄스 연습을 하다가 틈틈이 광고 작업을 했다. 정말 대단했다. 그때는 아주 쓰러져 비명을 지를 정도로 웃으면서 동시에 아주 좋은 작품을 창작했다." 스스로 즐기는 사람들은 훨씬 행복할 뿐만 아니라 더 많이, 더 빨리 성취한다. 사실 이 이야기는 꺼내놓기도 조심스럽다. 혹시라도 핵심을 놓친 어느 기업 교육 담당자가 엉뚱하게 탭댄스 교실을 만들지 몰라서다. 퍼트넘이 즐긴 재미는 충동적이고 짓궂은 데가 있었다.

새뮤얼 존슨은 "인간에게 일이 즐거움인 때는 거의 없다"고 했는데, 당시에는 모르지만 지금은 그렇지 않다. 창조하는 사람에게는 일이 진정 즐거움이고, 이런 사람들은 아마 "놀기보다 일이 훨씬 재미있다"고 한 노엘 카워드Noël Coward의 말에 동의하리라. 일이 곧 삶인 사람도 많고, 이들은 당연히 그럴 수밖에 없다는 듯 일한다. 이상적인 상태에서 이런 사람들을 보면 일의 질도, 삶의 질도 높고 이 두 가지가 서로 얽혀 지탱해 준다.

아마도 20세기 후반 가장 위대한 물리학자일 노벨상 수상자 리처드 파인만Richard Feynman은 코넬대학교 재직 초기부터 이렇게 결심했다고 한다.

> 나는 즐거움을 위해서만 일할 작정이었다. 그날 오후 점심을 먹는데 어떤 아이가 식당에서 접시를 던져 올렸다. 접시에는 파랗고 커다란 메달이 있었는데 바로 코넬대학교의 상징이었다. 접시는 내려오면서 흔들거렸는데 그 파란 물체가 접시의 흔들림보다 훨씬 빨리 도는 듯했고, 나는 둘의 관계가 궁금해졌다. 그래서 회전하는 물체의 움직임에 관한 공식을 이리저리 궁리하다가, 흔들림이 작을 때 그 파란 물체가 흔들림의 두 배 속도로 돈다는 사실을 깨달았다. 그리고 재미삼아 이유를 알아내려고 했는데, 이것이 또 비슷한 전자 회전 문제로 이어졌고 그러다 보니

내가 전부터 연구하던 양자전기역학 문제로 돌아가고 말았다. 그 뒤로도 계속 이렇게 편안하게 문제를 가지고 놀았는데, 그 다음부터는 마치 병에서 코르크를 빼낸 듯 모든 것이 그냥 쏟아져 나왔고 나는 노벨상을 받은 연구를 금세 마무리했다.[17]

아르키메데스가 생각나는 이 이야기에서 배울 점이 세 가지 있다. 하나, 즐긴다. 둘, 항상 마음 한구석에 문제를 품어 둔다. 셋, 점심은 꼭 먹는다.

생각은 어떤 모습인가

사람은 자기 재능을 관리하는 데 보다 능숙해지면서 개인별 특성을 계발한다. 앤서니 스토Anthony Storr는 창조정신을 아주 명료하게 분석하면서 창의적 인간은 다른 사람과 비교하면 정반대인 부분은 아주 극명하게 다르고, 또 서로 반대되는 그런 부분들을 훨씬 잘 의식한다고 했다.[18] 창조하는 인간은 가능성을 닫지 않는다. 물리학자 닐스 보어Nils Bohr는 자기 아버지가 좋아하던 격언 중에 "심오한 진실은 그 반대 또한 심오한 진실이라는 사실로 알 수 있다"라는 말이 있었다고 한다. 작가 F. 스콧 피츠제럴드F. Scott Fitzgerald는 〈추락The Crack-Up〉이라는 대단한 작품에서 이렇게 말했다. "동시에 두 가지 정반대 생각을 하면서도 할 일을 하는 힘을 잃지 않는 능력이야말로 최상의 지성을 나타내는 시금석이다."[19]

스토는 성공적으로 자신의 창의성을 관리하는 사람들을 보면 긴장의 끈을 풀지 않겠다는 결의와 능력이 훨씬 뛰어나다고 한다. 이들은 자아가 강하고, 집 단장에도 훨씬 창의적인 편이며, 마음만 먹으면 집과 정원도 아름답게 꾸민다. 보통 사람과 비교하면 독립성이 강하고, 모양과 형태에 더 신경을 쓰고, 복잡하고 비대칭인 것을 훨씬 선호하며, 괴테의 말을 빌리자면 "진실을 사랑"하고, 명백하게 양성애자인 경향이 있다고 한다. 살바도르 달리Salvador Dali는 "체계적으로 혼란을 창조해야 한다. 그러면 창의성이 자유로워진다"라고 조언했다.

영국에서 가장 성공한 TV 제작자로 잉글랜드예술협의회Arts Council of England 위원장에 취임한 피터 바잘게트Peter Bazalgette는 창조하는 사람에게 여섯 가지 특징이 있다고 한다.[20] 첫째는 열린 마음이다. 정신이 꿈에 가까운 상태로 이리저리 헤매게 둔다는 뜻이다. 둘째는 정신의 독립성이다. 창조하는 사람들은 규칙을 깨는 사람들이지, 규칙을 만드는 사람들이 아니다. 셋째는 변화를 두려워하지 않는 것. 넷째는 백지 시험이다. 창조하는 사람에게는 공간이 도전이 되며 거기에 무엇이든 채워 넣으려는 마음이 든다. 다섯째는 훌륭한 유머감각이다. 마지막으로 바잘게트는 창조하는 사람은 경쟁심과 야망이 있어야 한다는 스토의 말에 동의한다. 스웨덴 심리학자 앤더스 에릭슨Anders Ericsson은 어떤 기술을 완전히 정복하려면 최소 1만 시간 이상 연습하는 노력이 필요한데, 차라리 그 1만 시간을 호기심과 경쟁에 쓰면 시간을 더 잘 활용하는 셈이라고 계산했다. 이 계산법은 나중에 말콤 글래드웰Malcolm Gladwell 덕에 많은 인기를 얻었다.[21]

바스케의 설문 조사에서 보워나 에노가 답했듯, 결국 자신의 균형점을 넘어 맨 가장자리까지 가서 자세히 들여다봐야 한다. 심리학자 어빙 고프먼Erving Goffman은 "인격이 도박에 걸리는, 인간이 자신이 옳다는 사실과 더 심오한 차원으로는 자기 자신을 증명하기 위해 말도 안 되는 위험을 감수하는 존재론적 진실의 순간"을 평생 고민했다.[22]

스티브 잡스가 거둔 비범한 성공은 이 두 특성을 명확하게 보여준다. 실리콘밸리에서 발행되는 잡지 《와이어드WIRED》는 잡스의 애플과 실리콘밸리의 핵심 신념을 비교하면서 잡스가 다섯 가지 신성한 법칙을 깼다고 했다.[23] 첫째, 실리콘밸리는 "개방 시스템을 수용하라"고 하는데 잡스는 애플 소프트웨어를 애플 장치에서만 작동하게 설계했다. 둘째, 실리콘밸리는 "하는 일을 소통하고 블로그에 올리라"고 하는데 잡스는 언론에 절대로 이야기를 내보내지 않았으며, 《와이어드》에 따르면 언론에 내용을 보낸 사람을 고소하기도 했다. 셋째, 실리콘밸리는 "점잖게 하라"고 하는데 잡스는 애플을 구축하고 경쟁사를 파괴하려는 결의가 확고했다. 넷째, 실리콘밸리는 "고객을 사랑하라"고 하는데 잡스는 자기가 원하는 대로만 했다. 다섯째, 실리콘밸리는 "직원을 소중히 하라"고 하는데 잡스는 모두에게 고함을 쳐댄 것으로 유명하다. 《와이어드》에 한 가지 더 추가할 얘기가 있다면 실리콘밸리는 "소프트웨어에 집중하라"고 하는데 애플은 디자인에 집중하고 많은 소프트웨어를 구매했다.

창의적 인간을 요약하기는 쉽지 않다. 시인 T. S. 엘리어트T. S. Eliot는 특이한 성격을 보여준 좋은 예다. 그는 가혹하고도 애수에 찬 시를 썼지만, 한편으로 로이즈은행Lloyds Bank에서 일했고, 입술연지를 발랐으며, 새 관찰을 좋아하고 권투하기를 즐겼다. 전기 작가 피터 애크로이드Peter Ackroyd는 엘리어트가 이런 부조화를 다 의식하면서도 그런 점을 자신의 문학 작품과 어울리게 고치려 하지는 않았다고 한다.[24]

사람들은 종교나 도덕, 관습, 성性과 같은 가장 근본적 문제에서 의견을 달리하지만, 대부분의 문화권에서는 생산하는 힘으로서 창의성에 가장 원초적인 힘이 있다는 사실을 인정한다. 창의성은 일상적이고 반복적일 대상에 생기를 불어넣고 특징을 부여한다. 소크라테스는 추구하지 않는 삶은 가치가 없다고 했다. 셰익스피어의 리어왕은 "아무것도 없으면 아무것도 생기지 않는다"라는 말로 무익함을 표현했다. 우리는 창조하는 인간이 어떤 것을 새롭게 만들기 때문에 존경하지만, 같은 이유로 두려워할지도 모른다.

인간은 창조를 그만두는 순간 변화를 멈추고, 배움을 멈추고, 무엇보다 살기를 멈춘다. 밥 딜런Bob Dylan의 노래 가사처럼 "태어나느라 바쁘지 않은 사람은 / 죽느라 바쁜 것"이다.[25] 이집트 출신 변호사이자 경제학자로 WIPO 사무총장을 역임한 카밀 이드리스Kamil Idris는 이렇게 말한다. "공식은 간단하다. 살기 위해서는 창조해야 한다."[26] 창의성이 없으면 우리는 아무것도 상상하거나 발견하거나 발명하지 못한다. 그랬다면 인간에게는 불도, 언어도, 과학도 없었을 것이다. 그리고 내일의 삶을 더 나아지게 하려면 오늘 무엇을 해야 할지 궁리하지도 않을 터다.

20세기 가장 위대한 영국 배우 중 한 사람인 로렌스 올리비에Laurence Olivier가 어느 날 저녁 〈헨리 5세Henry V〉 공연을 했을 때, 연기가 어찌나 뛰어났던지 동료 연기자들마저도 깜짝 놀라 그저 탄복하며 바라보았다고 한다. 막이 내리고 찰스 래프턴Charles Laughton이 축하해주러 다른 사람들과 함께 대기실로 찾아 갔더니, 정작 당사자는 울고 있었다. 래프턴이 "이봐 래리, 정말 잘 했잖아"라고 하자 올리비에는 "알아요. 그런데 그 이유를 모르겠단 말입니다"라고 답했다고 한다.[27] 창의성을 갖추기란 쉽지 않다. 그리고 올리비에가 깨달았듯, 창의성은 절대로 그대로 반복하지도 못한다.

4

제 4 장

아이디어가 **뿌리내리는 곳**

적절한 장소 선택하기

창조생태계란 창의성 수준이 장소에 따라 호의적이거나 무심하거나 몰이해적 혹은 적대적일 수도 있다는 사실을 매일 관찰하는 데서 형성되기 시작한다. 장소마다 다른 자유의 정도 때문에 누가 무엇을 말해도 되는지가 달라지고, 서로 다른 시장조건 때문에 누가 거래해도 되는지가 달라진다.

사람은 저마다 이 두 가지 조건을 대하는 태도가 다르다. 개인의 견해를 표현하는 자유에 더 가치를 두는 사람도 있고, 시장이 원하는 것에 더 가치를 두는 사람도 있다. 개인적인 의견 표현과 타인을 고려하여 이를 조정하는 일 사이에서 선택해야 하는 상황은 아주 예전부터 존재했다. 어떤 곳이 호의적이거나 적대적이라는 느낌은 절대적이지 않으며, 오히려 그 장소와 개인의 기질이 얼마나 맞는지, 어떻게 더 현명하게 틈을 발견하고 새로움을 창조하는 기회를 잡는지에 따라 좌우된다.

사실 어떤 개체와 환경의 적합도가 무엇인지를 두고 처음 개념을 발전시킨 과학자들도 적재적소에 있던 셈이다. 19세기 영국과 독일, 프랑스에는 다양한 자연주의자와 지질학자, 해부학자, 조류학자, 생물학자, 동물학자, 사회학자, 의사도 있었지만 전통을 수호하며 논쟁하기 좋아하는 신학자들도 있었는데, 이들의 존재도 전통을 수정할 때는 유용했다. 찰스 다윈Charles Darwin도 새로운 과학을 옹호하던 사람에 속한다.

다윈은 학교에 다닐 때부터 자연주의자, 과학자들과 서신을 왕래했고 겨우 22세에 비글호를 타고 항해에 나섰다. 어린 시절의 긴 산책부터 출판 시기를 정하는 어려운 결정에 이르기까지 다윈의 삶은 본능은 물론 환경에도 많은 영향을 받았다.

반면, 유전자를 발견한 과학자는 그리 운이 좋지 못했다. 그레고어 멘델Gregor Mendel은 다윈보다 13년 늦게 태어났지만 지금 체코공화국에 속하는 실레시아라는 외딴 곳에 살았고, 2년 동안 비엔나에서 수학한 경험을 빼고는 이곳에 고립되어 제대로 돌아다니기도 어려웠기 때문에 자기 이론을 널리 펼치지도 못했다. 다른 사람을 만날 자유도 방법도 없었고, 어쩌면 그럴 열망도 별로 없이 과학 논문 몇 편을 출판했을 뿐이다. 멘델은 수도원에서 죽었고 논문은 사후에 누군가 불태웠다. 멘델은 비범할 정도로 창조적이었지만 한 번도 적소를 찾지 못했기 때문에 다윈도 멘델의 발견에 관해 전혀 몰랐고 다른 사람들도 오랜 세월이 흐른 뒤에야 겨우 알았다. 만일 다윈과 멘델이 만났다면 정말 멋진 일이었을 터다.

생태학을 발전시키고 생태학이라는 이름을 만든 에른스트 헤켈Ernst Haeckel은 멘델보다 더 늦게, 좀 더 흥미로운 포츠담이라는 도시에서 태어났다. 포츠담은 당시 프러시아의 궁정 수도였고 학문과 과학으로 유명했다. 헤켈은『종의 기원On the Origin of Species』출판 몇 년 후인 1866년 겐트에 있는 찰스 다윈의 집에 찾아갔다. 그는 다윈만큼은 아니지만 여러 곳을 여행했고 다양한 미술가와 작가, 과학자들과 교류했다. 스웨덴 작가이자 화가로 당대 가장 물의를 빚은 희곡 〈줄리 양Miss Julie〉을 쓴 아우구스트 스트린드베리August Strindberg도 이때 열심히 어울리던 단골손님이었다.

다윈은 같은 부모에게 태어난 자손에게 서로 다른 특징이 있으며, 일부는 생존하지만 일부는 그러지 못한다는 사실(생존경쟁)을 증명하는 엄청난 증거를 수집했다. 그리고 생존한 개체는 환경에 더 적합하기 때문에 생존했다(적자생존)는 결론을 내렸다. 이들 개체는 더 오래 살기 때문에 자손도 더 많이 낳는다. 다윈은 신중하게 글을 쓰느라 『종의 기원』에서는 인간 진화에 관한 명백한 결론을 조심스럽게 피하고 그 답은 다음 작품 『인간의 유래The Descent of Man』에서 제시했다.

헤켈은 그보다 과감하게 추측하고 주장했다. 여러 체계를 구성하고 새로운 관계를 찾기를 즐겼다(스스로 새로운 존재가 되고 다른 세포를 낳을 능력이 있는 세포에 '줄기'라는 이름을 처음 붙인 사람도 헤켈이다). 다윈을 만난 1866년에는 '생태학ecology'이라는 말을 만들어 여러 유기체가 서로, 그리고 환경과 어떻게 관계를 맺는지 다루는 연구를 설명했다. 이 단어와 경제economy라는 단어에는 'oikos'라는 그리스 어원이 들어가는데, 이 말은 가정을 의미한다. 생태학은 돈 대신 모든 자원과 이 자원들이 서식 개체의 행복에 미치는 영향에 집중한다. 생태학은 장소가 변화를 제한하고 자극도 하면서 동시에 행동에 어떤 영향을 미치는지를 연구한다.

4대 특성

이 책에서는 생태계의 특성 가운데 왜 어떤 장소가 다른 장소에 비해 창의적 관계에 호의적이고 새로운 아이디어에 더 개방적인지 설명해 줄 네 가지를 골랐다. 변화와 다양성, 학습, 적응 이 네 가지를 4대 특성이라 부르겠다.

이들은 짝을 지어 효과를 낸다. 첫 번째 쌍인 변화와 다양성은 우리가 의식하든 하지 않든 생기며 거의 통제 불가능하다. 두 번째 쌍인 학습과 적응은 우리가 원하고 그럴 자유만 있다면 선택해서 하면 되는 일이다. 어떤 장소의 변화의 속도와 다양성의 정도는 물리적으로 입증되므로 외부자들은 이를 더 많이 의식하겠지만, 내부자들은 아마 두 번째 쌍인 학습과 적응에 더 관심을 둘 터다.

생태계는 사람들이 섞이고, 해석하고, 수용하고, 버리는 것 등이 축적된 결과로 변화하고 다양해진다. 사람들이 깐깐하게 고르고, 이 아이디어는 따라 하고 저 아이디어는 실험하며, "유레카! 하자!"라든가 "모르겠는데, 다른 걸 해 보자"라고 말할 자유가 있으면 변화의 속도는 빨라진다. 원래 의도와는 다른 방식으로 아이디어를 사용하기도 한다. 그래픽 디자이너가 옷 색깔을 보고는 책 표지에 그 색을 사용하기도 한다는 뜻이다(의상 디자이너도 같은 방식으로 그 색을 베껴 왔을지도 모른다).

사람들이 이렇게 행동할 때마다 맥락과 의미, 그리고 아이디어 자체가 바뀐다. 버려진 아이디어조차 다른 사람들은 물론 버린 사람의 마음 속에 흔적을 남긴다. 그 결과는 바로 누구도 처리하거나 상상하기 어려운 정도로 많은 아이디어다. 이 과정은 일단 시작되면 멈추기 어렵다. 소설가 존 스타인벡John Steinbeck은 "아이디어는 토끼 같다. 일단 한 쌍을 받아 다루는 법을 배우면, 머지않아 열 개도 넘게 생긴다"라고 했다.[1]

우리는 학습과 적응 과정을 통해 이런 다양한 아이디어를 분류한다. 사실 교육과 학습을 동의어로 쓸 때가 많기는 하지만, 여기서는 두 단어를 구분하겠다. 교육은 어떤 사람이 다른 사람을 대상으로 하는 일이다. 교육은 학교와 대학에서 젊은이들을 가르치는 체계로, 늘 정부가 주도하고 대개는 정부 행정지침을 따르며, 모든 국민에게 동일한 기초 지식을 공유하고 동일한 문화와 윤리, 사회 행동 기준을 지지하게 하려는 목적이 있다. 교육은 사람을 사회화시킨다. 대다수 아이들이 자기중심적 유아 상태에서 타인의 이익과 필요를 의식하는 변화를 겪게 도와주고, 10대 청소년 대부분이 동일한 기초 인지·사회성을 갖추게 한다. 교육은 어떤 지점이 되면 멈춘다. 사람들은 학교나 대학을 졸업하고 다시는 돌아가지 않는다.

학습은 다르다. 학습은 스스로 관심과 동기를 갖고 관리한다는 의미에서 개인적이다. 우리는 우리가 원할 때만 배운다. 학습은 남이 가르쳐 줄 때보다 훨씬 빠르고, 혼란스럽고 실패할 때도 많지만 관리만 한다면 훨씬 생산적이다. 학습은 창의적 정신이 스스로 감시하는 방법이기도 하다. 영어에는 가르침을 행하는 사람을 의미하는 단어 teacher는 있지만 가르침을 받는 사람을 의미하는 단어는 제자나 학생처럼 교육 대상을 의미하는 단어밖에 없고, 학습하는 사람을 의미하는 단어 learner는 있지만 학습을 시켜주는 사람을 나타내는 단어는 없다는 점도 재미있다. 교육은 이름 모를 사람들에게 무엇을 행하는 일이고, 학습은 우리가 자신에게 하는 일이다. 교육은 남들도 다 가기 때문에 대학까지 가지만(그렇다고 잘못이라는 말은 아니다), 학습은 칸아카데미Khan Academy나 세바스찬 스런의 유데이시티Udacity 같은 온라인 교육 서비스와 결합하기도 하고 어떤 식으로든 인간의 창조자본을 개선하려는 방법을 시도한다(칸아카데미와 유데이시티는 온라인 대중 공개강좌MOOC(Massive Open Online Course)의 사례다).

미국과 유럽은 모두 1970년대에 빠른 시분할time-sharing 처리라는 새로운 세계를 탐구하기 시작했다. 관련 기술은 두 지역에서 비슷했지만 사람들의 학습 태도는 아주 달랐고, 결국에는 학습에 임하는 태도가 더 중요했다. 미국에서는 운 좋은 학생들 중 첫 세대가 시분할 컴퓨터를 일반 학교와 대학에서 처음으로 접했다. 접근은 비교적 쉬워 보였다. 학생들이 실험실 안에서 살다시피 하는 바람에 가끔은 그 이유를 기발하게 꾸며대야 할 때도 있었지만 말이다. 대학 교직원들도 학생들만큼이나 열성적이었다. 여기에는 취미에 심취한 사람들이 그저 즐긴다는 느낌도 있었지만, 한편으로는 캘리포니아에 있는 기존 기업에 취업하거나 새로운 회사를 차릴 실질적인 잠재력도 느껴졌다. 학습은 빠르고 개방적이었으며 축적되었다.

몇 년 뒤, BBC는 TV시리즈와 책, 저렴하지만 최첨단인 개인용 컴퓨터를 갖추고 컴퓨터 사용 능력 프로젝트를 시작했다. 최초의 에이콘Acorn 초소형 컴퓨터는 애플에서 매킨토시를 처음 생산한 1981년에 나왔다(에이콘의 A는 영국 최대 소프트웨어 회사인 ARM에 아직도 남아 있다). 자기 방에 틀어박힌 영국 컴퓨터광들도 한동안은 캠퍼스를 근거지로 삼은 미국 컴퓨터광들만큼 창조하고 혁신했다. 그러나 영국의 일반 학교와 대학 대부분은 당시 이러한 상황을 제대로 인식하지 못하거나 도우려는 의지가 부족했고, 국내 전자회사도 몇 없었지만 국내 투자자는 더 희귀했다. 열심히 연구하는 학생들은 학습 역량이 부족한 생태에 갇혔고, 결국 고립되어 다음 단계로 이행하지 못했다.

인도네시아 작가이자 사회운동가인 소에자트모코Soedjatmoko는 BBC 프로젝트를 두고 교육은 뛰어나지만 학습은 뛰어나지 못한 사례라고 꼬집으면서, '학습 역량'이라는 말을 자주 사용했다.[2] 소에자트모코의 시험대는 조국 인도네시아였다. 1940년 독립 당시 인도네시아 인구는 7,000만 명이었지만 2010년에는 2억 3,000만 명으로 늘어났다. 이런 인구 증가는 축복이면서 큰 도전이었다. 노동자가 늘어났다는 뜻도 되지만 먹여 살릴 입도 늘어나고 교육과 보건에 더 많은 돈이 필요하다는 뜻도 되기 때문이었다. 소에자트모코는 국민의 학습 능력에 직접 투자하라고 다국적 은행에 촉구했지만, 은행들은 도로나 항만, 철도 같은 인프라 투자를 선호했다. 소에자트모코는 외부에서 받은 정치나 금융, 기술 자원보다 사회의 학습 역량이 훨씬 더 중요하다고 굳게 믿었다.

학습 다음 단계는 적응, 그러니까 우리의 행동방식과 업무를 바꿔 보는 단계다. 교사는 어떤 사람 앞에 정보를 놓고 외우고 반복하라고 시킬 수는 있어도, 그 정보의 효과는 보장하지 못한다. 나를 가르친 선생님도 말씀하셨지만, 한 귀로 듣고 한 귀로 흘리면 그만이기 때문이다. 그러나 학습은 변화라는 의미를 내포한다.

월트 디즈니는 적응 없는 학습은 그야말로 무용지물이라고 했다. "미래는 발견되기를 기다리지 않는다. 미래는 창조된다. 처음에는 정신에서, 그 다음에는 행동에서 창조된다." 디즈니는 그 시대의 스티브 잡스였다. 문제에 맹렬하게 달려들고, 수단 방법을 가리지 않고 가능성을 검토하고, 다른 사람들이 이미 답을 내놓았다는 동료들의 말을 무시하고 기어이 자기만의 해결책을 내놓았다. 디즈니는 다른 사람들이 한 말은 그저 수많은 조언 가운데 하나로만 여겼다. 자신이 스스로 해결하기 전까지는 무엇에도 합의하지 않았다. 고로 해법을 발견하면 이를 반드시 실행하게 했다.

학습은 자체 구조가 아니라 다른 모든 사람에 따라 좌우되고, 교육의 학교나 교과 과정에 상응하는 자체 자원 없이 원하는 것은 무엇이든 찾아내서 가져온다. 어떤 구조물이나 목록이라기보다 열린 과정이다. 디자인 전문업체인 아이데오Ideo는 개방 혁신 온라인 플랫폼인 아이데오랩Ideolab을 출범하면서 이 플랫폼은 늘 무엇이든 포용하고 공동체를 중심으로 하며 협업하고 낙관적인 태도를 유지하겠다고 말했다. 그리고 '항상 베타 상태에 있겠다'라고도 했다. 이 말은 컴퓨터 전문 용어로 초안이나 미완성, 변화와 개선에 열려 있겠다는 의미다. 베타 소프트웨어 시스템은 대개 해커와 개발자에 한정해서 배포하지 일반 대중이 사용하지는 못하게 한다. 아이데오는 아이데오랩이 늘 개발하고 학습하리라고 선언한 셈이다. 우리는 바로 이렇게 학습하고 우리에게 좋은 쪽으로 발전하기를 기대하며 환경에 적응한다.

이동하기

인간의 학습과 적응 속도는 환경에 따라 다른데, 환경은 어느 정도는 정해져 있고 우연하지만 또 어느 정도는 선택의 문제다. 우리는 살 곳과 일할 곳을 결정하고, 우리에게 유리한 쪽으로 환경에 영향을 미치기 위해 타인과 관계를 맺고, 행동을 취하면서 선택을 한다.

환경은 여러 서식지와 적소, 적소 안의 적소로 구성된 한 덩어리(상당히 큰 덩어리)이다. 서식 개체는 적소 덕택에 과거와 현재의 일, 그리고 미래의 일을 파악하게 되는데, 이것이 바로 적소의 가치다. 그리고서야 비로소 최선을 끌어내고 자신들의 아이디어가 관심과 주의를 끌만한지 알게 된다. 적소를 선택한다는 말은 자신이 선호하는 독립성(자유) 수준으로, 자신이 선호하는 정도만 타인의 바람(시장)에 노출된 채 일할 수 있는 곳을 찾는다는 의미다.

어떤 도시로 이동한다는 말은 서식지 이동을 뜻하며, 특정 분야에서 일하기 위해 이동한다는 말은 적소로 이동한다는 말과 비슷하다. 사람의 생활양식이나 도덕, 기술과 돈처럼 정말 많은 관련 요소가 있다 보니, 적소로 이동하겠다는 결정은 제대로 내리기가 더 어렵다. 어떤 사람은 자기의 적소, 그 시간과 공간에 정말 잘 맞아서 주변에 자신만의 감각 생태계를 창조하고 새로운 분위기나 양식을 상징화하는 듯이 보이기도 한다.

적소 선택은 돈보다는 생활양식의 문제이며, 생활양식은 돈보다 훨씬 강력한 유인물이다. 여기서 생활양식이란 사람의 습관과 관습, 도덕, 자유와 독립성에 관한 태도를 의미한다. 이러한 개인적 문제를 경제적 계산에 넣다니 조금은 제멋대로지만, 과정에서 개인 감정이 이렇게 중요할 때는 가장 합리적인 선택이다. 사람들은 그곳에서 일하는 사람이 마음에 들거나 혹은 타인과 같은 방식으로 일하고 싶어서 적소를 택할 때도 많다. 영국 TV 제작사 월투월Wall to Wall의 공동 창립자 알렉스 그래엄Alex Graham은 자기가 회사를 차린 이유는 돈이 아니라 통제 때문이었다고 한다. "내가 만드는 프로그램을 통제하고 싶었다"(그래엄은 2011년 저자와 대화하면서 이렇게 말했다). 물론 임대료를 내야 하니 돈도 중요하지만, 그렇다고 돈이 주된 이유는 아니다. 따라서 그래엄과 같은 사람들은 다른 목표를 설정한다.

적소에는 저마다 아이디어 소유와 복제의 도덕성에 관한 고유한 윤리가 있다. 적소는 개인의 표현과 시장 사이에서 각자 나름대로 균형을 유지한다. 자기 홍보와 과장 선전을 허용하는 정도도 다르다(영화

업계라면 이를 당연하게 여기지만 코드 관련 업계라면 개탄한다). 이런 윤리는 나라마다 다르다. 창작자에게 모든 권리를 포기하라는 미국 엔터테인먼트 계약의 '고용 저작물'이나 중국의 인수 계약은 창작자가 당연히 작품 통제력을 유지하는 프랑스나 독일에서는 틀림없이 배척당한다.

적소는 창조 및 재정적 독립의 범위 면에서도 다양하다. 창조경제는 스스로(개인 사업자) 혹은 영세기업에서 근무하는 아주 많은 사람에게 의존한다. 영국을 보면 예술과 문화, 디자인, 미디어 기업 가운데 90% 이상이 직원을 4명 이하로 고용한다. 나머지 인력은 브랜드를 소유하고 투자 자금을 받으며 유통업체와 구매자로 가는 관문을 통제하기 때문에 엄청난 시장 지배력을 누리며 문지기 역할을 하는 몇몇 기업에서 일한다. 이러한 문지기 기업은 대부분 규모가 크고, 일부는 주요 닷컴기업이나 음악, TV, 영화, 출판, 미디어 회사 같은 초대형 기업이다. 그러나 에이전트를 찾는 작가나 화랑을 찾는 미술가들도 잘 알듯이 영세기업이 관문 역할을 할 때도 있다. 개인 사업자와 문지기 기업의 격차는 소비자 시장 판매에 의존하는 부문에서는 아주 크지만, 의뢰인 대상으로 판매하는 부문에서는 훨씬 따라잡을 만하다. 큰 다국적 기업도 작고 파격적인 디자인, 광고대행사를 고용하는 일이 많다.

개인 사업자와 기업 임원 중 어느 쪽을 선호하는가는, 특히 소비자에게 판매하느냐 의뢰인에게 판매하느냐의 선택이 걸려 있을 때라면, 생활양식의 선택문제이며 이 선택이 업무분야보다 먼저다. 소설가가 되고 싶다, 그룹에서 일하고 싶다고 바라는 것이 곧 직업이 아니며, 자기 힘으로 패션 디자이너가 되는 일도 예전에는 흔했지만 이제는 점점 그런 가능성도 줄어드는 상황이다. 수많은 사람 앞에 서서 공연할 능력이 있는 음악가도 매니저(수많은 오해와 금전적 갈등의 근원이다)와 맞서게 되면 암담할 것이다. 의뢰인 앞에서는 설득력 있게 주장을 펼칠 능력이 있는 건축가나 디자이너도 번화가의 일반 소비자에게 직접 판매할 생각을 하면 머리가 하얗게 빌지도 모른다. 어떤 분야를 선택하느냐가 일하는 방식을 정할 때보다는 어떤 일하는 방식을 선호하느냐가 일할 분야를 정할 때가 더 많다.

예술과 문화, 디자인에서는 미학이라는 문제가 확실한 시금석이다. 이 문제는 창작자의 상상력에, 그리고 정도는 덜하겠지만 이들 분야에 종사하는 다른 모든 사람의 마음속에 존재한다. 화랑 운영자는 미술가만큼이나 설명을 잘(어쩌면 더 잘) 해야 하고, 패션 회사는 디자이너 한 사람당 수많은 관리자와 미디어 인력을 고용하며, 디지털 관리자들은 프로그래머가 어떻게 일했는지는 몰라도 무엇을 했는지는 알아야 한다. 똑같이 즐거움을 느끼지 못한다면 관계를 지속하지도 번창하지도 못한다.

작가, 특히 시인은 소프트웨어 프로그래머들이 코드에 시적 특성이 있다고 본다는 사실(이 사실은 케네스 골드스미스Kenneth Goldsmith가 『비창작Uncreative Writing』에서 잘 설명했다)을 알면 놀랄 것이다.[3] 창조행위 자체가 명확한 미학도 없고 그 최종 형태와 명확한 관계가 없더라도, 창의성의 관능적 요소는 늘 존재한다. 시인과 작가 중에도 글을 쓰는 행위를 위한 기술 선택이 문체에 영향을 주었다고 생각하는 사람이 많다. 말이 출판되는 방식과 그 기술 사이에 아무런 관계가 없더라도 말이다.

디지털 코드화의 확산 때문에 새로운 미학이 도입되었지만 이런 미학이 항상 환영받지는 못한다. 순광 셀룰로이드 영화를 보고 자란 많은 영화감독이 후광 컴퓨터 생성 이미지CGI를 불편해하며, 단순한 2D 화면으로 작업하던 많은 사람도 깊이를 활용하는 3D를 거북하게 여긴다. 겉보기에는 영화사와 게임회사가 함께 일할 불가피한 이유가 많아 보여도 그런 일이 별로 생기지 않는 이유 중 하나는, 이 둘이 이야기를 대하는 접근 방식이 아주 다른데 둘 중 어느 하나도 타협을 원하지 않기 때문이다. 이러한 긴장을 아날로그에서 디지털 기술로 전환하는 상황으로 설명할 때가 많은데, 진짜 문제는 디지털 기술이 미학에 미치는 영향이다. 이러한 선택은 아주 기본적이면서 개인적이어서 이 선택을 잘못하면 감수성이 심각하게 다칠 때도 있다.

다른 곳에서 온 아이디어

적소를 찾으려는 목적은 적절한 관계를 발전시킬 능력을 얻기 위해서다. 창의성은 사적인 영감에서 시작할지 모르지만 혼자 있기로 유명한 사람들도 대부분 수많은 아이디어를 다른 곳에서 얻었다.

정말 아무 것도 모르는 예술가나 순진한 발명가는 말도 안 될 정도로 희귀하다. 대부분의 관계는 모방과 협업, 경쟁 등 세 가지로 나뉜다.

가장 친숙한 따라 하기

아이는 부모가 하는 행동, 나중에는 다른 어른들이 하는 행동을 보면서 주변을 인식하며 그것을 따라 한다. 아이는 이유도 모르면서 본능적으로 누군가를 모방하면서 그 경험을 그저 즐기고, 모방 상대까지 아이를 흉내 낼 때면 둘이 서로 느끼는 즐거움은 순수한 기쁨이 된다.[4] 교사는 이런 본능을 활용해 아이들에게 읽고 쓰고 행동하는 법을 가르친다. 그리고 사교 범위가 커지면서 사람은 친구와 동료, 그리고 또래 집단에서 위상이 높은 사람이라면 누구든 따라 한다.

『이기적 유전자The Selfish Gene』를 쓴 리처드 도킨스Richard Dawkins는 자신이 동료의 버릇을 따라 한다는 말을 들은 적이 있다. 도킨스는 자신이 그 전에는 전혀 그런 사실을 인식하지 못했다는 사실을 깨달았고, 한 공동체에서 '선전 구호나 패션, 아이들의 놀이, 신념과 도자기 그릇을 만드는 방법까지' 퍼지는 데 그런 무의식적 모방이 영향을 준다고 생각한다. 그리고 '밈meme'이라는 단어를 만들어 어떤 행동이 어떻게 누가 체계화하거나 설명하기도 전에 전파되는지 밝혔다.[5]

어떤 사람을 모방하는 것은 그 사람의 기술을 습득하는 좋은 방법이다. 전에 런던에 있는 어느 경영대학원에서 내게 컴퓨터 애니메이션 대학원 과정을 만들어달라고 요청한 일이 있다. 그렇지만 나는 정작 나중에 고용할 사람들은 반응이 시큰둥하다는 사실을 금세 깨달았다. 이런 고용주들은 애니메이션을 배우는 가장 좋은 방법은 자기보다 경험이 더 많은 사람과 일하면서 그 일하는 모습을 지켜보는 것이라고 믿었기 때문이다. 어떤 CEO는 신참이 채용할 만한지 아닌지는 이렇게 지켜보고 베끼는 모습을 몇 주만 관찰하면 안다고 했다. 그리고 이런 식으로 6주쯤 일한 교육생이 대학에서 3년 공부한 졸업생보다 훨씬 능숙할 것이라고도 했다. 나보다 잘하는 사람에게 가까이 가라는, 아주 인상적인 교훈이었다.

사람은 새로운 집단에 합류하면 다른 구성원이 행동하는 방식에 민감해지고 또 사람들이 말하는 내용만큼이나 사람들이 말하는 방식에도 주의를 기울인다. 이렇게 해서 행동을 같이 하면 자기가 환영을 받을 가능성도, 다른 사람들이 의구심을 표현하고 의견을 달리하는 그런 친밀한 순간을 공유하게 될 가능성도 더 커진다는 사실을 알기 때문이다.

천슈Chen Xu, 얀리우Liu Yan와 함께 상하이 협업의 선구자인 신단웨이XinDanWei를 창립한 중국의 블로거 아이작 마오Isaac Mao는 온라인 소셜 네트워크의 여러 가지 힘 가운데 하나는 바로 사람들이 흉내를 창조생태계에 쏟아부어 눈 깜짝할 사이에 이를 습득하고 실행하고 전수하고 리트윗하며 다시 모방을 가능하게 하는 데 있다고 한다. 밈이 올바른 방법이든 아니든, 모방은 결코 멈추지 않는다는 말은 사실이다. 흉내는 가장 빠른 학습법이다.

협업—자산 더하기

100년 전 지배적 문화 형식은 인간의 고유한 표현에 의존했던 듯하다. 매스미디어나 인기 오락물 등 20세기에 진화한 각종 형태는 단독 작업과 협업의 조합으로 보인다. 그리고 이제는 협업과 공동 저작에 의존하는 모습이 더 새로운 형식이다. 이러한 추세는 예술과 문화, 미디어, 디자인 분야에서 일하는 여성이 증가한 원인이자 결과이기도 하다.

코드와 프로그래밍은 공동 작업이며 상호작용이다. 소프트웨어 회사는 아주 성공한 회사까지도 대부분 두세 사람(공교롭게도 모두 남자인데, 이 부문에서는 계속 남성이 우세하다는 의미다)이 공동 경영하는 형태를 기본으로 한다. 이들은 위계질서를 싫어하고 작은 집단과 수평적 경영방식을 선호한다. 이런 느낌을 잘 요약한 말도 있다. 찰스 다윈의 사촌인 프랜시스 골튼Francis Galton이 '군중의 지혜'라고 했고, 에릭 레이먼드Eric Raymond는 '지켜보는 눈만 많으면 시스템 오류는 금방 잡는다'라고 했는데, 이 말은 대개 '눈이 많으면 버그가 적다'라고 줄여 말한다.[6]

가장 존경받는 협업의 스승으로는 로열코트극장Royal Court Theatre에서 오랫동안 즉흥 연기를 가르친 키스 존스톤Keith Johnstone이 있다. 존스톤은 연극계에서는 존경받는 고전이지만 외부에는 잘 알려지지 않은 『즉흥연기IMPRO』라는 저서에서 이런 말을 했다. "나는 어떤 집단에 속한 사람들에게 이렇게 설명한다. 누구나 다른 구성원들을 위해 일해야 하고 각 개인은 다른 구성원들의 발전에 관심을 두어야 한다고. 하지만 어떤 집단이 그 구성원을 강력하게 지지하면 일하기에 더 좋은 집단이 된다는 말도 분명한 사실이라고 말이다. 이런 말을 들으면 사람들은 매우 놀란다."[7]

'집단 지성we-think'이라는 말을 고안한 찰스 리드비터는 또 이렇게 말한다.

> 기본 논거는 단순하다. 대부분의 창의성은 협업을 통해 나타난다. 서로 다른 견해와 지식분야, 통찰력을 새로운 방식으로 결합한 것이다. 창의적 협업 기회는 계속 확장 중이다. 더 많은 사람에게 표현의 기회를 주고 사람들이 연결하기 쉽게 해주는 통신기술 덕택에 이러한 창의적 대화에 참여할 수 있는 사람의 수도 증가한다. 그 결과 우리는 대규모로 혁신과 창조가 가능한 새로운 방식을 발전시키고 있다. 우리는 조직 없이도 조직될 수 있다.[8]

밸브Valve는 작지만 평단이나 시장에서 높은 평가를 받는 미국의 게임회사다. 이 회사는 2012년 조직화하지 않은 개방성이라는 정신에 입각해 직원용 안내서를 발간했다. 직원을 존중한다면 마땅히 그래야 하겠지만, 이 책자는 디자인이 아름답다. 책자에서는 밸브를 "아무도 무엇을 하라고 하지 않을 때 무엇을 할지 알아가는 두려움 없는 모험"이라고 묘사하며, 위계질서보다 협업을 선호한다고 말한다.

> 위계질서는 예측가능성과 반복가능성을 유지하기에는 훌륭한 수단이다. 계획을 단순화하고 위에서 아래로 많은 사람을 통제하기가 쉬워진다. 그렇기 때문에 군대 조직은 위계질서에 크게 의존한다. 그러나 지난 10여 년간 이 지구상에서 가장 똑똑하고 혁신적이며 재능 있는 인재들을 채용하려고 엄청난 노력을 기울인 엔터테인먼트 회사에서 그런 사람들에게 책상에 앉아 지시받은 일만 하라고 한다면, 그 사람들의 가치를 99%는 지워버리는 셈이다. 우리는 혁신가를 원하며, 그 말은 곧 혁신가들이 꽃을 피울 환경을 유지한다는 의미다. 밸브는 그래서 수평적이다. 이 구조는 우리가 경영진을 두고 싶지 않고, 누구도 다른 사람에게 보고할 필요가 없다는 뜻을 단적으로 나타낸다. 밸브는 처음 보기에는 직관을 거스르는 방식으로 일한다. 이 안내서는 당신이 앞으로 내릴 선택과 그에 관해 어떻게 생각해야 할지 설명한다. 무엇보다도 이제 여기 들어왔으니 어떻게 엉뚱한 짓을 할지 설명한다.[9]

기업들은 지금 직원의 잠재력을 극대화하는 한편, 고객과 협업하는 방법도 모색하는 중이다. 2010년에 시트로엥Citroën은 신형 차 C1을 2012년 생산 개시하기로 정했는데, 이때 페이스북 친구들에게 신차에서 무엇을 바라느냐고 물었다. BMW는 중국의 젊은 잠재 구매자들에게 새로운 사양을 제안해 보라고 했고, 당첨자 여섯 명을 뮌헨 공장에 초청했다. 나이키Nike Corporation는 충성도 높은 고객들에게 나이키 ID에 참여해서 신발을 원하는 대로 꾸미라고 했다(그 결과 나이키는 새로운 유행에 관해 즉각 피드백을 받았다). 온라인 피드백 포럼을 운영하는 회사도 많다. 이노센티브닷컴innocentive.com은 2001년부터 운동신경세포 질환에서 벽지 아프리카 마을의 태양열 발전까지 수많은 문제를 다뤘다. 쿼키Quirky는 이보다 상업적인 사이트로 매주 새로운 소비재 2개를 내놓겠다고 약속한다.

결국 크고 작은 기업 모두 집단에서 일하기를 좋아하는 사람들을 채용하고 싶어 한다. 컨설팅 회사 KPMG의 '글로벌 이동성'(채용이라는 뜻) 부문장인 니키 비닝Nicky Binning은 이렇게 말한다. "자신이 직면한 문제를 이해하고 협업해서 해결하는 것이 관건이다. 새로운 난관에 부딪힐 가능성이 높기 때문에 팀으로 함께 일해야 한다. KPMG도 회계사나 IT 기술자를 고용하던 시절이 있었다. 하지만 지금은 특정 기술에 연결된 감정 지능과 분석 능력을 갖춘 사람을 원한다."[10]

모방에도 그렇지만 협업에도 단점은 있다. 협업은 전체적 성공 수준의 평균을 끌어올리는 만큼 그 집단에서 통찰력과 과감성이 더 뛰어난 구성원의 성공을 가로막기도 한다. 그리고 합의를 추구하다 보면 과감한 아이디어는 주변으로 밀려나거나 아니면 완전히 무시당할지도 모른다. 에드워드 드 보노Edward de Bono는 여러 색깔의 모자를 사용하는 방법으로 이런 문제를 현명하게 헤쳐 나갔는데, 엉뚱한 발상을 하는 직

원에게 초록색 모자를 주고 그가 미래에 할 기여를 부각시키면서 자신감을 심어 주었다.[11]

한 집단의 구성원은 논의 사항에 개인적 이해관계가 있을 때 그 내용을 더 잘 기억한다는 증거도 있다.[12] 어떤 집단의 효율성은 구성원 간의 훌륭한 조화에 달려 있고, 집단은 다양성이 생길 만큼 성장해야겠지만 개인의 견해를 눌러 죽일 만큼 비대해지면 안 된다. 효율성이 남녀 구성비에 따라 달라진다는 증거도 있는데, 여성이 많을수록 더 좋다고 한다.

협업의 가장 큰 장점은 아이잭 뉴턴Isaac Newton의 말로 요약된다. "내가 더 멀리 보았다면, 그것은 거인의 어깨 위에 섰기 때문이다." 여기서 이 말의 기원이 아마도 12세기까지 거슬러 올라간다는 점이 신선한데, 그러니까 뉴턴은 이런 주장을 이미 실천한 셈이다(사회학자 로버트 머튼Robert Merton은 '거인의 어깨 위에 섰다'는 이 표현을 12세기 프랑스 철학자, 샤르트르의 베르나르Bernard of Chartres가 했다고 본다). 인도 작가인 라빈드라나트 타고르Rabindranath Tagore는 훨씬 직설적으로 말했다. "오 어리석은 자여, 자기 어깨에 자기를 지고 가려 하다니!"[13]

경쟁

미국의 키네틱Kinetic 아티스트인 릴리안 리진Liliane Lijn은 언젠가 자신이 복잡하게 얽힌 모빌을 어떻게 구축했는지 내게 설명해주었다. 리진은 예술가답게 상상력이 풍부하면서도 엔지니어답게 기술이 뛰어났으며, 최종 구조물에서 모빌의 평면과 영역에서 원하는 효과가 나오도록 예술과 공학 기준을 모두 맞추려고 노력했다. 그 상상력과 행동에는 진실성과 뛰어난 기술이 모두 있었다. 리진은 자기 기준은 물론이고 비슷한 문제에 부딪힌 다른 사람들의 기준을 늘 염두에 두었고, 그들보다 더 잘 해내고 싶었다.

우리는 두 심판, 자신과 타인을 마주한다. 우선은 자신의 높은 기준에 맞추고자 한다. 이것이 내가 할 수 있는 최선인가? 동시에 그 결과물이 시장에서 성공을 거두기를 바란다. 이것이 사람들이 정말 원하는 것인가? 이 두 심판, 자신의 야망과 타인의 판단 앞에 우리가 사적인 아이디어를 내놓기 때문에 성공과 실패에는 사적인 측면이 개입된다. 자유가 주는 혜택에는 대가가 따른다. 자유는 우리가 이런저런 솜씨를 발휘할 여지를 주지만 길잡이가 없으면 자신을 잃을지도 모른다. 실패에 대한 두려움이 늘 존재한다.

첫 번째 심판을 마주하는 일은 친구와 협력자들에 둘러싸여 있을 때조차 외롭다. 내가 한 일의 심판자가 나이기 때문이다. 새로운 아이디어를 고안하는 사람은 그 아이디어를 계속 밀고 나갈 가치가 있는지 판단해야 한다. 이것이 정말 새로운가? 더 나은가?

첫 번째 심판을 최대한 만족시켰다면, 이제 아이디어를 시장에 내놓아도 된다. 여기서 목표는 가능한 모든 아이디어 가운데 우리가 가장 흥미롭다고 믿은 아이디어가 다른 사람들에게도 흥미로울 수 있다고 설득하는 것이다. 우리 아이디어가 참신함과 의미, 흥미를 보는 다른 모든 이의 기준을 충족시켜야 한다. 우리는 시장에서 경쟁해야 한다. 다시 말해 적절한 시장을 선택해서 그 시장에서 성공해야 한다는 뜻이다.

각 분야에는 저마다 아이디어를 평가하고 다음에는 무엇을 할지 결정하는 방식이 있다. 자기 주변에 있는 사람들이 결정을 내리는 이런 방식에 익숙해지고 이들의 기준이 공정하고 합리적이라고 수긍하지 않으면(그러려면 가끔은 큰 소리를 내며 열띤 논쟁도 해야 한다) 성공하기는 어렵다. 이 과정은 우리가 타인을 판단하고 타인이 우리가 하는 일을 판단하는 양방향 과정이다. 다양한 의견교환을 어떻게 하는지에 따라 아이디어의 성공은 물론 집단 속에서 우리의 업무능력이 결정된다.

미친 발명가들을 미쳤다고 하는 이유는 미친 아이디어를 내놓아서가 아니라 다른 사람들의 아이디어를 무시하기 때문이다. 그들은 위에서 말한 두 심판을 무시해 버린다. 자신의 일도 심판하지 않고, 다른 모든 사람의 일에도 관심이 없다. 이런 사람들은 무엇보다도 자유를 선택한 셈이지만 이것만으로는 충분하지 않다. 우리는 목적의식을 품고 그 자유를 관리해야 한다.

5

제 5 장

아이디어 관리하기

아이디어의 경제학

창조와 비즈니스는 동전의 양면으로 이 두 가지가 양립하기란 불가능하며 창의성과 경제학은 상호 파괴적이라고까지 믿는 사람들이 존재한다. 이러한 긴장을 관리하는 일이 관리자의 임무다. 개인으로서 아이디어와 관계를 정립하려고 할 때든, 임원으로서 어떤 자산에 관한 기업 협상력을 최적화하려고 할 때든, 관리자의 임무는 아이디어를 개발하고 개선하는 일이지 억누르는 일이 아니다.

우선 관리자는 무엇이 이런 자산인지, 혹은 이런 자산이 될 가능성이 있는지 알아야 한다. 이 자산은 아이디어와 의미로 이루어진 혼합된 한 덩어리, 그러니까 유동 인구다. 누구나 손에 넣을 수 있는 공적자산도 있지만, 자기가 생각하고 기대하는 대로 오가며 어디에 묶이기를 거부하는 이들이 통제하는 사적자산도 있다. 물론 이런 사람들의 아이디어도 계약이라는 그물에 걸려 확실하게 되팔릴 때도 있지만 말이다(자산에 관해서는 10장에서 더 다룬다).

창의성 관리는 자기가 이미 소유했거나 타인에게서 획득해야 하는 자산의 내용을 이해하는 데서 출발한다. 이 두 자산은 물리적 대상과 무형 특성, 자산이 체험되는 방식, 그에 딸린 지적재산권 등이 맞물린 네 가지 가치체계를 구성한다. 이 네 체계는 첫 표현에서 마지막 시장 거래로 이어지는 모든 단계에서 상호작용한다.

물리적 대상이 파악하기는 가장 쉽지만, 그 호소력과 가치는 무형 특성에 담긴 때가 훨씬 많다. 대상과 특성 모두 경험에 기여하고, 이 경험은 제작자와 사용자 또는 구매자와 판매자가 견해를 달리하는 여러 요소에서 영향을 받는다. 책을 읽거나 음악을 듣거나 웹사이트를 사용하는 경험은 결국 시장에 나온 것과 그 순간에 사용자에게 드는 개인적 느낌이 합쳐진 결과다. 저작권과 특허, 상표권에는 각각 독자적 규칙과 기간이 있고, 그 가치로 이루어진 평행 세계를 앞서 말한 세 체계와 더불어 움직인다.

누구나 창의적으로 태어난다는 보편성의 원칙은 수많은 제작자와 제조자, 그리고 이러한(시간을 들이고, 관심을 기울이고, 돈을 쓰는) 문제를 스스로 결정하는 구매자로 이어진다. 기존 경제학 이론은 모든 사람이 같은 방식으로 개인 행복의 극대화를 추구한다고 가정하는 반면, 이 원칙은 이런 사람들은 개인적이고 주관적인 기준에 따라 결정한다는 의미를 포함한다. 아이디어가 있는 사람들도 여느 사람이나 마찬가지로 합리적이지만, 자기 행복을 계산하는 방식은 다르다. 다시 말해 판매자가 시장 평판에 가치를 더 두기 때문에 수입을 포기하거나, 구매자가 새로움을 얻기 위해 더 많은 돈을 지불한다 해도 합리적인 일이다. 우리가 원하는 바를 돈으로만 측정 가능한 현실로 축소한다면, 인간 행동을 터무니없이 지나치게 단순화하는 셈이다.

아이디어를 빌리고 복제하기가 쉽다 보니, 거래 수도 증가하고 같은 아이디어가 있는 사람들 사이에 긍정적인 관계도 생긴다. 100명이 모두 같은 아이디어를 가지고 있거나 같은 경험을 공유한다고 해도, 그로 인해 한 개인이 이를 가지거나 경험하는 능력이 줄어들지는 않으며 오히려 그 즐거움이 더 커질 때가 많다. 예술 및 문화 경험이 생산되고 이루어지는 방식에서 이러한 경험의 공유를 바라는 인간 욕구의 증대와 함께 창조경제 규모도 성장한다.

이런 식으로 나눔의 대상이 되는 무엇을 내가 즐긴다고 해서 그것이 곧 다른 사람의 즐거움과 '경쟁'하는 것은 아니기 때문에, 많은 사람이 동시에 공유하는 공공의 아이디어에는 '비경쟁성'이 있다고도 한다. 이렇게 공유하는 경험은 관점에 따라 좋을 수도 나쁠 수도 있다. 이런 경험은 즐거움을 더하지만 한편으로는 이로 인해 누가 얼마나 돈을 내는지도 달라지기 때문이다. 예술과 문화, 디자인, 미디어의 성격상, 원래 돈을 내는 사람과 즐기는 사람 사이에는 불균형이 존재한다. 공공의 아이디어에 대가를 지불하지 않고 이익을 보는 행위를 '무임승차'라고 한다. 여기에 어느 정도 의존하는 시장도 있지만, 이런 불균형이 지나치면 시장은 지속 불가능해진다. 이 불균형은 물리적 상품과 서비스를 다루는 시장에서 가장 뚜렷하게 보인다. 예를 들면 현실에서는 비용이 꽤 높지만 공급원가가 극히 낮은 온라인에서는 비용이 매우 미미한 박물관 '무료' 입장 등이다.

상표권과 저작권, 특허의 핵심은 바로 이런 복제나 무임승차를 완전히 제한하거나, 일정한 대가를 조건으로 허용하는 데 있다. 누군가 이익을 얻기 위해서 다른 누군가는 이를 포기해야 한다는 뜻이다. 이러한 교환의 사회적 효용을 두고 격렬한 논쟁도 벌어진다. 혁신에 보상하려면 이러한 독점권이 필요하고, 지식재산권은 훌륭한 자원배분 방법이라고 하는 사람도 있다. 반면, 모든 제약은 창의성을 손상시키고 경제 발전을 저해하며 자원배분을 왜곡한다고 주장하는 사람도 있다. 그래서 아이디어 관리란 첫째, 아이디어의 비경쟁성을 활용할 시점, 둘째, 소유권을 주장하고 아이디어를 경쟁대상으로 만들 시점을 잘 판단하는 일이다.

이러한 상품들은 물건과 현금이라는 기존 의미에서는 경쟁하지 않는다. 무엇이 추천대상이고 무엇이 이용 가능한지가 이 경쟁의 기반인데, 이런 경쟁은 그 자체가 장비와 접근, 이전 자본 지출의 조합이다. 그러다 보니 생산단위 하나를 추가할 때마다 생산비용이 더 올라간다는 '수확체감의 법칙'은 적용되지 않는다. 수확체감의 법칙은 생산이 유한 자원에 의존하며 따라서 어느 시점에 가면 단위 하나를 더 생산하는 비용이 판매비용을 초과한다고 가정한다. 한계비용이 한계수입을 만나는 지점을 균형점이라 한다. 유한자원과 가격경쟁으로 이루어진 세계에서는 이러한 상쇄가 통하지만, 아이디어와 무임승차에 기반을 둔 경제에서 생산비용은 그 정도로 중요하지 않다.

이러한 요소를 모두 합치면 아이디어의 경제학을 보여주는 큰 그림이 그려진다. 일반 경제에서는 기업은 영구 재산권을 주장하는 희소자원을 기반으로 운영하고, 경쟁의 핵심은 가격이다. 창조경제에서는 개인이 지적권리를 주장하는 무한한 자원을 스스로 활용한다. 이것은 단기로 끝날 가능성도 있고, 또 가격경쟁 위주도 아니다.

수확체감의 세계(반복경제)는 물리적 대상의 희소성이 기반이고, 수확체증의 세계(창조경제)는 가능한 아이디어의 무한성과 그 아이디어로 신상품과 거래를 만들어내는 인간의 천재성이 그 기반이다. 우리는 수확체감의 세계에서 나와 수확체증의 세계로 이행했다. 생산자원을 자유롭게 획득할 수 있고, 상품이 무형이며 가격경쟁이 미미하고, 공급이 아니라 수요가 시장을 움직인다면, 상품과 가격을 잡으려는 기업의 통제는 그리 의미가 없다.

새로운 직업

이러한 현상은 200년 전 유럽에서 일어난 산업 생산의 부흥만큼이나 극적인 변화다. 당시 프랑스 경제학자 겸 언론인 장 바티스트 세이Jean-Baptiste Say는 '기업가entrepreneur'라는 단어를 만들어 토지에 묶인 자본을 풀어 공장에 투자할 사람을 묘사했다. 세이의 표현으로는 '미래에 투자할 사람'이었다. 세이는 사람들이 불안정한 순간을 활용하는 방식에 관심이 있었다. 오스트리아 출신 경제학자 조지프 슘페터Joseph Schumpeter도 이와 비슷하게 소위 '창조적 파괴' 과정에서 낡은 아이디어를 배제해야 새로운 아이디어가 꽃을 피운다고 믿었다. 이 말은 변화하는 상황에 맞추어 사람들이 새로운 아이디어를 개발하는 모습을 아주 잘 설명한다.[1]

제조업의 쇠퇴와 더불어 미국과 유럽은 지금 토지에서 제조로 투자를 이행하던 시절처럼 근본적인 변화를 겪으며 창의성과 혁신으로 투자를 옮기고 있다. 대규모 자본집약형 제조업과 완전 종신고용은 종말을 맞는 상황이다. 그 이유로는 세계화와 저임금 국가를 상대로 한 경쟁도 있지만, 대학 교육이 증가하고 개인보유 지식이 늘었다는 점도 있다. 그 결과 프리랜서나 비상근 겸업portfolio part-time work(임시직이나 프리랜서, 자유업으로 동시에 여러 고용주와 일하는 고용 형태를 말하며, 맡은 일을 다 하면 정규직과 똑같은 일을 한 셈이 되지만 훨씬 다양한 일을 하면서 자유롭게 시간을 쓸 수 있다. 흔히 portfolio career라고 한다), 1인 기업, 동업 기업, 초소형 기업 등이 아주 흔해지는 추세다. 이런 대안을 선호하는 사람도 있지만 선택의 여지가 없는 사람도 있다. 미국에서는 이렇게 일하는 사람이 670만 명으로 노동 인구의 14%고, 유럽에서는 그 비율이 15%다. 창조경제 핵심 부문에서는 이 비율이 50%로 훨씬 높다. 여러 나라 정부에서 자영업자의 창업에 조세 지원을 함으로써 실질적인 수치를 가리는 효과가 있기 때문에 정확한 수치는 단정하기 어렵다.[2]

이러한 변화는 각국의 조세와 사회보장제도와는 들어맞지 않는다. 정부의 조세제도는 '일자리=고용'이라는 개념으로 구성되었지 '일자리=할 일'이라는 개념에 근거하지 않기 때문이다. 자유업과 프리랜서로 일하는 사람들은 대개 수입원이 아주 폭넓고 그중에는 그 해에 한 일에서 받는 수입도 있지만 또 몇 년 전에 한 일에서 받는 수입도 있다. 이런 사람들은 다양한 겸업을 하고, 불규칙적으로 일하고, 고용에서 자유업을 오가기 때문에 조세와 사회보장 규칙이 삐걱대기 시작한다. 관료주의 속에서 일하기를 선택한 정부 관리들은 이 점을 제대로 이해하지 못한다.

닷컴기업 대부분은 국제적으로 운영하기 때문에 특히 문제다. 미국의 엔터테인먼트 기업은 항상 비용과 세금이 낮은 국가에 해외 지사를 두었다. 기업이 서로 다른 나라에 판매와 주문처리 사업부를 두고 세금을 최소화하려고 이전 가격을 사용하는 데 있어 인터넷은 훨씬 많은 기회를 열었다. 미국 법은 이를 뒷받침한다. 1994년에 대법원은 '기업이 물리적으로 존재하는 주에서만 매출세를 내면 된다'고 판결했다(이 때문에 아마존은 뉴욕이나 캘리포니아가 아니라 워싱턴 D.C.처럼 작은 주에 본사를 두었다).

공공 지출이 급증하고 조세 수입은 줄어드는 상황에서 유럽 각국의 정부는 이 때문에 큰 문제에 맞닥뜨렸다. 가장 큰 골칫거리는 글로벌 닷컴기업인데, 이들 모두 1994년 대법원 판결이 적용되는 미국 기업이다. 유럽 닷컴기업 중에는 이전 가격을 사용해야 할 만큼 큰 곳이 거의 없기 때문이다. 2012년 OECD는 "다국적 기업, 특히 IP 집약형 기업이 영업하는 국가의 법정 세금보다 실질적으로 훨씬 낮은 세금을 낸다는 사실을 문제 삼는 사람이 많다"고 언급했다.[3] 영국 조세당국은 현명하게도 자체 수단을 개발해 닷컴기업에 대응하기로 결정했고, 영국 항공우주산업British Aerospace에 국제 세금 포탈 적발 목적으로 커넥트Connect라는 '검색-연결' 알고리즘을 설계해 달라고 의뢰했다. 그리고 그 결과 첫 해에 23억 달러의 조세 수입을 올렸다. 그러나 이 또한 각국 조세당국이 다국적 온라인 기업을 따라가지 못한다는 근본 문제는 해결하지 못했다.

유럽의 문제에는 높은 조세회피 수준도 있지만 장기적인 노동능력 저하도 있다. 세계경제가 호황을 누리던 1980년대에는 유럽과 미국, 일본의 노동인구는 대체로 비슷하였다. 1980년 15~64세 노동인구를 보면, 유럽은 64%, 미국은 63%, 일본은 68%가 직업이 있는 상태였다. 30년이 지나자 이 수치는 놀랄 만큼 달라졌다. 유럽의 노동인구 비율은 최저이며 지금도 계속 하향 추세다. 정부와 공공부문 고용이 많이 늘면서 전반적으로 그 여파가 줄어들기는 했지만, 기업의 고용 축소로 창조성과 혁신의 주된 원천도 약해졌다. 정부 일자리는 정규직이지만 대개 창의성이나 혁신, 경쟁력을 키우지는 않기 때문이다. 전체적으로 보면 유럽 노동인구가 60%까지 줄어든 반면, 미국 노동인구는 76%, 일본 노동인구는 75%까지 늘어났다.

대량생산을 기반으로 한 제조업의 성장이 종신고용의 원인이었고, 제조업의 쇠퇴가 고용감소를 일으키고 있다는 사실을 생각하면 놀랄 일도 아니다. 비교우위 법칙에 따르면 각국은 자국이 가장 잘하는 일을 특화해야 하는데, 이 법칙을 적용해 선진국들은 가장 큰 가치를 더하는 부문, 그러니까 생산부문의 창조적 투입에만 집중하고 숙련도가 덜한 제조부문은 아시아 등 저비용 국가에 도급을 준다. 이러한 분리가 지속 가능할지, 창조성의 형성과 실제 제조를 별개로 관리하는 일이 가능할지는 아직 두고 보아야 한다.

관리 수단

미국인들은 누구보다 먼저 관리를 기업 활동의 핵심으로 삼고 자본이나 기술 제공을 재무나 판매 기술과 별개로 취급했다. 다니엘 벨Daniel Bell 등은 관리에서 가장 중요한 자산은 정보이며, 정보 관리가 '탈산업' 사회를 형성하고 있다고 말했다.[4] 피터 드러커Peter Drucker는 '지식 노동자'라는 말을 만들었고 '창조 노동자'라는 말을 한 사람들도 있다. 이런 용어는 저마다 창조경제로 가는 디딤돌이 되었다.[5]

이들이 모여 생각하는 사람이라는 직업, 적기 인재, 창조 기업가라는 새로운 노동의 삼각형을 만든다. 이 세 가지는 다음과 같은 새로운 사무실과 네트워크, 그리고 새로운 금융자산을 수반한다.

- 생각하는 사람이라는 직업
- 적기 인재
- 창조 기업가

- 네트워크 회사
- 임시회사
- 클러스터

- 아이디어에 자금 조달하기
- 성공과 실패
- 거래와 계약

생각하는 사람('생각하기도 정식 직업이다')

피터 잭슨이 만든 오크는 런던 시민이 옥스퍼드 서커스를 안전하게 횡단하도록 도와주었다. 네이트 위터섹이 어떻게 하면 자기 일을 더 잘할지 궁리한 덕택이었다. 벤 코언Ben Cohen과 제리 그린필드Jerry Greenfield는 벤&제리아이스크림Ben & Jerry's Ice Cream을 창업했다. 둘 다 시중에 나와 있는 아이스크림이 별로 마음에 들지 않은 데다 코언은 냄새를 거의 못 맡아서 혀로도 느낌이 오는, 맛있는 덩어리가 든 아이스크림을 원했기 때문이었다. 팀 버너스리Tim Berners-Lee는 사무실에 새로 온 사람들의 이메일을 굳이 알아내지 않고도 연락하고 싶어서 월드와이드웹World Wide Web을 고안했다. 마크 저커버그Marc Zuckerberg는 다른 사람들에 관한 글을 올리고 싶어서 페이스북 아이디어를 냈고, 양보Bo Yang는 어느 날 커피숍에 앉아 있다가 다른 고객들은 대체 무엇을 읽고 듣는지 알고 싶어 도우반Douban을 창립했다.

이러한 '시작'이 된 사건들은 사소하지만 각각 새로운 아이디어로 가는 도약대가 되었다. 덩어리가 든 아이스크림을 원하는 마음은 개인적이다. 대학 친구들에 관한 글을 쓰고 싶은 마음도 개인적이다. 누가 마크 저커버그에게 농담으로라도 너는 이제 기업을 창업하기 일보 직전이라고 했다면, 아마 이 청년은 얼어붙어서 조언도 제대로 구하지 못했으리라. 양보는 남들이 무엇을 즐기는지 궁금했고, 그 결과로 자신이 하고 싶던 일을 이제는 5,000만 명이 하게 되었다. 자기가 원하는 일을 컴퓨터가 하지 않으면 짜증을 내는 사람도 많지만, 팀 버너스리는 이것저것 시도하면서 문제를 해결하기로 했다.

여기서 직명은 '생각하는 사람'이지 '생각하기'가 아니다. 두뇌를 사용한다는 의미에서 우리는 모두 생각하지만, 생각하는 사람이라는 직업은 정식 직업이고 여느 직업과 마찬가지로 진지하게 전념해야 한다. 컴퓨터 전문가였던 제프 베조스Jeff Bezos는 1990년대 초반에 뉴욕 어느 은행에 근무하다가 인터넷의 판매 역량을 어떻게 활용하면 될지 궁리하면서 일을 시작했다. 베조스는 당시 출판 경험은 조금도 없었지만 어떤 창조상품보다 규모가 크고 다양한 도서 작품 수를 계산하고는 책을 이상적인 후보에 올렸고, 1994년에 아마존닷컴을 열었다. 3년 뒤에 영국 아마존 웹사이트를 열면서 베조스는 도약대 역할을 할 회사로 기존 유통업체 대신 미국과 아일랜드 기업가들(그중 한 사람은 나중에 영국 러브필름LoveFilm의 전신인 회사를 창업하기도 했다)이 세운 북스페이지스Bookspages라는 신생 온라인 기업을 사들였다. 영국 출판업체나 주요 서적상은 우선순위 목록에서 생각하기를 아주 낮은 곳에 두었기 때문에 경쟁은 그리 크지 않았다. 아마 그들 중에도 제프 베조스처럼 생각한 사람이 있었을지 모르지만, 아무것도 하지 않았다면 전혀 소용이 없다. 생각하기는 제대로 된 직업이다.

생각하기는 일처럼 보이지 않을 때가 많다. 미국의 작가 랄프 에머슨Ralph Waldo Emerson은 일기에 이렇게 썼다. "사람이 앉아서 좀 생각할라치면 다들 바로 두통이라도 있냐고 물어본다."[6] 어느 관리자 집단에게 책상에 발을 올려놓고 있는데 상사가 지나가면 어떻게 하겠느냐는 질문을 했다. 그러자 다들 책상에서 발을 내리겠다고 대답했다. 질문자가 다시 "여러분들의 상사는 여러분이 생각하기를 바랍니까"라고 물었다. 다들 "그렇다"고 답했다. "여러분들 상사는 독창적이고 깊이 생각하는 면을 높이 삽니까"라는 질문에도 "당연하죠"라고 대답했다. 마지막 질문이 나왔다. "그러면 책상에 발을 올려놓는 행동이 지금 생각 중이라는 표시가 되지는 않을까요"이 질문에는 모두 "아니오"라고 답했다.

자신이 어디에 있는지는 중요하지 않다. 《BT 현대 경영BT Management Today》에서 관리자를 대상으로 "가장 좋은 아이디어는 어디서 떠오르는가?"라는 질문을 했다. 소위 "사무 업무"를 하는 중에 좋은 아이디어가 나왔다는 비율은 15%밖에 되지 않았다. 그보다는 "집"(17.8%), "출퇴근 길"(17.1%), "여가 활동 중"(16.9%)이 더 생산적이었다. "목욕이나 샤워 중"도 11.7%나 되었다.[7]

적기 인재

'적기just-in-time'라는 용어는 마지막 순간까지 고객 맞춤형 제작을 가능하게 하고, 또 보관비용을 절감하고자 재고수준을 낮게 유지하면서 고객이 원할 때만, 다시 말해 '알맞은 때'에만 물품을 확보하는 유통체계를 설명하는 말이다. 이 체계는 토요타Toyota 등 일본 자동차 제조업체가 미국으로 수출하기 시작하면서 도입했고 지금은 전 세계의 표준관행이 되었다.

여기서 '적기 인재'라는 용어는 요청을 받을 때, 요청을 받는 장소에서만 일하는 구체적 창조능력이 있는 사람을 말한다. 이런 사람들에게는 세 가지 자산이 있다. 자기만의 전문성과 특정부문에 관한 지식, 그리고 촉박한 통보를 받아도 빠르게 그룹에 합류할 수 있는 사회적 능력이다. 전부터 많은 예술 및 문화 단체가 이런 식으로 일했는데, 지금은 거의 모든 조직이 그 장점을 깨닫고 있다.

일이 점점 개인지식 중심으로 돌아가고 전문화되고 협업으로 가면서 적기 인재를 원하는 수요도 늘어난다. 고객에게는 금전적 이득보다는 자기가 원하는 기간에 원하는 바로 그 사람을 확보한다는 장점이 있다(이들은 긴급상황에 쓰는 대타도 아니고, 저렴한 노동력도 아니다. 물론 간혹 이렇게 잘못 쓰는 일도 있지만 말이다). 적기 인재에게는 자기 기술에 집중하면서 함께 일하는 사람을 훨씬 유연하게, 기회에 따라 대해도 된다는 장점이 있다. 또한 어디서나 자기 서비스를 판매해도 된다.

노조는 이를 노동 비정규직화로 보면서 강하게 저항한다. 구성원들이 멋대로 고용되거나 해고되며, 노동권을 제대로 누리지 못하고, 훈련도 거의 못 받으면서 급여는 적게 받지 않을까 우려하기 때문이다. 사실, 마지막 돈에 관한 이야기를 제외하고 그런 우려는 당연하다. 적기 인재는 거래와 계약으로 자기 업무상 권리를 주장해야 하며 자기 훈련도 스스로 선택해서 돈을 대야 한다. 하지만 우려에도 불구하고 현 추세는 명확하다. 거대 관료주의가 존재하던 경제여건과 공공부문 정치여건은 빠르게 사라지고 있다.

적기 업무를 하는 사람은 구심력과 원심력, 두 힘을 모두 마주한다. 구심력은 이들을 빠르게 새 프로젝트로 끌어들이는 힘이며 강한 팀 정신을 낳고, 마감이 다가오면 에너지가 아주 뚜렷해진다. 그러나 특히 프로젝트가 임시일 때는 여러 프로젝트 사이에서 충성도가 나뉘기 때문에, 단결과 가속도를 유지하기 위해 관리자들이 더 열심히 노력해야 한다. 일이 잘되면 이런 프로젝트보다 함께하기에 더 좋은 곳도 없겠지만, 일이 잘못되면 이보다 더 불편한 곳도 없을 것이다.

적기 인재는 수요도 매우 많고 보수도 좋지만, 관련된 업무 강도와 압박감, 위험을 좋아하지 않는 사람도 많다. 유럽과 미국에서는 이런 식으로 일할 능력이 있는 숙련된 대졸 근로자는 부족하고, 그럴 능력이나 의사가 없고 기술수준이 낮은 근로자는 과잉공급인 상황이다. 중국과 브라질 등 개발도상국의 상황은 더 심각하다. 이들 국가에서는 인력 부족도 부족이지만, 혼자서 일하는 것을 나약함의 표시로 보기도 하기 때문이다. 2020년이면 선진국에서는 숙련되고 유연한 근로자가 10% 부족하고, 중국에서는 15% 정도 부족하리라는 추산도 있다. 중국은 이 격차를 줄일 가능성도 있지만, 유럽과 미국은 어려움을 겪을지도 모른다.

창조 기업가

공장 노동자는 사실 관리자보다 공장을 더 잘 돌아가게 할 좋은 아이디어가 훨씬 많을 것이다. 그러나 노동자들은 금융자본에 접근하지 못하고 자신만의 지식자본도 제한되어 있기 때문에 아이디어를 실행에 옮기지 못한다. 이제껏 제철소에서 일하는 근로자가 자기 제철소를 시작한 사례는 없다. 제철업의 속성상 그런 일이 허용되지 않기 때문이다. 그러나 창조 노동자는 당장 내일이라도 자기 비즈니스를 시작할 수 있다. 창조경제는 그런 일을 장려하기 때문이다.

창조경제 시대의 기업가는 일반 기업가와 똑같이 일하지만, 중요한 차이점이 있다. 바로 금융이나 장비 등 외적 자원보다는 개인적이고 자기 안에 있는 자산을 거래한다는 점이다. 시장의 흥미를 끄는 자기 자산에 새로운 의미를 창조하는 일이 창조 기업가가 할 일이다.

아타리Atari의 창업자 놀란 부시넬Nolan Bushnell은 내가 가장 존경하는 기업가 중 한 사람이다. 아타리는 대량 판매 비디오게임을 최초로 개발했고, 놀라운 성공을 거두면서 수년 만에 3억 달러라는 이윤을 내고 미국 역사상 가장 빠르게 성장하는 기업이 되었다. 나중에 또 그만큼 굉장한 손실을 내며 주저앉기는 했지만 말이다. 부시넬은 이런 이야기를 했다.

> 어떤 남자가 아침에 일어나 "기업가가 돼야겠다"라고 했다. 그리고 자기가 일하는 회사에서 가장 뛰어난 소프트웨어 프로그래머에게 찾아가 이렇게 소곤거린다. "내가 회사 차리려고 하는데 올래? 토요일 우리 집에서 10시에 봐. 도넛도 좀 가져오고." 또 가장 뛰어난 재무 담당자에게도 찾아가 "커피 가져와"라고 했다.

최고의 특허변호사와 마케팅 담당자도 마찬가지로 초대했다. 토요일 10시가 다가왔다. 그리고 사람들이 "그 회사에서 뭘 하려고"라고 묻자 "새로운 컴퓨터 프로그램을 만들 거야"라고 답했다. 한 시간이 지나자 모든 사람이 아이디어를 냈고 사업계획도 나왔다. 재무 담당자는 돈 구할 곳을 안다고 한다(이 부분을 이야기할 때마다 미국인들은 지루한 표정이고 영국인들은 생각에 잠긴 표정이다). 이제 다들 초대한 사람에게 "그럼 너는 뭘 했는데"라고 묻는다. 정말 무엇을 했을까? 커피도 주지 않았고, 도넛도 주지 않았고, 아이디어조차 내지 않았다. 그 사람은 그저 기업가였을 뿐이다. 일이 되게 한 사람 말이다.

이런 사람들에게는 다섯 가지 특징이 있다.

- **비전** | 꿈을 현실로 만들고자 하는 열망이 있다. 기업가에서 음악가로 변신한 어니스트 홀Ernest Hall은 『천재 옹호론In Defence of Genius』에서 '누구나 자기 꿈을 믿기 시작해야 한다. 그 신념에서 예술가가 태어나는데, 지금 우리에게 필요한 기업가 역할 모델은 바로 예술가이다'라고 말했다.[8] 홀은 돈을 벌자 어마어마하게 크고 낡은 카펫 공장 딘 클라우Dean Clough를 예술경영센터로 만들었고, 유명한 이야기지만 71세부터 아주 튀는 일본 디자이너의 옷에 빠져들었다.

• **집중력** | 기업가는 성공에 집착한다. 오스트리아 출신으로 케임브리지에 사는 허먼 하우저Hermann Hauser는 영국에서 가장 성공한 벤처 자본가이다. 하우저는 기업가가 반드시 한 가지 일에만 집중해야 한다고 믿는다. 그러면서 자기 회사가 어떤 일을 두 가지, 하다못해 한 가지 반이라도 동시에 할 능력이 있다고 하는 사람은 무조건 믿지 못한다고 말했다(하우저는 1998년 CREATEC 이사회 회의에서 이 발언을 했다). 제프 베조스도 "무엇 하나를 빼어나게 잘하기도 어려운데 두 가지를 빼어나게 잘하다니, 그건 쉽지 않은 일이다"라고 했으니 하우저의 말에 동의하리라.[9] 세계 체스 챔피언인 게리 카스파로프Gary Kasparov는 좋은 체스 선수와 위대한 체스 선수의 차이가 나는 이유는 위대한 체스 선수가 어떤 수를 보아야 할지 알아서가 아니라, 오히려 어디를 보지 말아야 하는지를 알아서라고 설명한다(카스파로프는 1997년 딥블루 3과 경기를 갖기 전에 이 말을 했다). 기업가들은 아이엘렛 피시바흐Ayelet Fishbach 등 심리학자들이 말하는 '목표 희석'이라고 하는 위험을 잘 안다.[10] 다시 말해 어떤 사람에게 목표가 하나뿐이고 그것을 달성할 수단도 하나뿐이라면 수단과 결과는 강력하게 연결되지만, 목표의 수가 늘어날 때마다 연결은 약해지고 동기는 저하된다.

• **재무 감각** | 기업가 중에는 다양한 스프레드시트가 없으면 안 되는 사람도 있지만, 또 종이 몇 장만 있으면 그만인 사람도 있다. 기업가가 반드시 재무 전문가일 필요는 없다. 다만 자기의 성공이 순전히 재무적으로

만 측정되며 나머지는 그림자에 불과하다는 사실만 알면 된다. 재무에 능숙하면 위험을 회피하고 더 빨리 움직이며 잠을 설치지 않아도 된다. 기업가들은 위험을 좋아한다는 의미가 아니라 위험을 두려워하지 않는다는 의미로 위험을 편안하게 여긴다.

- **자긍심** | 시계태엽 라디오를 발명한 트레버 베일리스Trevor Bayliss는 '발명가가 되려면 에고ego가 트럭에 가득 찰 만큼은 커야 한다'라고 했다.[11] 기업가는 자신이 낸 어떤 아이디어가 성공하리라고 믿을 뿐만 아니라 그 아이디어를 성공시킬 사람도 자기밖에 없다고 믿는다. 자기 아이디어를 우주의 중심처럼 대한다. 자신에게는 그렇기 때문이다. 기업가는 자신과 아이디어를 자랑스러워하며 좀처럼 포기하려 하지 않는다. 이러한 자긍심은 실패해도 잘 꺾이지 않으며, 계속 새 비즈니스를 벌이는 기업가는 자기가 벌인 사업은 실패했더라도 모두 종군 메달감이라고 생각한다.

- **긴박함** | 비전과 집중력, 자긍심이 있어도 기업가가 서두르지 않으면 쓸모가 없다. 기업가는 항상 '지금 당장 하기'를 원한다. 경쟁 때문에도 그렇지만 다른 생각은 할 여유가 없기 때문이다.

기업가들이 함께 일하기 어려운 사람들이라는 사실은 공공연한 비밀이다. 기업가는 생각하는 사람이라는 책임자 역할을 스스로 부여하고, 자기가 원할 때만 조언을 듣는다. 이들은 권태 한계점이 낮다. 기업가들을 보면 난독증이 평균 이상인데 이것이 장애가 되지 않는다는 증거도 많다. 잘 알려진 예로는 리처드 브랜슨Richard Branson이나 스티브 잡스, 시스코Cisco 창업자인 존 체임버스John Chambers, 그리고 포드나 제네럴 일렉트릭General Electric, IBM, 이케아IKEA의 창업자들이 있다. 킨코스Kinko's 창업자인 폴 오팔리Paul Orfalea는 난독증과 주의력결핍증ADD이 모두 있었는데 이런 말을 했다. "나는 모든 사람에게 난독증과 ADD가 있어야 한다고 본다."[12] 이 또한 말이 되는 소리다. 캐스경영대학원 연구에 따르면 난독증 국가 평균은 인구의 10%지만, 기업가의 경우 발생률이 35%까지 높아지고, 일반 관리자의 경우 1%까지 낮아진다.[13] 엄청난 격차가 존재하는 셈이다.

기업가들은 전통적 관리자들에게 겁을 줄 정도로 전략을 무시한다. 나는 파라마운트픽처스Paramount Pictures 대표를 역임한 아트 배런Art Barron이 타임워너인터내셔널Time Warner International 회장으로 있을 때 만난 적이 있다. HBO 회장이 "우리 전략이 뭡니까"라고 묻자 배런은 사납게 대꾸했다. "전략은 없습니다. 전략은 별 볼일 없는 인간들이나 세우죠." 배런은 마이클 포터Michael Porter가 기업 전략의 중요성에 관해 내세운 이론들을 전부 구닥다리로 만들었다. 창조경제에서 전략은 일상 업무에서 생겨난다.[14]

실리콘밸리에서 가장 상상력이 풍부한 기업가 중 하나로 인튜이트Intuit 창립자이자 대기업 프록터&갬블Procter & Gamble 이사인 스코트 쿡Scott

Cook은 기업 전략의 90%는 의미가 없다고 추정한다. 그러면서 구글 공동 창업자인 래리 페이지Larry Page와 세르게이 브린Sergey Brin이 회사 전략에 맞는 직원 제안과 회사 전략과는 상관없지만 시도할 가치는 있다고 생각한 아이디어를 비교했을 때, 후자의 성공률이 훨씬 높았다는 사실을 신이 나서 설명했다. 쿡은 사람들이 제대로 일하고 있을 때 자연스럽게 떠오르는 '자연발생적 전략'을 선호한다.[15]

네트워크 사무실

창조하는 사람도 다른 이들과 똑같은 실용적 이유로 사무실이 필요하다. 동료들도 출근할 테니 자기도 아침이면 출근하고, 서류를 보관하고, 회의를 하고, '사무' 일을 하고, 자기가 안정적이고 견실한 회사에서 일한다는 사실을 증명하기 위해서 말이다. 많은 기업에서는 아직도 이렇게 한다. 그러나 자기 자산이 머리나 스마트폰에 들어 있고 파일이라고는 전자 파일밖에 없는 많은 프리랜서에게는 사무실 자체가 이동식이다.

할란 클리블랜드Harlan Cleveland는 북대서양조약기구NATO 주재 미국 대사와 하와이대학교 총장을 지냈고 '다방면에 뛰어난 종합전문가'에게 주는 탈르와르상(1981년 제정, 스위스 탈르와르에서 전문가와 전문지식을 모아 효과적으로 활용한 제너럴리스트에게 주는 상)을 최초로 수상하기도 한 인물이다. 클리블랜드는 창조 사무실이 '장소 공동체보다 사람 공동체 중심으로' 세워진다고 했다. 사업가에서 작가로 변신한 아리 드 회스Arie de Geus는 '좋은 결정은 지적인 대화와 같다'고 했다. 금융가에서 기업가로 변신하여 컨설팅 회사 스파크나우Spark Now 공동 창립자가 된 빅토리아 워드Victoria Ward는 사람들에게 '뜻밖의 발견을 강제'('장려'한다고 하면 더 좋았겠지만)할 장소가 필요하다고 했다. 그러니까 '지식의 쉼터'를 제공하는 곳, 두 사람이 만나는 중립적인 곳 말이다. 사무실에서 일한 적이 있거나 회의에 참가한 적이 있는 사람이라면 워드가 무슨 말을 하는지 이해할 것이다. 사람들은 대개 구석이나 정수기, 커피머신 주변에 잘 모여들고, 이런 환경을 제공하지 못하는 기업은 사무실 밖으로 나가 '외부 워크숍'을 하는 날을 따로 마련해야 한다.

이러한 네트워크 구조는 대개 유연하고 수평적이며, 보고 체계도 융통성이 없거나 위계질서가 잡혀 있기보다는 매우 단순하다. 미국의 W.L. 고어Gore는 1958년 빌 고어와 비브 고어 부부가 창립한 이래 줄곧 수평 구조였고, 혁신적인 고어텍스 섬유를 개발하여 이제는 연간 매출 약 30억 달러를 기록한다. 직원들이 선출한 CEO 테리 켈리Terry Kelly는 유쾌하게 솔직한 발언을 한다. "참 혼란스러운 환경이죠. 무슨 이유에서인지 경영진이 장악을 하지 못해서…… 우리는 '경영진'이라는 말을 좋아하지 않습니다."[16]

업무 기반인 사무실과 네트워크를 집보다 훨씬 편하고 기분 좋은 환경으로 여기는 청년도 많다. 이들은 이곳에서 훨씬 많은 시간을 보내고 친구도 더 많이 만난다. 작은 집단들이 비공식적으로 생긴다. 아마존에는 '피자의 규칙'이 있다. 야근하는 어떤 팀이 피자를 두 판 이상 주문한다면 그 팀은 너무 비대해서 분리해야 한다는 규칙이다. 런던 세인트루크St. Luke's 광고대행사에서는 핵심 노동력이 30명을 넘을 때마다 직원들에게 새로운 업무팀이나 '가족'을 만들라고 한다. 뉴욕 아이이미지Eye Image도 마찬가지다. 셀텍Celltech 최고경영자를 역임한 제라드 페어틀러프Gerard Fairtlough는 한 업무 집단의 이상적 규모는 70명이라고 보며, 이들을 '창조 구획'이라고 부른다. 사람들은 대가족이나 부족의 일원처럼 행동한다. 물론 대가족이나 부족의 일원이라면 그것이 그저 행복만을 의미하지는 않는다는 사실을 알 테지만 말이다.

존 카오John Kao는 혁신 전문가이자 재즈 피아니스트다. 카오의 저서 『잼 연주: 비즈니스 창의성의 기술과 규율Jamming: The Art and Discipline of Buiness Creativity』은 창의성의 과정을 나타내는 비유로 잼 연주를 사용한다.[17] 카오는 프랭크 자파Frank Zappa와 공동 작업을 한 적도 있고, 런던의 광고 공동 비즈니스인 토마토(MTV, 나이키, IBM 등 다양한 기업의 광고 캠페인을 진행)의 진가도 인정한다. 토마토의 CEO 스티브 베이커는 자신이 회사를 '밴드 관리하듯이 운영'한다고 말하기도 했다.

네트워크 회사는 물리적 장소를 멀리 뛰어넘어 확장해야 하기 때문에 네트워크 공간은 깊이 탐구하는 기지 역할을 한다. 창조하는 사람들은 사무실 안에서든 밖에서든 자기가 원하는 사람 아무하고나 자유롭게 이야기를 나누어야 한다. 프록터&갬블은 회사 내부에 하버드대학교나 예일대학교보다도 과학 전공자가 더 많지만 그래도 아이디어의 20%는 외부에서 온다고 추정한다. 빼어난 혁신 디자인으로 유명한 이탈리아 기업 알레시Alessi는 디자이너를 전혀 고용하지 않고 외부에서 아이디어를 사오며, 회사 직원과 외부 디자이너 사이에서 중개인 역할을 하는 전문가들을 둔다.

이러한 회사의 매력 때문에 사무실을 집에 두거나, 사무실을 아예 두지 않고 다른 사람의 사무실에 한두 시간 머물거나(적기 인재처럼), 카페나 찻집에서 일하는 사람이 한층 더 증가하고 있다. 커피가 있고 와이파이가 있는 임시 거주지를 찾는 수요로 인해 런던의 헙Hub이나 상하이의 신단웨이XinDanwei처럼 누구나 장시간 작업 공간이나 방을 빌리는 곳은 물론이고, 시내 중심가 비즈니스 클럽이나 카페, 사무실 단기 임대도 성장했다.

어느 유명한 경영전문가가 청중에게 새로운 아이디어에 관한 조언을 어디에서 구하겠느냐고 물었다. '누구와 먼저 상의하겠는가? 상사? 동료? 아니면 부하?' 이 질문은 단순하지 않다. 정답은 다음과 같다. 누가 됐든, 회사 내부에 있든 외부에 있든, 무엇을 해야 할지 아는 사람과 의논하겠다.

임시회사

네트워크 회사는 특정한 단기 업무와 프로젝트를 위해 임시회사를 활용하여 사람들이 일의 목적이나 인력, 해야 할 일 같은 업무의 기본요소에 집중하도록 한다. 사람들이 자기 기술과 지식자산의 소유권을 훨씬 쉽게 보유할 수 있기 때문에 이런 회사는 탈산업·탈고용 직업에 아주 잘 어울린다.

임시회사는 창조과정을 관리하는 사회적·지적·관리적 틀을 제공한다. 임시회사는 용도에 맞게 견고히 구성된다. 기업가가 한 번에 딱 한 가지에만 집중해야 한다는 허먼 하우저의 주장은 과거에서 딸려온 짐이 없는 임시회사에서는 훨씬 따르기 쉬워진다. 임시회사 안에 있는 사람들조차 누가 중심이고 누가 주변에 있는지, 누가 수수료를 받고 누가 매출의 일부를 가져가는지, 누가 다음 달까지 일하고 누가 일하지 않는지 잘 모른다.

프로젝트 팀도 임시회사 같은 기능을 할 때가 많다. 애시리지Ashridge 경영대학원에서 세계 600개 기업을 상대로 설문조사를 실시한 결과, 이들 기업의 프로젝트 팀 중 75%는 지리적으로 분산되어 있으며 30%는 시차가 존재하는 지역에 흩어져 있다고 한다. 이 가운데 절반은 가상으로 운영하며 서로 만난 적도 없다.[18] 프로젝트 리더가 각 기능을 수행할 최적의 자격을 갖춘 사람들을 파악해서 특정 기간에 특정 업무를 수행하도록 이들을 한데 모은다. 비용은 이런 식으로 엄격하게 통제한다. 기존 기업의 경영자들에게 사업 유지비가 얼마나 드는지 물어보면 아마 답을 모를 테지만, 임시 기업의 책임자에게 물어보면 답을 알 것이다.

임시회사는 이익을 내기보다는 시제품과 베타 버전, 사업계획 같은 아이디어를 생산하는 기능을 한다. 비용을 초과하는 매출 수익은 수수료나 로열티 등으로 관계된 사람들에게 지급하는 금액을 늘려 없애고, 이렇게 개인은 이익을 보지만 회사는 이익을 보지 않는다. 임시회사는 비용을 줄여 이익을 내기보다는 비용을 늘려 손실을 보는 편을 선호한다. 이익은 필요 없다. 이 회사는 실적이 필요 없는 임시 조직인데다, 이익에는 세금이 붙기 때문이다.

클러스터

이러한 네트워크 회사와 임시회사는 생각이 비슷하고 특화한 여러 사업체로 이루어진 다양한 대규모 집단에서 가장 잘 기능한다. 이런 집단에서 이들 회사는 동일한 가치체계 속의 각 단계에서 일하면서 더 빠르게 지식을 공유하고, 더 쉽게 협업하며, 회사 간 거래 비용을 더 낮춘다. 그 결과 창의성과 혁신은 더욱 강화된다. 규모가 크지만 홀로 존재하는 소수 대기업보다는, 규모도 형태도 서로 다르면서 조금 다른 관점에서 문제와 기회를 분석하는 다양한 기업이 가장 생산적인 클러스터를 만든다. 비결은 바로 특화한 여러 경쟁적 관점을 통합하는 데 있다.

이들의 발전에는 네 단계가 있다. 첫째, 자연 자산이나 인근 시장이 기업을 끌어들인다. 둘째, 그 결과 생기는 집중과 경쟁이 특화를 가져오고, 이는 전문기술을 갖춘 노동자와 이들을 고용하고자 하는 회사를 불러들인다. 셋째, 이러한 전문성은 다시 개별 회사로 나뉘면서 한층 더 특화되고 경쟁력을 갖춘다. 다른 회사들도 이렇게 하고 있다는 사실을 알기 때문이다. 설사 격차가 있더라도 빠르게 채워진다. 넷째, 근접성 때문에 파급효과는 더욱 커진다. 클러스터의 '승수' 효과는 매우 높고, 클러스터 외부에서 들어오는 모든 것은 신속하게 확산된다.

창조하는 사람들은 지금 하는 작업을 더 빨리 성공시키고 다음 작업의 아이디어를 시험하기 위해 옆에 창조하는 사람이 있어야 한다. 경쟁이기도 하고 협업이기도 한 이들의 대화와 협상을 통해 사람들은 무엇이 필요하며 무엇이 가능한지에 관해 공통된 감이 생긴다. 목표는 다른 사람들만큼 잘하자가 아니라 다른 사람들보다 잘하자이므로, 우수관행은 그저 최저 한도일 뿐이다.

클러스터는 사무실 안에서 업무 시간에만 형성되지는 않는다. 저녁이나 주말에 마침 그때 주변에 있는 사람, 대개는 한 클러스터에 속한 동료들과 함께 있을 때도 형성된다. 이러한 집단 친밀성 때문에도 누가 어떤 부문에서 일하겠다는 선택은 영리적 문제라기보다는 개인적 문제가 된다.

클러스터 이론은 현대 경제학의 아버지인 알프레드 마셜Alfred Marshall이 시작했다. 마셜은 생각이 비슷한 회사가 비슷한 업무군에 함께 종사하면 '영업비밀은 더 이상 비밀이 아니고 누구나 손에 넣을 수 있게 된다'고 썼고, 근접성이 '공기 중에 어떤 기운'을 만들어낸다고 했다.[19] 찰스 리드비터는 지식경제에 관한 책 제목을 『희박한 공기 속에 살기Living on

Thin Air』라고 짓기도 했다.[20]

디자이너 겸 엔지니어인 제임스 다이슨James Dyson은 바로 마셜이 생각한 그런 사람이다. 다이슨이 새 청소기를 개발할 때는 회사가 버밍엄에 있는 소규모 엔지니어링, 기계공구 회사와 차로 한 시간 거리라는 점도 큰 장점이었다. 그런데 2002년 이 제조부문을 영국에서 말레이시아로 옮긴 것은 단순히 말레이시아의 저비용을 활용하기 위해서가 아니었다. 다이슨은 그 이유를 버밍엄 지역의 숙련도 높은 구세대는 은퇴하기 시작했는데, 젊은이들은 도제가 되거나 엔지니어 졸업장을 딸 의사가 별로 없어서 클러스터가 분열되었기 때문이라고 설명했다. 더 이상 차를 타고 버밍엄에 가서 자기가 원하는 사람과 대화를 나누면서 해결책을 찾을 수 없어서라는 뜻이었다. 다이슨은 아무도 관심이 없어 보였다고 말했다.

처음에 클러스터를 성공하게 하는 요인은 회사가 아니라 사람이다. 할리우드 클러스터 이야기는 1920년대에 몇몇 유럽 영화제작자가 뉴욕에 상륙하면서 시작된다. 이들은 뉴욕의 경직된 신교도 체제를 벗어나 태양이 밝게 빛나는 서부 해안으로 갔다. 할리우드는 가치사슬의 각 단계를 포함하면서 단계마다 가차 없는 경쟁이 있다는 점에서 전형적인 클러스터이다. 할리우드에는 내부자 중심주의가 있다. 할리우드에 진입한 외부자에 관해《월스트리트저널Wall Street Journal》은 냉정한 결론을 내렸다. "다른 모든 부분에서는 경이로운 성공을 거둔 전설적 사업가마저도 할리우드에서는 대개 비참하게 실패한다. 무엇을 시도했든 대부분 무일푼이 되고 만다."[21] 텔레비전과 영화, 홈쇼핑에서 승승장구하던 배리 딜러Barry Diller는 이렇게 말했다. "기업 소유권은 아무 의미가 없다. 영화사를 운영하는 각 개인의 에너지와 성품, 기업가정신이 중요하다. 나머지는 잡음에 불과하다."[22] 세계 최대 영화 클러스터에서 세계 최대 TV 클러스터로 확장한 할리우드에는 현재 어느 도시보다도 유튜브 비디오 제작자가 많다.[23]

유튜브 본사는 실리콘밸리 외곽, 350마일 북쪽에 있다. 이 클러스터의 창업자들은 샌프란시스코 베이 에어리어 남쪽으로 101번 고속도로를 따라 있는 여러 대학의 학생과 직원들이었다. 할리우드처럼 유튜브도 동부 해안(및 그 지역 대학), 그리고 워싱턴 D.C.의 기득권 세력과도 멀리 떨어진 덕을 보았다. 대학생과 직원, 발명가, 개발자, 금융가, 변호사 등이 이루어낸 풍부한 유튜브 생태계는 새로운 아이디어는 물론이고 금융자본까지 만들어서 창업과 사업 매각이 가능해졌다.

할리우드와 실리콘밸리의 확실한 성공 때문에 이들을 모방하려는 도시도 많아졌다. 뭄바이(구 명칭은 봄베이다) 영화업계는 '발리우드'로 이름을 알리고 싶어 하고, 나이지리아의 라고스는 자칭 '날리우드'라고 한다. 런던은 영국식 유머 감각으로 동부 런던에 있는 어느 입체교차로를 '실리콘로터리'라고 부르고, 스코틀랜드에는 '실리콘글렌'(스코틀랜드 하이테크 부문을 가리키는 별칭)이 있다. 베이징은 중관춘 전자지구를 '실리콘밸리'라는 이름으로 부른다.

서식 개체에게 중요하면서도 이와 같은 목적으로 활용되는 더 작은 클러스터도 수천 개는 있다. 예술가와 작가들은 서로 만나고, 화랑 근처에 머물고, 싼 임대료와 익숙한 카페를 활용하려는 목적으로 특정 지역에 모여든 사람들의 시초다. 탄력근무제와 적기 인재, 임시회사가 늘어나면서, 어느 도시에나 어느 부문에나 선호 장소 한두 곳은 있다. 런던 의류 지구는 옥스퍼드가 북쪽에 있는데, 이곳은 메이페어의 소매업체들과 가까우면서도 임대료가 훨씬 저렴하다. 음반 가게들은 소호에 있는 나이트클럽들과 가까이 있으려고 덴마크가에 점포를 냈다. 런던 TV 제작사들은 외주 제작사에서 모든 프로그램을 사들여야 하는 신생회사 채널포Channel Four 근처에 있으려고 피츠로비아에 자리를 잡았다. 그 뒤 채널포는 이전했지만 제작사들은 이곳에 남았는데, 클러스터의 혜택을 보려는 이유도 있었지만 그때는 이미 피츠로비아가 런던에서 가장 좋은 광대역 망을 갖추었기 때문이다.

대부분의 클러스터는 외부자에게는 잘 보이지 않는다. 단순한 방문객이라면 옥스퍼드가 북쪽을 걷더라도 그곳에 있는 의류업체들을 눈치채지 못하고, 소호Soho를 가로질러 산책하더라도 영국 영화산업을 알아차리지 못할 터다. 남부 해안 지역의 한적한 휴양지 풀에서 주말을 보내더라도 그 지역에 인쇄회로 제작을 위한 필수 부품, 에어스핀들이라는 전동기를 생산하는 세계 최대 제조업체 두 곳이 있다는 사실은 아마 모를 것이다. 차로 옥스퍼드셔 전원 지역을 지나가더라도 수백 개 기업이 그곳에 모여 포뮬러 원 경주용 자동차를 설계하는 클러스터를 형성했다는 사실은 깨닫지 못할지도 모른다. 이 브룸밸리Vroom Valley는 영국 자동차 제조업체들이 소비자를 따라가지 못하고 해외 경쟁사에 매각되면서 생겼다. 그 뒤에 남은 수많은 숙련 디자이너와 엔지니어들이 다시 집단을 형성하여 정신없는 속도로 일하는 신생회사를 만들었고, 이곳에서 근로자들은 급여에서도 동기를 얻지만 열정과 끊임없는 혁신, 상상력 넘치는 디자인, 그리고 탄력적 근무시간에서도 그만큼 동기를 얻는다.

클러스터의 단점은 너나없이 따라하는 성질이 있다는 점이다. 다른 사람이 무엇을 하는지 누구나 알고, 생각 없이 다른 사람을 모방하자는 유혹이 아주 강할 때도 있기 때문이다. 새로운 아이디어가 있는 사람을 외부에서 들여오는 클러스터의 능력이야말로 생각 없는 복제를 막는 가장 좋은 해결책이다. 할리우드는 의식 없는 모방으로 악명 높기도 하지만, 한편으로는 지극히 경쟁이 심하고 참신함을 사랑하기도 한다. 미국은 물론 다른 나라 출신인 신세대의 투자자와 영화제작자들이 가장 선호하는 목적지도 할리우드다.

정부가 후원하는 클러스터는 운이 엇갈린다. 역사적으로 정부가 간섭해서 창조의욕을 꺾은 적이 있고, 그래서 다시 시작하려면 국민이 정부 승인을 얻어야 하는 국가에서는 이런 클러스터가 번영한다. 중국과 싱가포르, 페르시아만 각국 정부는 이런 식으로 클러스터를 활용한다. 상하이는 창조산업 육성 의지의 상징으로 2005년에서 2010년 사이에 70개가 넘는 창조 클러스터를 구축했다. 그 가운데 지역 창조 공동체에 뿌리가 있거나 적절한 경험이 있는 관리자를 둔 클러스터는 거의 없었고, 상당수는 그냥 사라져가거나 전통형 사무실이 되고 말았다. 안켄Anken이나 징공Jinggong 같은 상하이 2세대 클러스터는 창조 비즈니스를 훨씬 더 잘 이해하고 활발한 상업 전략도 갖추고 있다.

아이디어에 자금 조달하기

어떤 사업을 시작할 때는 돈보다 상상력과 재능, 시간적 여유가 있어야 한다. 이런 요소 중 특히 시간적 여유를 가진 사람은 많다. 사람이 다른 일을 하거나 생각하면서 떠올리는 아이디어는 놀랄 만큼 많다. 이 단계에는 금융자본이나 진입장벽은 거의 필요 없다. 대개는 공급이 수요를 초과하는 데다 급여든 수수료든 로열티든 그 결과로 나오는 수입이 계속하기에는 부족해서 실패율도 높지만, 성공 역시 빠르게 이루어진다.

주요 자금원은 그 사람이 이미 가진 자금과 사업 자체에서 나오는 돈에서 비용을 뺀 금액인데, 이를 내부 현금흐름 또는 유기적 현금흐름이라 한다. 이 순현금 흐름을 늘리는 방법의 하나가 지출 절감이고, 모든 기업가는 가용 현금을 늘리기 위해, 그리고 주식발행 계획이 있다면 향후 지분요구권을 정당화하고자 지출 절감을 어느 정도 실행에 옮긴다. 여기에 정부 보조금과 가족, 친구들이 내는 자금이 더해지기도 한다.

이것만으로도 충분할지 모른다. 창조경제에서는 돈이 거의 없이 시작하고도 대중이나 의뢰 고객을 상대로 충분한 매출을 올려 사업을 유지하고 성장도 꽤 하는 아이디어나 기업이 눈에 띈다. 미술가와 미술상, 광고대행사, 건축가, 소프트웨어 개발자, 닷컴기업, 영화제작자, 디자이너, 작곡가, 게임개발자 등 이런 목록은 한없이 길다.

만일 자금이 충분하지 않다면 외부조달이 필요하다. 가장 마련하기 어려운 자금은 종자돈이다. 이 돈은 아이디어가 그저 생각에 불과하고 자산이 개인적이고 주관적이며, 둘을 다 합쳐도 은행이나 개인 투자자의 관심을 끌기에는 부족한 시기에 필요하다. 이때는 친구나 가족이 주는 수천 파운드 덕택에 자신감도 얻고 임대료도 내지만, 한편으로는 계속하느냐 그만두느냐가 결정되기도 한다.

초기 자금조달 방법 가운데 하나로 크라우드 펀딩이 있는데, 이를 통해 마치 페이스북과 같은 비율로 가족과 친구의 수가 늘어난다. 크라우드 펀딩은 아주 많은 사람들에게 비교적 적은 금액을 모으며, 참여자 하나하나가 전체에 낮은 비율로 기여하는 형태다. 크라우드 펀딩은 대개 특별행사 초대나 출시 전 상품배송 등 비금전적 보상을 받고 제공되며, 따라서 주류 금융 규제의 범위를 벗어난다. 만일 전통형 채권과 주식을 조성하려고 이런 방법을 사용한다면 규제대상이 된다.

기업가는 기존 웹사이트나 전문 크라우드 펀딩 플랫폼을 통해서 자금이 얼마 필요하고 어떤 보상을 할지 설명한다. 이런 플랫폼 대부분은 건당 약 5%, 그리고 기부금액 수수료로는 3~4%를 청구한다. 세계 최대 플랫폼 가운데 하나인 킥스타터Kickstarter는 프로젝트를 심사하기도 하지만 다른 플랫폼들은 훨씬 개방적이다.

이 방법은 새로운 앱이나 단기에 명확한 결과를 내는 상품은 물론이고 신작 영화나 게임, 공연, 음악 앨범을 대상으로 할 때 가장 효과가 좋다. 기금 액수는 일반적으로 수천에서 수십만 달러까지 다양하다. 2012년 최대 크라우드 펀딩 웹사이트 500곳에서 조성한 기금은 연간 15억 달러로 추산된다(위키피디아 같은 비영리 기업에서 받은 기부금은 포함하지 않았다). 2012년 칸느영화제와 선댄스영화제 상영작 가운데 10%가 크라우드 펀딩으로 자금을 조성했다는 보도도 있었다. 영국 게임협회인 UKIE에 따르면 게임과 영화 부문에서는 5,000만 달러가 조성되었고, 디자인과 음악, 테크놀로지 부문에서는 조성 금액이 그보다 적었다고 한다. 원하는 금액보다 더 많은 자금을 조성하는 프로젝트도 없지 않다. 좀비런Zombies Run은 1만 2,500달러를 목표로 했는데 7만 3,000달러를, 미국의 더블파인DoubleFine은 40만 달러를 목표로 했는데 333만 6,000달러를 모금 했다(목표금액 대비 실제로 얼마를 모금하는지 지켜보는 사람들이 정확히 안다는 점도 크라우드 펀딩의 재미 중 하나다).

스마트 시계 페블Pebble은 블루투스로 아이폰이나 안드로이드 스마트폰에 동기화하는 장치다. 이 페블사를 공동 창업한 네 사람은 10만 달러를 모금하기로 했다. 후원자들은 시장 출시 전에 상품을 미리 배송받고 또 디자인과 색상도 원하는 대로 맞춤 제작할 수 있었기 때문에 매력은 아주 컸다. 반응은 놀랄 정도였고 페블은 1,000만 달러가 넘는 금액을 모으고 모금을 종료했다.

버락 오바마Barack Obama 대통령은 미국 적자 감축 계획의 일환인 JOBSJumpstart Our Business Startups에서 경기 부양책으로 크라우드 펀딩을 포함했고, 그러면서 이 방법은 한층 활기를 얻었다(오바마는 2008년과 2012년 선거운동에서도 크라우드 펀딩을 사용해 성공을 거뒀다). 뉴욕증권거래소의 유로넥스트EuroNext를 이끄는 던컨 니더로어Duncan Niederauer는 크라우드 펀딩이 '앞으로 대부분의 소기업이 자금을 조달하는 방식'이 되리라고 말한다.[24] 미국 증권거래위원회SEC는 되도록 개방적으로 크라우딩 펀딩 제안을 유지할 필요에 맞춰 최소한의 서류작업으로 소액 기부금을 모으면서도 동시에 회사의 제안과 지출을 악용하지 못하도록(페블은 마감기한을 지키지 못했다는 비난을 들었다) 감시하는 규제를 만들었다.[25] 2012년, 시더스Seedrs라는 영국 신생기업은 기존 금융 규제 내에서 승인을 얻은 최초의 크라우드 펀딩 대행사가 되었고, UKIE는 크라우드 펀딩을 대상으로 완전히 새로운 규제의 틀을 제안했다.[26]

과학자들도 연구기금을 마련하기 위해, 특히 환경이나 사회 편익이 있는 프로젝트에서 크라우드 펀딩을 활용한다. 샌프란시스코 캘리포니아대학교는 마다가스카르 환경 보존 프로젝트를 위해 크라우드 펀딩을 실시했고, 5,000달러 이상을 내는 기부자에게는 새로운 종의 이름을 붙일 기회를 주었다. 예술 기반 웹사이트가 매력 있는 제안을 하듯이 인디고고Indiegogo나 페트리디시Petridish 같은 과학 기반 크라우드 펀딩 플랫폼도 대학이 등록된 자선기관일 때는 기부금 세금감면 같은 추가 혜택을 준다.

페블의 성공으로 기금 액수가 크게 올라가기는 했지만, 일반적인 자금조달의 다음 단계는 은행이나 다른 사람에게 빌리거나(부채) 현금을 받고 주식을 파는 것이다(주식발행). 부채는 정해진 기간에 고정 금액을 대출받고 채권자들이 회사 운영에 관여하지 않기 때문에 훨씬 단순하다. 반면, 주식발행은 투자자가 비교적 짧은 기간에 괜찮은 이익을 내며 주식을 매각할 수 있다는(투자수익률 또는 ROI라고 하는) 합리적 기대를 해야 하므로, 회사 가치와 회사 주가, 향후 회사의 성장 예측치를 훨씬 복잡하게 계산해야 한다. 투자자들은 주주자격으로 회사 운영에도 어느 정도 발언권이 있다. 영향력이 적은 소액주주라면 거의 발언권이 없겠지만 대주주라면 직접 통제도 가능하다. 가치와 가격과 영향력으로 이루어진 이런 순열은 사실은 무한대가 아니지만 간혹 그렇게 보일 때도 있다.

부채냐 주식발행이냐의 선택은 회사의 현재 재정상황과 미래 위험 및 보상, 그리고 은행이나 투자자의 참여의사에 따라 결정된다. 부채를 지면 회사는 경영권을 유지하지만 일부 자산을 담보로 잡혀야 한다. 지분을 팔면 채무자는 금전비용 없이 현금을 얻지만 일정 정도 경영권을 포기해야 한다. 일상적이고 안전한 일이라면 부채가 더 나은 선택이다. 위험이 큰 사업이라면 비영리에 무이자 형태로 가족과 친구들에게 돈을 빌리거나 주식을 발행하는 편이 더 나은 선택이다.

자기가 만족하는 수준으로 자산가치를 평가하기는 비교적 단순하지만, 은행과 투자자, 합작자, 기타 외부인의 기준에 맞게 자산 가치를 평가하기는 훨씬 어렵다. 방법은 여러 가지다. 우선, 부동산과 설비처럼 가치 있는 물리적 자산이라면 대체원가 추정이 합리적이지만, 이 방법은 독특한 대상의 가치를 매길 때는 그리 도움이 되지 않는다. 미래 자산가치를 추정하여 순 현재 가치를 빼는 방법도 있다. 자산이 새롭고 독특할 때는 이런 방법들을 쉽게 적용하기 어렵지만, 자산이 내력을 쌓으면 가치평가는 좀 더 확실해진다.

데이비드 보위는 자기 앨범의 과거 판매실적을 내세우며 저작권을 담보가능 자산으로 전환했는데, 향후 만들 곡에 붙을 로열티를 10년 만기 7.9% 채권으로 자본화하여 5,500만 달러를 조성했다. 이 금리는 당시 6.73%이던 10년 만기 미 재무부 채권을 넘는 혜택이었다. 보위 채권을 고안한 은행가 데이비드 풀먼David Pullman은 나중에 제임스 브라운James Brown과 아이슬리 브라더스Isley Brothers를 대상으로도 유사한 채권을 판매했다. 그리고 로드 스튜어트Rod Stewart는 유동화 대출로 1,540만 달러, 음악계에서 가장 사업가다운 태도를 보이는 밴드 아이언메이든Iron Maiden의 브루스 디킨슨Bruce Dickinson은 3,000만 달러를 조성했다. 이 채권들은 모두 초기에는 수익이 높았지만, 온라인 판매가 치솟으면서 가치가 하락했다.

자산 면에서 보위와 스튜어트 같은 가수들은 저작권을 지켰기 때문에 대차대조표가 있는 셈이었지만, 대부분의 예술가들은 일정 보수만을 받거나 일반 소득밖에 없다. 보위는 자본가지만 다른 사람들은 피고용인으로 남았다. 창조하는 사람 중 상당수는 일을 시작하는 초기에 자금이 필요해서 권리를 팔고 만다. 이는 결국 고용대상인 프리랜서에서 자본자산을 갖춘 회사 창업자로 변모할 가장 좋은 기회를 포기한다는 의미다.

미국은 아이디어도 재활용하지만 투자자와 자금도 재활용한다. 미국 기업가들은 어느 세대나 다음 세대에 자금을 대기 때문에, 창업 투자의 가장 큰 원천이 바로 한 세대 전에 창업지분을 확보하고 새 사업에 투자하려는 사람들이다. 이들은 현금을 보유하면서 위험의 성격을 이해한다는 장점이 있다. 반면, 유럽은 기업가가 되려는 사람들이 미국보다 훨씬 적은 개인 투자처를 소진한 다음에는 사업체 운영 경험이라고는 거의 없는 은행 임원이나 정부 관료 앞에서 읍소해야 하는 형편이다. 동시에 이들은 다른 사람들의 정치 의제나 온정주의에 기대어 일해야 할 위험에 처했다. 영국인으로 가장 크게 성공한 영화 제작자 데이비드 퍼트넘은 영국 기업가들을 보면 정부 의존도가 지나치게 높고 '무료 급식소' 심리가 있다고 비판했다.[27]

그러면 돈이 떨어지면 어떤 일이 생길까? 통상적으로 경제에서 정기적으로 임금을 받는 사람들은 소득이 비용을 초과하지 않게 관리만 잘하면 별로 곤란에 빠지는 일이 없다. 그리고 소득 대부분을 차지하는 임금을 이미 알기 때문에 그렇게 하기가 어렵지도 않다. 이들에게 소득은 일정하므로 비용이 우선순위다. 그런데 매매 경제에서 자신의 지적자산을 팔아 먹고사는 사람은 정반대의 고민이 있다. 이들에게 우선순위는 소득 확보이며, 이들은 새로운 아이디어와 사업에 집중해야 한다. 그런데 '일자리가 곧 고용'이라는 개념을 창조경제 비즈니스에 적용하면서 비용을 줄이려다 보니 곤란을 겪는 사람이 많다.

미국인들은 일단 창업만 하면 회사를 계속 유지하는 능력이 더 뛰어나다. 곤경에 처한 사업을 대하는 미국식 태도는 돈을 받아야 할 채권자들이 돈을 받지 못하더라도 회사를 '계속 기업'으로 지켜내야 한다는 자세다. 영국식 접근법은 다르다. 영국에서는 채권자에게 빚을 갚으려고 회사 자산을 팔아치운다(대부분 조세 당국이 앞장서서 이렇게 하기 때문에 자금이 민간부문을 떠난다).

그 결과 미국은 회사를 닫아 자산을 매각하려는 채권자에게서 회사를 보호하려고 하는 반면, 영국은 회사에서 채권자들을 보호하려 한다. 한 마디로 미국은 채무자 우호적이고 영국은 채권자 우호적이다. 《이코노미스트Economist》는 이를 두고 '유럽이 실리콘밸리의 맞수를 만들어낼 능력이 없는 이유는 바로 파산법이 훨씬 더 가혹하기 때문이다'라고 지적했다.[28]

성공과 실패

자기표현이나 의미, 새로움 등 아이디어를 성공으로 이끄는 요소들은 레버리지가 높고 한쪽에 치우친 금전적 보상을 수반한다. 성공할 경우는 아주 드물지만 일단 성공하면 일반적인 경우에 비해 구매자의 관심과 현금이 엄청나게 몰린다는 뜻이다.

따라서 모든 아이디어를 성공시키려는 태도도 나올 수 있다. 이런 태도는 스스로 동기를 부여하는 방법으로는 아주 좋지만, 각 아이디어에 얼마나 노력을 기울여야 하는지, 양과 질의 균형을 어떻게 맞춰야 할지, 또 수많은 실패의 여파를 줄이면서 가끔 쟁취하는 성공에서 최대한 얼마나 얻어내야 하는지 등의 문제에 있어서는 조금도 도움이 되지 않는다. 그리고 이는 현실을 무시하는 태도이기도 하다. 성공은 아주 드물게 일어난다.

더 나은 전술은 차라리 자신의 지식과 능력을 현금화하는 방식을 다양하게 만드는 것이다. 물론 여기에는 개별 결과물을 내놓고 각각의 내용과 비용수준을 결정해야 한다는 부작용은 있다. 상품이 모두 동일하고 한계비용과 수입이 장기간 유지된다면 모든 상품을 균형가격에 생산해야 합리적이지만, 이런 사람들은 그 대신 차별화된 상품 한 묶음을 생산한다.

이들은 아주 소수의 작업만이 성공을 한다는 사실을 경험으로 알고, 얼마 안 되는 성공이 훨씬 많은 실패를 보상하리라 가정하면서 결과물을 관리한다. 절대 비용과 가격은 그리 의미가 없고, 그렇기 때문에 성공으로 먹고사는 기업에는 금리처럼 미미한 변화가 전통 기업만큼 크게 영향을 미치지 않는다.

특정 상품의 성패에 관계없이 현금이 풍부하게 흐르는 틈새에서는 포트폴리오 유지가 더욱 중요하다. 타임워너에서 일하는 한 친구는 내게 '사과가 떨어질 때 나무 가까이에 가라'고 조언했다. 이 친구의 말은 현금이 많이 나오는 사업 가까이에 가고, 마진은 낮은데 몇 안 되는 사업을 너무 많은 사람이 쫓는 부문은 피하라는 뜻이었다.

자기가 있을 과수원을 현명하게 택해야 한다. 한창 전성기에 팝 음악은 누구든지 생각이나 일을 별로 하지 않고도 돈을 버는 가장 쉬운 방법으로 유명했다. 하지만 2010년이 되자 라벨 매니저라는 직업은 재미있고 수익이 나는 일이 아니라, 급여마저 적은 막다른 골목에 놓인 직업군이 되었다. 라디오에서 상위 40위 곡을 소개하던 사람들도 클럽 DJ와 온라인 플랫폼에 대체당했다. 돈이 쉽게 돌던 때 광고 홍수를 틈타 같이 발전한 잡지사 기자들은 이제 더 치열하게 경쟁하지만 적은 보수에 훨씬 많은 기사를 써야만 하는 처지다. 전문 사진작가들은 스마트폰이 있는 아마추어들과 경쟁한다. 출판사들은 과거 고급 간행물에 실리는 서평이나 소규모 서적상을 대상으로 한 협상력에 의존했지만, 이제는 전자책 플랫폼과 협상하고 자체 블로그도 작성해야 한다.

거래와 계약 협상하기[29]

내가 영국 최대 제작사 가운데 하나인 핸드메이드HandMade에 이사로 있을 때는 아마 사무실에서 영화를 봤다면 놀랐을 것이다. 우리는 제작한 영화 필름 원판을 소유하기는 했지만, 그 원판들은 50마일쯤 떨어진 시골에 있는, 경비가 삼엄하고 온도와 습도가 조절되는 금고에 보관했기 때문이다. 우리는 실제로 영화를 만들지 않았다. 거래를 했을 뿐이다. 우리는 아이디어를 먹고 살았고, 거래로 돈을 벌었다. 거래란 특정 시기에 두 사람의 '아이디어에 관한 아이디어'를 조정하는 합의다. 판매자는 수입을 늘리면서 자기 작품을 보호하고자 하고, 구매자는 최대한 낮은 비용에 미래 수입을 얻을 기회를 늘리고자 한다. 거래는 각 당사자가 현재 가치(각자 다를지도 모른다)에 관해 아는 지식과 미래 가치(거의 확실히 다르다)를 두고 하는 예측을 반영한다.

거래 성사의 범위는 방대하다. 아이디어와 자산, 권리는 쉽게 합치거나 나누기 때문이다. 물질은 물리학 법칙 안에서만 다양하게 갈리고, 떼어내면 다시 붙이기는 불가능하다. 그러나 무형인 사안은 생각이나 말만으로도 다양해지며, 통합과 분리도 빠르고 매우 자주 일어난다. 제약이 있다면 거래를 하는 사람들의 풍부한 창의력뿐이다. 다시 말해 지적인 것에 관한 지적인 제약만 있다.

거래에서 창의력은 기초적이면서도 아주 존중받는 기술이다. IBM은 새로운 운영체제를 찾을 때 마이크로소프트를 비롯한 여러 회사와 협의했다. 당시 빌 게이츠는 MS-DOS 사용권을 재빠르게 사들였고, IBM에 사용허가를 주면서도 기초 저작 소유권은 유지했다. IBM용 소프트웨어를 개발하려는 회사는 마이크로소프트에서 다중사용권Multi-use Licence을 구매해야 했다. IBM은 거의 눈치채지도 못한 이 조항 하나로 빌 게이츠는 엄청난 부를 쌓았다.

자니 카슨Johnny Carson이 SNLSaturday Night Live를 그만둘 때 후임을 노리던 사람들은 모두 회당 2만 5,000달러 밑으로는 일하지 않겠다는 '최혜국' 조항에 서명했다. 하지만 제이 리노Jay Leno는 서명을 거부하고 '최저 임금'이라고 하는 노조 최저 수준으로도 일하겠다고 제안했고, 그 자리를 꿰찼다.

조지 루카스George Lucas가 억만장자가 된 이유는 협상상대가 자기 소유물의 가치를 모르고 관대한 자세를 보일 때 재빨리 판단을 내렸기 때문이다. 루카스 감독은 20세기폭스Twentieth Century Fox의 앨런 래드Allan Ladd와 〈스타워즈Star Wars〉 첫 편에서 감독이 받을 보수조건 대부분에 이미 합의한 상태였지만, 〈아메리칸 그래피티American Graffiti〉의 성공에 힘입어 돈을 좀 더 요구해야겠다고 마음먹었다. 래드는 안 된다고 했지만, 성의를 표현하려고 별 생각 없이 영화 관련 상품 권리를 전부 루카스에게 주었다. 래드는 부가적인 권리에는 별 가치가 없다고 생각했고, 어차피 폭스사 동료들도 영화에 회의적이라 '장난감'에까지 관여하고 싶어하지 않았다. 그러나 이 판단은 잘못이었다. 1977년 이래로 스타워즈 관련 상품은 200억 달러를 벌어들였고, 이 금액은 영화 수입의 2배가 넘었다. 루카스는 이 사업을 관리하기 위해 직원 30명을 두었고, 2012년 이 회사를 40억 5,000만 달러에 매각했을 때 매출은 연 30억 달러 수준이었다.[30]

거래는 대개 두 사람 사이에 일어난다(제3자를 더하면 기하급수적으로 복잡해진다). 양자 관계는 상급자와 하급자, 관리자와 직원 관계와는 다르다. 이 관계는 동등하지는 않더라도 자기 견해를 주장하고 승인과 거부 의사를 표현할 자유는 똑같은 두 사람 사이에 맺는 관계다.

거래에 우선순위를 두면 회사구조와 경영, 근무시간과 보수에도 영향이 있다. 외부인과 협상능력이 뛰어나면서도 상호 신뢰라는 조건에서 그렇게 할 능력이 있는 관리자가 중요해진다. 관리자는 사람을 잘 다루고, 가치를 잘 판단하거나 적어도 시장의 현재 가치 추정방식을 알아야 하고, 법무 지식에도 능숙해야 한다. 관리자는 상대방이 합리적이라고 수긍하든지 아예 모르는 채로 거래에서 돈을 얻어내야 한다. 그 결과 지금은 여러 회사가 근로자로 이루어진 한 덩어리에서 거래로 이루어진 시장으로 변화 중이다.

이 과정은 여러 단계로 발전한다. 아이디어처럼 모호한 자산과 그 아이디어가 무엇이며 가치가 얼마인지 설득력 있게 설명하는 능력은 매우 귀한 대접을 받는다. 이런 설명은 잘 되면 정직한 시가 계산이고, 못되면 지나친 과장에 그친다. 대개는 이 두 가지가 용납할 정도로 섞인 모양새다. 과장은 꼭 판매자 쪽에만 존재하지는 않는다. 구매자도 돈을 벌 전망을 지나치게 낙관할 때가 있기 때문이다.

새로운 거래가 협상대상이 될 때마다 나름대로 그 의미와 가치를 추정하는 사람도 많아진다. 이 때 어떤 아이디어가 왜 흥미롭고 가치 있는지를 설득력 있게 설명하는 사람이 다음 단계로 거래를 진전시킬 권리를 확보한다. 어떤 아이디어의 가능성을 설명하는 능력도 처음 그 아이디어를 내놓는 능력만큼이나 영향력이 있다. 새로운 의미는 사람들을 새로운 방향으로 가게 해서 더 많은 가치를 드러내는 힘이 있기 때문이다.

예술부문의 거래에 관한 연구를 개척한 하버드대학교 리처드 케이브스Richard Caves 교수는 예술가들이 '예술을 위한 예술'에 빠져 있지만 그 이유는 금전적 이득에 관심이 없어서가 아니라, 자기 비전이 금전적 이득을 얻는 더 확실한 방법이라고 믿기 때문이라고 지적했다. 내 경험으로는 창조하는 사람이나 사업하는 사람이나 남을 설득하여 자기 프로젝트를 다음 단계로 옮겨 돈을 벌려고 하는 면에서는 똑같다.

그러나 새로운 프로젝트가 무엇이고 어떤 의미인지 정확히 이해하기는 어렵다. 개인적이며 주관적인 새로운 아이디어에 가치를 매기기란 쉬운 일이 아니다. 어떤 것이 새롭고 의미가 많을수록 그 가치의 변화 가능성도 크다. 사람들은 마음을 바꾸며, 만일 같은 일에 관해 두 가지 다른 발표를 한다면 이를 대하는 반응도 달라질지 모른다. 따라서 수요 추정은 불확실하다. 은행의 설명 의무에서 말하듯, 과거 실적은 미래의 지침이 되지 못한다.

협상가들은 투입한 비용을 돌이켜 보고 가치사슬에서 다음 단계에 있는 사람에게 그 가치를 전달하려고 최선을 다하지만, 돈을 지불한 당시에는 투입원가가 아무리 중요했더라도 다음 가치사슬 단계에서는 과거 투입원가가 그만큼 중요하지 않다. 좋은 아이디어와 나쁜 아이디어(원고든 시제품이든)에 모두 같은 비용이 들었더라도, 좋은 아이디어만이 다음 단계로 나아갈 수 있다. 비용이 더 들었다고 해서 더 큰 수입을 보장하지도, 더 확실한 수입을 보장하지도 않는다. 그래도 판매자들은 과거 비용보다 미래 수입을 생각하기가 쉽다.

거래는 판매자가 다른 사람의 자원을 얼마나 얻고 싶어 하는지, 그리고 구매자가 그 순간 그 자산가치를 어떻게 평가하는지에 따라 결정된다. 둘 다 고정비용과 한계수입을 계산해야 한다. 이런 계산을 할 때는 위험 부담에 따른 보상에 관한 자신의 성향을 수량화하면서 동시에 상대방의 성향까지 추정하고, 그렇게 해서 보상을 생각할 때 그 위험을 부담할 가치가 있는지 결정해야 한다. 아주 잘못되면 한계비용 회수 정도나 기대할 수 있고, 아주 잘되면 자신의 가치를 유지하면서 자원을 더 얻어 미래 소득 가능성을 개선할 수 있다.

누구나 앞으로 자기가 어느 정도 수입을 얻을지 궁금할 터다. 한쪽에서는 더 강력한 자산이나 자산 통제권을 원하고, 또 다른 쪽에서는 현금을 원할 수도 있다. 판매자들은 자산 가치를 늘려서 구매자들이 여기에 가치를 더하기를 원한다. 자신의 통찰력과 구매자들의 통찰력에 경쟁을 붙인다. 실제로 사람들은 자기 비용을 보전하면서 미래 수입의 일부를 얻고자 한다. 그 결과는 미래 소득에 관한 양자의 관점에 따라 결정되며, 이 결정은 지식과 야심, 협상력의 조합에 기반을 둔다.

이러한 불확실성 때문에 사례 연구나 벤치마크, 소위 '우수사례'의 유용성에 의구심을 제기하게 된다. 사례 연구란 돌이켜 보니 옳았다는 사실이 증명된 어떤 일에 관한 아주 선택적인 설명이다. 그러나 과거에 사람들이 실제로 어떻게 결정을 내렸는지 진실을 알 길이 없기 때문에 중요한 문제는 피해 간다. 애플의 디자이너 조너선 아이브Jonathan Ive는 여러 해가 지난 뒤에 '우리가 아이폰을 보류할 뻔한 적도 여러 번 있었다'면서 그런데 자신도 그때 오간 논쟁을 정확하게 기억하지는 못하겠다고 했다.[31] 사례 연구나 과거 경험을 일련의 규칙으로 축소하는 방법들은 요점을 놓친다.

많은 계약에는 저작권과 특허, 상표권에 관한 거래범위를 확인하려는 목적이 있다. 판매자는 최대한 권리를 유지하고자 하고, 구매자는 돈을 벌기에 충분한 권리 사용권을 얻고자 한다. 판매자는 각 권리의 절대가치를 유지하거나 확대하고자 하고, 구매자는 이를 낮추면서 자신을 위해 새로운 권리, 새로운 가치를 창출하고자 한다.

판매자는 먼저 어떤 권리를 팔고 어떤 권리를 제외할지 결정한다. 통상적으로 이 자체가 계약의 큰 부분이 된다. 권리계약은 표면상 사용권을 주는 사람이 사용권을 얻는 사람에게 무엇을 허락하는가(영화 스트리밍, 디자인 사용 등)를 다루지만, 다른 한편으로는 사용권을 주는 사람이 사용권을 얻는 사람에게 무엇을 금지하는가를 다룬다. 내가 유니버설스튜디오Universal Studios 영화 작품들의 사용권 허가 작업에 참여했을 때, 유니버설 경영진은 이 작업에서는 사람들에게 무엇을 하라고 허락하기보다는 무엇을 하지 못하게 막는 것이 목표라고 확실하게 밝혔다.

권리 소유자들은 과거 작품에 접근을 허락하는 데 예민하다. 그 이유는 신작을 볼 대중을 빼앗길까 걱정하기 때문이다. 영화사나 음반사, 출판사가 저작권 연장을 위해 싸우는 이유도 소재 사용권을 직접 얻기 위해서가 아니라 다른 사람들이 사용하지 못하게 막기 위해서

다. 한 회사의 계약은 미래의 수입원은 물론 자산을 보호하는 가장 좋은 방법이다.

열 가지 성공 규칙

다음 열 가지 규칙은 크고 작은 회사에 몸담고 창조경제에서 자기 길을 간 사람들에게서 도출했다.

1. **자신을 창조하라.** | 여러 재능을 나만의 독특한 하나의 집적체로 만든다. 내 이미지를 확실히 장악하고 관리한다. 탄력을 붙인다. 원한다면 학교는 일찍 그만둬도 되지만, 절대로 배움을 멈춰서는 안 된다. 어디로든 새로운 아이디어를 찾아다닌다. 아이디어를 어디서 얻는지는 중요하지 않다. 그 아이디어로 무엇을 하느냐가 중요하다. 지겨우면 다른 일을 하라. 내 자산과 재능을 명확하게 알아야 한다. 이런 자산과 재능은 유일무이하며, 내가 가진 것도 이것뿐이다.

2. **데이터보다 아이디어에 우선순위를 두라.** | 나만의 상상력을 키운다. 나의 지식 자본을 보여주는 대차대조표를 만든다. 특허와 저작권, 상표 등 아이디어를 보호하고 아이디어에 접근을 허락하는 여러 방법을 잘 이해해야 한다. 최고의 변호사를 구하라. 창조경제에 몸담은 사람은 회사가 돈을

잃을 때보다 자기가 생각할 능력을 잃을 때 더 걱정한다. 이 점을 생각해 보라.

3. **유목민이 돼라.** | 유목민은 어느 나라에서나 편안하게 지낸다. 경로와 여행 방법, 체류 기간은 스스로 선택하면 된다. 유목민이 되라고 해서 혼자 있으라는 말은 아니다. 유목민은 대부분, 특히 밤에는 무리지어 길을 떠난다. 유목민은 사막과 오아시스 모두를 고맙게 여긴다. 작가 찰스 핸디Charles Handy는 지도자에게는 반드시 '사람을 사랑'하면서도 '거리를 두는 능력'이 함께 있어야 한다고 말했다. 창조하는 사람에게는 고독과 군중이 모두 필요하다. 혼자 생각하고 함께 일해야 한다.

4. **나만의 (사고) 활동으로 나를 규정하라.** | 다른 사람이 준(일자리) 직함으로 자신을 규정하지 말라는 뜻이다. X라는 회사에 고용되어 Y라는 프로젝트를 하는 중이라면, 회사 X에서 프로젝트 Y를 하는 중이라고 단순하게 말하는 편이 훨씬 흥미롭다. 컴퓨터 회사들은 고객사가 겪는 문제에 '비즈니스 솔루션'을 만들어 팔려고 한다. 창조경제에서는 누구나 서로 창조 솔루션을 교환한다.

5. **끝없이 배워라. 호기심을 품어라.** | 차용하고 혁신하라. 미국전력US Electric Power에서 이런 광고를 한 적이 있다. "새로운 아이디어란 오래된 아이디어 두 가지가 처음 만난 것일 때가 많다." 복고든 재창조든 재유행이든,

까치처럼 무엇이든 주워 담아 사용하라. 네트워크를 활용하라. 적절한 네트워크를 찾지 못하면 직접 시작하면 된다. 위험을 감수하고 불필요한 일도 해야 한다. 프레더릭 윈슬로 테일러Frederick Winslow Taylor가 포드자동차 근로자들에게 '잘못되고 더디고 불필요한 움직임'은 모두 없애라고 지시한 일화는 유명하지만, 이런 지시는 완전히 무시한다. 다스리기 힘든 움직임이 놀라운 발견으로 이어질지도 모른다. 늘 긴장하라.

6. **명성과 유명세를 활용하라.** | 나의 서비스 가격을 훨씬 높게 매기고 잠시 정체한 삶에 활력을 주는 능력이라는 의미에서 명성과 유명세는 생산원가는 낮지만(명성은 매몰 비용이다) 보상은 사실상 무한하다. 20세기에는 우수한 엔지니어가 중요했지만, 21세기 창조경제에서는 유명세도(아무리 사소하더라도) 그에 못지않게 중요하다. 데이비드 보위가 설명했듯, 스타 되기의 본질은 '내가 자신을 사로잡는 만큼 남들까지 사로잡는 능력'이다. 앤디 워홀Andy Warhol은 언론의 관심이 덧없다는 뜻으로 15분짜리 명성이라는 표현을 했지만, 스타 되기는 15분짜리 명성이 아니라 창조성으로 유명해진다는 의미이다. 워홀 역시 그림, 아니, 일 자체를 아예 그만둔 뒤에도 오랫동안 계속되는 명성을 얻었다.

7. **가상을 실제처럼 대하라.** | 그리고 실제도 가상처럼 대하라. 온라인 생활은 일상생활의 또 다른 차원일 뿐이다. 기술에 기반을 두었는지를 근거로 현실을 판단하지 말고, 인간성과 진실 같은 더 중요하고 영원한 문제

에 따라 판단하라. 메시지나 소통이 없다면 대역폭 따위는 쓸모없다. 검토와 배양, 꿈, 흥분, 현실 점검 등 항상 RIDER 과정을 활용하라. 꿈과 현실을 섞어 나만의 미래를 창조한다.

8. **친절하게 행동하라.** | 친절은 성공의 표식이다. 데이터는 '부탁합니다'라고 하는 법이 없다. 인간은 '부탁합니다'라고 말할 능력이 있으며 여기에 진심을 담아서 말해야 한다. 인간은 자신이 대접받는 대로 남을 대접한다. 성능 빠른 컴퓨터가 더 빠르게 데이터를 생산하듯, 친절한 사람은 더 많은 네트워크에 초대받고 더 많은 지식을 얻는다.

9. **성공에는 공개적으로 찬사를 보내라.** | 윔블던 대회 9회, US 오픈 대회 4회 우승자인 마르티나 나브라틸로바Martina Navratilova는 "이기고 지고는 중요하지 않다고 하는 사람은 아마 졌을 것이다"라고 말했다. 마찬가지로 성공에 집착해서도 안 된다. 실패도 알고 싶어 해야 한다. 창조하는 사람들은 자기 성패에 대해 가장 엄격하게 판단한다. 거기서 배움을 얻고 싶기 때문이다(규칙 5번 참조). 최악은 후퇴가 아니라 침체다. 지는 법을 모르면 절대로 이기지도 못한다.

10. **야망을 크게 품어라.** | 과감하게 가라.

11. **즐겨라.** | 아무도 보지 않는 듯 춤춰라. 시험은 그만두고 실험을 시작하

라. 아인슈타인은 "a가 인생의 성공이라면 $a = x + y + z$이다. 여기서 x는 열심히 일하기, y는 즐거움, z는 침묵이다"라고 했다.[32] 이렇게 하면 다른 사람들을 짜증나게 할지도 모른다. 그러나 걱정하지 않아도 된다. 메릴랜드 국립정신건강연구원National Institute of Mental Health의 톰 웨어Tom Wehr는 잠자는 뇌가 '창의적 근심 공장'이 되어 전날 벌어진 일들을 정리한다고 한다. 그러니 뇌에 영양을 공급하자.

마지막으로 창조경제에서는 열 가지 성공 규칙을 쓰다가 열한 가지가 되어도 걱정하지 말자. 자기 규칙은 스스로 깨도 된다(규칙 1번 참조).

6

제6장

아이디어 소유하기

권리 시장

지식재산이란 도대체 무슨 뜻인가? 아이디어에 대한 소유권과 사용권의 균형을 유지하는 방법은 무엇인가? 아이디어를 내고, 소유한 사람들에게 돈을 지불하는 것과 이를 사용하는 것 사이의 적절한 균형점은 무엇일까? 저자에게 더 많은 돈을 지불하는 것과 우리가 책에 더 잘 접근하는 것의 균형은? 오래 전 사망한 미술가의 상속인에게 돈을 지불하는 것과 그 그림을 복제할 권리를 얻는 것 사이의 균형은? 더 큰 이익과 더 저렴한 약값의 균형은? 왜 어떤 활동은 저작권에 기대는데(영화) 다른 활동은 저작권 없이도 성공할까(패스트 패션)?

이는 논쟁의 여지가 많은 주제다. 저작권이 더 엄격하고 보호기간도 영원해야 한다고 생각하는 사람들도 있다. 하지만 소수의 반대자들은 저작권이 더 약해지거나 보호기간이 짧아지거나 아예 폐지되어야 한다고 주장한다. 특허도 유사한 논쟁대상이다. 도구에 적용하는 규칙을 인간 유전자와 곡물 종자에도 똑같이 적용해야 하는가?

저작권 관련 논쟁은 2003년 미국 대법원으로 거슬러 올라간다. 그 해에 미국 의회는 저작권 보호기간을 저자 사후 50년에서 70년으로 늘리려고 시도하였다. 의회 법안은 원래 가수 소니 보노Sony Bono의 미망인 메리 보노Mary Bono에게 로열티를 지불하려는 목적으로 추진했기 때문에 처음에는 '소니 보노 저작권 보호기간 연장법'이라고 했는데, 나중에는 '미키 마우스법'이라고 했다. 월트디즈니사도 미키 마우스 저작권의 보호기간이 곧 만료된다는 사실을 알고 이 법안으로 캐릭터를 영구히 소유하려고 했기 때문이다. 이에 대항하여 인터넷 출판업자인 에릭 엘드레드Eric Eldred는 저작권 보호기간 연장은 옛날 책을 디지털로 만드는 자신의 헌법상 자유를 해친다고 주장하면서 대법원에 소송을 냈다.

엘드레드의 소송 팀에는 헌법학자이자 저작권 관련 활동가인 로렌스 레식Lawrence Lessig 크리에이티브커먼즈Creative Commons 공동 의장도 있었다. 레식은 저작권 보호기간은 사후 50년이면 충분하고도 남는다고 주장했다. 또한 저작권 보호기간을 연장하면 더 많은 작품을 만들 동기가 된다는 디즈니의 주장은 터무니없다고 했다(소니 보노는 벌써 죽었으니 말이다). 저명한 경제학자 17명이 분석한 결과에 따르면 보상기간이 연장된다는 기대가 있어도 측정 가능할 정도의 영향은 거의 없다고 했다. 그러나 결국 디즈니가 승소했다.

저작권은 자유와 재산, 돈, 법과 관련해서 혼란스럽고 복잡한 감정을 자아낸다. 이런 독한 술 앞에서 합리적인 태도를 취하기는 힘들다. 앞서 이 싸움에 엮인 누군가는 저작권이 "미묘하고 난해한 법의 한 분야"라고 했다. 우여곡절 많은 찰스 디킨스Charles Dickens의 소설에 나온 어느 고소인이 풀이 죽어 할 법한 이 말은 사실 미국 특허상표청Patent and Trademarks Office 국장으로 1994년 국가정보 인프라에 관한 예비보고서(녹서) '지식재산과 국가정보 인프라Intellectual Property and National Information Infrastructure'를 작성한 브루스 리먼Bruce Lehman이 한 말이었다. 그보다 150년 전에 미국 대법원은 이미 저작권과 특허 관련 소송은 다른 어떤 소송보다도 "관련 논의가 매우 미묘하고 정교하여 덧없는 지경에 이르는, 법의 형이상학이라 할 만한" 소송에 근접한다고 밝혔는데, 리먼이 한 말에서도 이 흔적이 엿보인다. 이에 동의하는 사람도 많았다. 작가들이 자기 작품을 집처럼 확실하게 소유해야 한다고 믿던 마크 트웨인Mark Twain은 이런 글을 남겼다. "신에게도 불가능한 단 한 가지 일이 있다면 이 지구상에 존재하는 저작권법을 이해하는 일이다."[1]

각국 정부는 광대역 확충을 논하면서도 아직 그로 인해 크게 늘어날 디지털 미디어 관련 저작권법을 개정하지는 못했다. 미국은 디지털 새천년 저작권법을 제정했고 최근에는 온라인 불법복제 방지법과 IP 보호법 제정도 시도했지만, 이로 인해 여러 법률 사이트들까지 덩달아 피해를 입으리라는 사실이 자명해지자 대규모 반대 연대가 생겨났다. 오바마 대통령은 이에 떠밀려 "언론의 자유를 위축시키거나 역동적이고 혁신적이며 글로벌한 인터넷을 손상시키는" 어떠한 법안도 반대하겠다고 말했고, 두 법안은 결국 철회되었다(오바마 대통령의 발언은 2012년 1월 14일 백악관 블로그에 게재되었다). 영국은 저작권법 검토에 1차로 앤드류 가워스Andrew Gowers, 2차로 이언 하그리브스Ian Hargreaves를 임명해 같은 시도를 했다. 하그리브스는 "법 개정 없이 창조경제는 제대로 성과를 내지 못한다. 개인정보 보호와 공공부문 간에 적절한 균형을 잡아야 하는데, 지금 그 균형점은 제자리를 찾지 못하고 있다"라고 지적했다.[2]

2011년에는 미국과 일본, EU 각국 등 10개가 넘는 정부가 위조 및 불법복제 방지 무역협정ACTA(Anti-Counterfeiting Trade Agreement)을 체결했다. 중국과 브라질은 여기서 빠졌다. 당시 유럽 의회의 입법조사관 2명이 항의 표시로 사임했고, 위원회 3곳에서는 ACTA는 불법복제에 관한 과잉 대응이며 온라인 미디어가 주는 기회는 다루지 못한다는 이유로 협정에 반대표를 던졌다.

이는 창조경제에서 가장 복잡한 분야다. 토지와 물리적 대상의 소유는 천 년에 걸친 법과 관습에 따라 보호를 받는다. 토지 소유주는 조상이 만든 법으로 보호를 받으리라는 사실을 알기 때문에 잠자리가 편하다. 그러나 지식재산 시장은 훨씬 복잡하게 얽혀 있다.

한쪽에는 법이야 있든 말든, 돈이 벌리든 말든 상관하지 않고 자기 아이디어를 판매하고 유통하려는 수많은 사람들이 있다. 이들은 들어만 준다면 누구하고든 아이디어를 공유하려 하고, 사실상 재산 소유자이면서도 기꺼이 그 권리를 포기한다. 이들은 변호사들이 소위 '저작인격권'이라고 하는, 저작자로 알려질 권리는 주장하려 하지만, 돈이 생기는 경제적 권리는 기꺼이 포기한다. 또 다른 한쪽에는 법적 보호를 받으며 돈을 벌고 싶지만 방법을 모르는 수많은 사람들이 있다. 이들은 뛰어난 창조자일지는 모르지만 법률과 사업 면에서는 아마추어고, 전문가의 조언을 구할 돈이 없을 때도 많다. 세 번째 자리에는 전문적으로 상품을 창조하고 권리를 보호하는 훨씬 작은 집단이 있다. 네 번째 꼭대기 자리에는 성공한 은행가처럼 지식 자본 위에서 성공한 운 좋은 극소수가 앉아 있다.

이 중간에 사고팔겠다는 대리인과 중개인 무리가 있어 변호사, 투자자, 정부정책입안자, 회계사, 홍보담당자 등과 협상을 벌인다. 법적 미묘함과 급박한 협상이 불안정하게 뒤얽힌 상태다. 말과 음악, 그림도 팔고, 장치와 컴퓨터 소프트웨어, 유전자도 팔고, 저작권과 상표, 특허도 팔고, 제안과 콘텐츠, 양식, 명성, 얼굴, 평판, 브랜드, 컬러도 판다. 변호사처럼 말하자면, 지식재산을 최대한 활용할 권리가 판매중인 상품의 형태로 이 시끄러운 시장에 나와 있다.

권리 보유자에게 돈을 지불해야 할지 말지는 문제의 일부분에 불과하다. 실제로 더 큰 문제는 어떻게 하느냐다. 권리 소유자가 누구인지 파악하고, 이들이 받고자 하는 사용권 금액을 협상하고, 그에 따라 지불하는 일은 모두 번거롭다. 일상 업무에서 권리의 사용허가를 승인하는 회사는 누구에게 연락하고 어떻게 협상하는지 알지만, 금전적으로 그리 큰 영향이 없는 작은 일회성 거래를 하려는 수많은 개인은 무엇을 해야 하는지 잘 모를 때가 많다. 권리 보유자는 독점권자이며, 그 재산 사용허가를 내주거나 공정가격을 매길 의무가 없다. 게다가 거기서 나오는 소득이 작다고 예상되면 그나마도 신경 쓰기 싫어한다. 권리 시장이 제 기능을 못하는 사례가 점점 늘어나면서 사용허가를 얻기 위한 협상비용이 소득보다 더 커진다.

세 가지 질문

먼저 지식재산에 관한 질문 세 가지를 던지고, 다음으로는 저작권과 특허, 상표라는 세 가지 주요 제도를 살펴보겠다. 온라인 네트워크가 저작권을 어떻게 재창조했으며, 미국 특허청이 특허대상을 어떻게 확대하고 있는지 살펴보고, 권리 소유자와 대중이 맺는 '권리계약'을 다시 써야 한다고 제안하겠다. 세 가지 질문은 다음과 같다.

- 왜 재산과 재산권인가?
- 왜 법과 사용허가인가?
- 왜 국제협약인가?

왜 재산인가?

무엇을 만든 사람이 그 대가를 요구할 권리가 있어야 한다는 원칙은 이제껏 물적 재산에는 잘 지켜졌다. 그러다 보니 아이디어가 있는 사람들은 아이디어 사용권을 보호하고 돈을 받으려는 근거로 자기가 한 일도 재산이라고 주장한다. 이런 비교는 일반적으로는 적절해 보이며, 메리 보노와 나중에 가세한 디즈니도 이 주장을 소송 근거로 썼다. 주장의 근거도 되었다. 그러나 엘드레드가 지적한 바와 같이, 아이디어에 사용료를 매기기는 단순하지 않다. 아이디어를 정의하기가 어렵고, 아이디어와 아이디어 사이의 경계가 모호하며, 또 아이디어 소유권에 관한 태도가 다양하기 때문이다. 그래서 관련 질문은 해결되지 않은 상태로 남는다. 보상의 규모는 어느 정도이고 권리의 성격은 무엇이며, 그 권리는 얼마나 오래 지속되어야 하고(기간), 발췌 인용 같은 제한과 예외 범위는 얼마나 되는가?

디즈니 등 권리 소유자들은 사람이 창조하는 대상을 모두 소유한다고 기대할 수 있으면 그 일을 할 동기도 더 커진다면서 별도의 유인이 있어야 한다고 주장했다. 이 말이 맞을 때도 많지만 한편으로 사람은 저마다 다른 이유로 창조성을 발휘한다. 돈이 관계될 때도 있지만 항상 그렇지는 않다. 저작자 사후에 이어지는 긴 소유권이 대단히 큰 유인이 된다는 주장을 정당화하기는 어렵다(그리고 사실 그렇게 먼 앞날까지 계획하는 회사도 본 적 없다). 유인에 관한 논의는 그저 조금 다르게, 그리고 강력하게 보상을 주장하는 방식일 뿐이다.

게다가 게오르크 헤겔George Hegel이나 토머스 홉스Thomas Hobbes, 존 로크John Locke 등의 저작에 근거하여 인간에게는 자기가 창조하는 모든 대상을 소유할 자유권이 있다는 문제도 있다. 이러한 자연권이 가장 강력한 곳은 저작권 자격이 있는 개인의 표현이며(그러므로 〈아이브 갓 유 베이브I've Got You Babe〉라는 노래를 부르는 사람은 소니 보노를 작곡가로 인정할 뿐만 아니라 곡에 로열티를 지급해야 한다), 가장 약한 곳은 특허와 상표 자격이 있는 사업 지향적 아이디어이다. 이 권리는 저작권과 발맞추어 가는, 소위 저작인격권이라고 하는 권리로 보호를 받고,

저작재산의 유효성이 점차 줄어들면서 저작인격권이 그 자리를 대신하리라는 의견도 있다.

그 결과물은 사유재산이지만, 성격은 좀 다르다. 이 재산은 소유권을 발휘하지만 실질적 점유는 보장하지도, 심지어 수반하지도 않는다. 물적 재산이라면 "법에서 10분의 9가 점유다"라고 해도 되지만, 지식재산이라면 "법에서 10분의 9가 관계다"라고 할 수 있다(이런 이유 때문에 앞의 제5장 성공 규칙 제2번에서는 "최고의 변호사를 구하라"고 했다).

왜 법인가?

지식재산은 물적 재산보다 법과 규제에 훨씬 더 의존한다. 사실 지식재산은 정부에서 이 재산이 존재한다고 정하는 법을 통과시켜야만 존재한다. 법이 없으면 재산도 없다. 재산 자격이 있는 아이디어와 작품이 무엇인지 정의하고, 소유자의 권리를 정하고, 법원이 위반자를 처벌할 조건과 권한을 정하려면 각종 법이 있어야 한다. 저작권은 다른 사람들이 복제를 하지 못하게 하고 특허는 다른 사람들이 제작을 하지 못하게 한다.

법은 또한 권리의 지속기간을 적시한다. 책 저자의 저작권이 사후 70년인 이유는 글쓰기나 출판의 성격이 원래 그래서가 아니라, 각국 정부에서 소유권과 접근성의 적절한 균형이 그 정도라고 정했기 때문이다. 특허 기간이 20년인 이유도 발명품의 성격이나 시장, 비용이 원래 그래서가 아니라 정부가 그래야 한다고 정했기 때문이다.

외적 실체 없이 법에 크게 의존하다 보니, 지식재산은 지속적으로 수정의 대상이 되기 쉽다. 특히 실력 좋은 변호사를 만나면 그럴 가능성은 높아진다. 소니 보노의 사례에서 보았듯, 권리 보유자들은 보호기간을 더 늘리려고 각국 정부에 압력을 가한다. 영국의 저작권 보호기간은 원래 14년이었지만 이제는 저자 사망 후 한참 뒤까지, 대부분은 그 저작물의 상업적 수명 이상으로 연장되었다. 특허 보호기간은 보통 15년 정도(미국에서는 17년)였지만 지금은 거의 모든 국가에서 20년이 표준기간이다. 그래도 특허 보호기간은 저작권 보호기간처럼 유한하기 때문에, 상당수 권리 보유자는 점점 상표권 취득으로 돌아서는 추세다. 상표권은 권리 보유자가 사업을 계속하는 한 유지되기 때문이다.

그림Grimm 형제는 1812년에 유명한 독일 전래동화 〈백설공주〉 초판을 출간했고, 이 초판이나 나중에 나온 판본 모두 저작권 자격은 있었지만 그것도 1893년에 모두 만료되었다. 디즈니는 그림 형제의 판본을 각색해서 만화영화를 만들었고 이 작품은 1937년에 개봉하여 저작권이 2008년에 만료되었으나, 1993년에 새로 만든 디지털 판본은 여전히 저작권이 유효하다. 그러나 디즈니는 모든 저작권은 결국 만료된다는 사실을 깨닫고 2008년 미국 특허청에 백설공주 상표를 출원했다. 영화는 물론 TV, 게다가 '통신 및 컴퓨터 망을 통한 시사 및 뉴스, 엔터테인먼트 정보'까지 포괄해서 말이다. 이 출원이 성공하면 디즈니는 회사가 존속되는 한 백설공주 상표를 보유하게 될 뿐더러, 자신들은 그림 형제의 이야기를 각색했지만 경쟁사들에게는 이를 금지시킬 권한을 갖게 된다(디즈니 상표 출원은 US Patent Application no. 77618057 참조. 디즈니는 5회나 신청했지만 이 책을 집필하는 시점에는 아직 승인을 받지 못했다).

왜 국제적인가?

아이디어는 전 세계로 쉽게 이동할 힘이 있기 때문에 권리 보유자들을 보호하는 국제협약은 물적 재산을 다루는 협약보다 훨씬 강력하다. 특허와 상표, 디자인을 다룬 첫 국제협약은 1883년 파리에서 체결되었고, 3년 뒤 베른저작권협약이 나왔다. 그 뒤로 민속부터 식물 신품종과 생명공학에 이르기까지 수많은 사안에 관한 협약이 체결되었다.

이러한 협약은 지속적으로 검토(비판이라는 말이 정확할지도 모른다)되어 기술 변화를 반영한다. 미술과 디자인, 책, 음악, 비디오 등은 아주 쉽게 복제 가능하기 때문에 저작권 협약에서 가장 큰 골칫거리다. 예전부터 프랑스는 외국인의 작품에 가장 호의적이었고, 미국은 외국인에 가장 적대적인 태도를 취했다. 그런데 오늘날 불법 복제에 적극 반대하는 미국을 생각해 보면 아이러니다. 미국은 유럽 각국 정부가 서명한 베른협약에 100여 년이 지난 후에야 서명했기 때문이다. 그때까지 미국법은 미국에서 '제작'한 책만 보호했다. 이 기민한 책략 덕택에 뉴욕 출판업자들은 인세를 지불하지 않고 유럽 책을 복제할 수 있었다. 19세기 가장 성공한 영국 작가인 찰스 디킨스는 이에 항의하러 미국까지 건너갔지만 결국 미국 독자들에게 돈을 받아내기 위해서는 낭독회를 해야 했다.

특허는 여전히 나라별로 등록해야 한다. A국가에서 특허를 등록했으면 A국에서만 보호를 받을 뿐이므로 B, C 등 다른 나라에서도 보호를 받으려면 나라마다 다시 등록해야 한다. 그러나 그 발명품이 참신하다고 주장할 수 있는 유일한 사람은 A국 특허권 보유자고, 이 사람만이 다른 나라에서 특허를 다시 등록할 수 있다. 그러므로 경쟁사는 B, C 등 다른 나라에서 경쟁상품을 만들어 팔더라도 특허 보호권리를 주장하지는 못하며, 원 발명자는 일단 이런 사태를 파악하면 특허권을 주장해 즉시 경쟁사를 막을 권한이 있다.

모든 국제협약은 회원국이 협약을 준수하도록 감시할 사무국이 필요하다. 지금은 유엔에 편입된 세계지식재산권기구는 베른과 파리 협약을 관장한다. 그 후 설립된 세계무역기구WTO(World Trade Organization)는 무역관련 지식재산권TRIPS(Trade-Related Intellectual Property Rights)에 관한 규제 제도를 운영한다. 둘 다 제네바에 본부가 있다. 유럽연합집행위원회EC(European Commission)는 유럽 내부 시장에 유럽을 아우르는 체제가 필요하다고 보고 회원 각국의 법을 조율하고 있다.

3대 권리

대부분의 창조 아이디어는 저작권이나 특허권, 상표권으로 보호된다. 텍스트는 저작권법 범주에 들어가고, 산업 공정은 특허법에, 회사 이름은 상표법에 들어간다. 그러나 권리 보유자는 이중 자물쇠로 문을 잠그듯 최대한 다양한 권리들을 서로 묶어야 이득이 많다는 사실을 안다. 특허권이 있는 혁신에 디자인권과 상표권이 있을 때도 있다. 영화는 그 자체로도 저작권이 있으면서 그 권리 안에 저마다 자격을 갖춘 여러 다른 작업을 포함하기도 한다. 그리고 영화에 쓰인 음악은 단 몇 초만 흐르더라도 고유한 작곡 및 출판, 연주, 녹음 권리를 갖게 된다. 그런데 마지막 녹음 권리는 '기계적' 권리라고 한다. 제대로 파악하기가 참 까다롭다.

다양하게 발전한 이런 권리 가운데 가장 흔한 권리는 디자인권이다. 영국은 1787년, 저작권을 미술로 확대하기 약 100년 전부터 이미 디자인권을 도입했는데, 이는 당대 디자인과 제조의 중요성이 훨씬 컸다는 점을 시사한다. 오늘날 대부분의 국가는 저작권 같은 자동적 권리나 특허 같은 등록 권리 등 디자인권을 보호하는 방법을 다양하게 마련하고 있지만, 디자인이 무엇인지 정의하기가 어렵다 보니 이러한 권리들이 상당히 약한 수단으로 전락하고 만다. 게다가 패션의 상업적 성공은 복제에 그리 엄격한 태도를 취하지 않는 데 있다는 강력한 증거도 있다. 영국 지식재산청IPO(Intellectual Property Office)에 따르면 2011년 상품 디자이너

들의 대다수는 디자인권을 아예 행사하려고 들지도 않았다.[3]

또한 샴페인이나 스틸튼 치즈 등 특정 지역 식음료를 보호하기 위해 지명을 이용한 상표를 국제적으로 등록하기도 하고, 식품과 약품에 사용되는 세포 같은 미생물을 등록하기도 한다. 인터넷 도메인명URL은 원래 상표로 인식되지 않았지만 국제법은 점차 URL을 상표로 취급하며, 따라서 상표 사전등록을 하면 웹 주소에 같은 이름을 사용하겠다는 경쟁사 주장을 무효화할 권리가 생긴다. 지식재산 보호범위를 유전자 정보와 전통지식, 민속부문까지 확대하려는 국제협상도 진행 중이다. 유럽에는 사안별로 데이터베이스를 보호하는 법도 있다.

미국에는 영업비밀에 관한 특별 규칙이 있어 사람들이 정보를 소유하고 다른 이들이 사용하지 못하게 막을 권한을 갖게 한다. 여기서 영업비밀이란 어느 기업에서 사용하는 공식제조법이나 양식, 장치, 편집된 정보로, 이를 모르거나 사용하지 않는 경쟁자를 상대로 우위를 얻을 기회를 주는 수단이다. 이 정의는 매우 광범위하여 격렬한 논쟁과 엄청난 보상으로 이어질 가능성도 있다. 미국 듀퐁Dupont사는 강력하고 가벼운 인기 제품, 케블라 섬유의 영업비밀을 한국 코오롱사가 훔치고 있다고 여러 해 동안 의심했다. 그리고 소송을 통해 2011년에 9억 1,900억 달러의 손해배상을 받았다. 한편, 다들 아주 오랫동안 가치가 가장 큰 영업비밀은 코카콜라 제조비법이라고 생각했지만, 지금은 구글의 페이지랭크 알고리즘도 강력한 경쟁자로 부상했다.

저작권

저작권은 창의성이나 아이디어에는 존재하지 않고, 단지 아이디어의 표현에만 존재한다. 창의성은 과정을 움직이는 연료지만 그 자체가 보호를 받지는 못한다. 내가 다음 문장을 쓰려고 궁리할 때 떠오르는 다양한 표현은 저작물이 아니고 보호도 받지 못하지만, 일단 글로 쓰면 그 문장은 보호를 받는다. 법에서는 모든 저술, 주석까지도 보호대상이다.

여기에는 두 가지 문제가 있다. 우선, 열린 민주사회에서는 문학과 예술적 성격이 있는 개인 표현은 자유롭게 공유해야 한다고 전제한다. 인간은 대화에서 말한 내용을 소유하지 않는다. 재치나 통찰력도 소유하지 않는다. 토머스 제퍼슨Thomas Jefferson은 다음과 같이 고상한 글을 남겼다. "나에게 아이디어를 받는 사람은 그 아이디어를 줄이지 않고도 가르침을 받아간다. 누가 내 양초에서 자기 양초로 불을 붙여 가더라도 내 주변이 어두워지지는 않는 거나 마찬가지다."[4] 그런데 왜 어떤 사람은 단지 글을 쓰거나 공연한다는 이유만으로 문학적·예술적 표현을 소유해야 하는가? 그리고 문장 하나를 인용한다고 해서 무슨 해가 된다는 말인가? 게다가 저작권을 인정받은 작품 대부분은 금전적 투자를 전혀 또는 거의 하지 않고 만든 것이다.

물론 창조하는 사람들은 당연히 자기 작품도 여느 발명품만큼이나 가치가 있다고 항변할 터다. 속으로야 물론 그 가치가 훨씬 크지는 않다고 생각할지언정 말이다. 그런데 대부분의 작품은 자유롭게 비용도 들이지 않고 만드는 반면, 아주 중요한 몇몇 작품은 장기간 큰 투자가 필요할 때도 있다. 이런 작품의 창조자들은 오랜 시간 열심히 일하고 먹고살아야 하며, 단순히 먹고살 뿐만 아니라 마땅히 남들처럼 부자가 될 기회도 잡아야 한다.

이러한 긴장은 역사적으로도 분명히 존재했고 지금까지도 영향을 미친다. 초기 사회에서는 글쓰기와 그림, 음악은 개인 소유물이 아니라 공동체 활동으로 취급했다. 개인 저작권이나 개인이 소유한 표현이라는 개념은 고대 그리스에서 시작되었다가 초기 기독교 시대와 중세에 사그라졌고, 최근에 와서야 제대로 자리를 잡았다. 작가와 예술가들은 자신이 신성한 영감을 전달하는 매개체이므로 작품에서 개인적 이득을 얻을 권리가 없다고 생각했다. 마틴 루터Martin Luther는 자기 글을 두고 성서를 인용해 "나는 거저 받았다"면서, "거저 주어졌으니 대가로 아무것도 원치 않는다"라고 했다(마태복음 10장 8절).

개인 영감과 저자의 권리라는 생각은 세속 인문주의의 일환으로 유럽에서 다시 부상했다. 영국 판례법은 15세기부터 작품에 관한 저작자의 권리를 인정했지만, 당시 영국 인쇄 및 출판업자에게 인쇄와 출판을 허가하는 '서적상'들이 작가보다 훨씬 크게 이득을 보았다. 작가 대부분은 이 제도에 만족했다. 작품 보호보다는 출판하는 데 우선 신경을 쓴 데다, 작가들은 책 판매가 아니라 국가나 개인 후원자에게서 수입을 얻었기 때문이다. 그러다 영국 내란이 일어나면서 분위기가 변했다. 이때 서적상들은 특권을 잃었고 작가들도 경제적 권리를 주장하기 시작했다. 당시에는 작가 대다수가 런던에 살아 서로 잘 알았고(문화 군락이 성공적인 사업군락으로 변하는 초기 사례다), 인쇄업자 측의 신작 수요가 작가들의 집필 욕구를 넘어서면서 작가들에게 강한 협상력이 생겼다.

작가들은 "최근 저자의 동의 없이 책을 멋대로 인쇄·재인쇄·재출간하는 인쇄업자나 출판업자"를 막아달라며 의회에 압력을 가했다(여기서 인용한 작가들의 불만은 저작권법을 시작하는 문구로 쓰였다). 작가 다니엘 디포Daniel Defoe는 같은 주장을 아주 설득력 있게 펼쳤다. "책은 작가의 재산이다. 작가가 고안한 자식이고, 작가의 두뇌에서 나온 아이이다." 앤 여왕 시대, 1710년에 영국 의회는 세계 최초의 저작권법을 통과시켰다. 이 법은 저자에게 "책을 인쇄할 유일한 권리와 자유"가 있으며 다른 모든 사람들은 저자에게 허가를 구해야 한다는 근본 원칙을 정했다. 1719년에 『로빈슨 크루소Robinson Crusoe』를 출간한 디포는 "글쓰기는 영국 상업에서 아주 중요한 분야로 자리 잡았다"고 의기양양하게 말했다. 50년 뒤, 런던 출판업자 집단은 새뮤얼 존슨에게 『사전』을 집필하라며 1,500기니를 지급했는데, 이 돈은 현재의 37만 달러에 상당하는 금액이다.[5]

미국에서는 내용이 저작권 보호를 받기 전에 먼저 인쇄기술이 특허로 보호를 받았고, 미국 연방저작권법은 1783년에야 통과되었다. 토머스 페인Thomas Paine과 노아 웹스터Noah Webster 등 작가들은 홉스와 로크의 자연법에 근거를 두고 미국의 '정치적 독립'과 '표현의 자유'라는 신념을 가미하여 저작권을 요구했다. 저작권 역사가인 로널드 베티그Ronald Bettig에 따르면, 이 법은 "창조성과 이익, 사회 복지가 본디 연결"되었다고 전제한다. 당시 미국 각 주는 반식민지 열기에 휩싸였지만 그래도 대부분 잉글랜드 법을 원형으로 삼았다.

한편, 영국은 점차 저작권 보호대상을 확대했다. 조판술은 1734년, 직물디자인은 1787년, 조각은 1814년, 음악공연은 1833년, 그림과 스케치, 사진은 1862년에 보호대상이 되었다. 그림이 이렇게 나중에야 나오다니 좀 이상하게 보일지도 모르지만, 저작권이란 결국 복제할 권리다. 그림은 과거에도 줄곧 개인 재산으로 보호를 받았고, 기술 발달로 구매자가 돈을 주고 살 정도로 좋은 복제품이 생산되면서 저작권 보호까지 받게 되었을 뿐이다.

저작권은 3대 권리 가운데 가장 특이하다. 모든 작품은 누구에게 말하거나 등록하거나 © 표시를 하지 않더라도 저작권이 자동적으로 발생하기 때문이다. 미국에는 여전히 등록제도가 남아 있지만, 미국 법은 등록 여부에 상관없이 저작권을 보호한다. 보호대상인 작품은 일반적으로 추정하는 대상만이 아니고 크게 세 범주로 나뉜다. 첫째는 문학과 연극, 음악, 예술작품, 둘째는 음향 녹음, 영화, 방송 및 케이블 프로그램, 셋째는 출판물의 인쇄술 처리다. 어떤 작품이 저작권 자격을 갖추려면 이 범주에 해당하고, 독창적이며 숙련과 노동을 수반해야 한다. 영국 지식재산청은 저작권 자격이 있는 작품이 "독립된 지적 노력"

의 결과인 한, "새로움이나 미학적 가치"는 필요 없다고까지 말했다. 이 말에 근거하여 지식재산청은 작성된 컴퓨터 코드 한 줄도 숙련과 노동의 결과로 나오기만 했다면 문학 작품으로 취급한다.

1710년 저작권법에서 저자가 누릴 표준 보호기간은 14년이었고, 단 한 번 갱신 가능했으므로 총 기간은 28년이었다(초기 미국 법은 5년 혹은 7년으로 더 짧았다). 지금 이 기간은 저자 사후 70년이고 공연과 방송, 영화 및 기타 협업 작품에 조금씩 다르게 적용한다. 기존 서적의 새로운 인쇄 작업은 25년간 보호를 받는다.

이 법은 타인이 법을 어기거나 지불 책임을 지지 않고도 작품을 사용하게 허용하는 '한계와 예외'도 구체적으로 명시한다. 가장 흔한 예외는 '공정거래'(유럽)와 '공정사용'(미국)이다. 이 예외는 사람들이 저작권 자료를 교육 및 연구에 활용하고 검토용으로 짧은 발췌문을 인용하도록 허락한다. 이 책에서 인용한 내용들도 짧기 때문에 허용된다. 그러나 작품에서 아주 중요한 내용을 길게 인용한다면 문제가 된다. 그런데 법률은 정확히 얼마나 인용해도 되는지 정하지 않고 '상당 부분' 같은 표현을 쓴다. 저작권 자료를 교실에서 사용하려는 교사나 교재를 복사하려는 학생이나 모두 사용허가가 필요한지 고려해야 한다. 1991년에 뉴욕 지방법원은 복사 전문점 킨코스에 책 12권을 복사했다는 이유로 '배상금 51만 달러를 지불하고, 동시에 총 136만 5,000달러에 달하는 원고 소송비용까지 지불하라'고 판결했다.

저작권법은 다섯 지점에서 창조경제에 맞닿아 있다. 우선 저자가 있다. 작가는 물론이고 디자이너나 영화감독 등 다른 창작자도 포함하는 단어다. 둘째, 아이디어를 놓고 작가가 숙련과 노력을 통해 취하는 행동이 작품을 창조한다. 셋째, 텍스트나 이미지, 공연, 출판물, 방송 등 작품 그 자체가 있다. 넷째, 법에서 정한 권리가 있다. 이 권리는 다시 각각 다른 미디어나 영토, 언어, 시기에 따라 판매되거나 사용허가 대상이 되는 여러 권리로 거의 무한하게 나뉜다. 다섯째, 권리 보유자가 다른 이들의 복제를 허락하거나 막는 거래가 일어난다. 여기서 거래란 저자와 중개인 또는 중개인과 중개인, 중개인과 사용자 간 계약 중 하나다.

이 다섯 단계에는 내부 논리가 있다. 내가 무엇을 창조한다. 그리고 내가 너에게 복제를 허용하거나 허용하지 않는다. 이 양극단에는 내가 무엇을 하는가와 내가 상대에게 무엇을 허락하는가가 존재한다.

디지털의 반란

그런데 디지털은 이 논리를 무시한다. 미국 상무부는 인터넷과 저작권에 관한 보고서에서 "저작자, 프로듀서, 공연자의 구분이 무의미해진다"라고 설명했다.[6] 원형과 복제라는 기본 정의 자체에는 이 둘 사이에 위계질서상 주종관계가 있다는 뜻이 숨어 있다. 그런데 디지털은 이 가설을 뒤엎는다. 디지털 코딩의 본질은 미디어를 데이터로 환원하고, 이를 조작해서 원본만큼 완벽하게 재생산하는 데 있다. 인터넷의 본질은 이러한 데이터를 전 세계로 옮겨 그 나라 법은 조금도 상관하지 않고 재생산하는 데 있다. 지금은 이 두 과정이 합쳐져 미디어의 성격을 재정의하는 상황이다.

록밴드 그레이트풀 데드Grateful Dead의 작사가 출신으로 표현의 자유를 옹호하는 인터넷 조직, 전자국경재단Electronic Frontier Foundation을 공동 설립한 존 페리 발로우John Perry Barlow는 이러한 반란을 적극 옹호한다. "이제 우리는 정보라는 것을 전에는 본 적도 없다는 듯 다시 봐야 한다. …… 우리가 발전시킬 보호장치도 법보다는 윤리와 기술에 따라 정해진다. 미래 경제는 소유보다는 관계에 크게 의존할 터다." 발로우는 이런 현상을 환영한다. "지금 자기 재치로 먹고사는 사람들은 법에서 예시하는, 자기 지성이나 전문성을 소유하는 방법으로 보호받지 않는다. 청중이나 고객과 꾸준하고 심화된 상호작용을 하고 이를 기반으로 가치를 정의해 보호받는다."[7]

처음 반란을 일으킨 분야는 물 만난 고기처럼 쉽게 디지털 기술에 적응한 음악 산업이었다. 음악 한 곡은 길이가 짧고 광대역이나 저장공간도 거의 필요 없다. 스마트폰에서는 음질이 좀 고르지 못할 때도 있지만, 사람들은 흐릿하게 인쇄된 글이나 그림보다는 지직거리는 소리를 좀 더 쉽게 받아들인다.

그 결과 21년 동안 음악가와 신곡, 새 앨범, 그리고 입수 가능한 옛 곡의 수가 꾸준히 늘어났다. 청취자들이 새로운 음악을 맛볼 의사도 능력도 더 커졌다. 페이스북이나 QQ 등 여러 네트워크에 있는 '좋아요'

와 '친구 추가' 버튼 덕택에 사람들은 이제 라디오나 동네 음반가게를 통할 때보다 훨씬 폭넓게 음악을 즐긴다.

디지털 복제가 일상이 되면서 어떤 복제가 합법적인지를 두고 혼란이 생겼다. 데스크탑에서든 스마트폰에서든, 영상기술이 화면에서 어떤 형식이든 다 비슷하게 보이는 파일로 환원하다 보니 음악이나 그림도 글과 똑같은 취급을 받는다. 무료로 텍스트 파일을 복제하는 습관이 있는 사람이라면 무료로 음악 파일을 복제하면 왜 안 되냐고 물을 테고, 라디오를 공짜로 들으며 자란 사람이라면 스마트폰으로 전달되는 음악 파일을 공짜로 듣지 않을 이유가 어디 있느냐고 생각할 터다.

초기에는 음반사들도 인터넷을 마케팅 매체로 보고 이 추세에 동조했고, 음악가들에게 '들어보기' 한도를 최대 30초로 제한하고 홍보 음악을 올리라고 권장했다. 그러다 몇몇 음악가가 30초 규칙을 깨기 시작했다. 캐피털Capitol과 계약을 맺은 비스티 보이스Beastie Boys는 회사 방침과는 반대로 절판된 희귀 음악 몇 곡을 인터넷에 올렸다. 데이비드 보위는 CD 판매에 앞서 앨범을 인터넷에 공개했고, 엘비스 코스텔로Elvis Costello는 자기 작품을 전부 인터넷에 올려 사람들이 내려받을 수 있게 했으며, 메탈리카Metallica는 관객에게 공연을 녹화해 테이프를 교환해도 된다고 허락했다.

그런데 대학 중퇴자인 숀 패닝Shawn Fanning이 냅스터Napster라는 파일공유 프로그램을 개발하면서 흐름이 바뀌었다. 이 프로그램을 쓰면 사용자 한 사람이 다른 모든 사용자가 보유한 MP3 파일을 검색하고 선택한 파일을 자기 하드디스크에 옮길 수 있었다. 여기서 거래조건은 내가 남의 컴퓨터를 검색해도 되면 남도 내 컴퓨터를 검색해도 된다고 허락하는 데 있었다. 곡명을 치면 냅스터는 웹사이트는 물론 접속한 전체 사용자의 하드디스크까지 검색해 그 곡을 찾았다. 만일 음반사 임원이 하드디스크에 아직 발매되지 않은 신곡 데모 녹음을 넣어두었다면 냅스터는 이 파일을 식별하고 복제해 각 가정에 전달할 터였다. 이런 검색 기술이 인기몰이를 하면서 여러 미국 대학에서 네트워크 정체까지 일어나는 바람에 몇몇 대학 당국은 학생들에게 냅스터 사용을 금지시킬 정도였다. 학생들은 표현의 자유를 요구하는 전국적 운동을 펼치며 이에 맞섰다.

주요 음반사들은 인터넷에서 누구나 음악을 교환할 수 있다는 사실을 깨닫자 겁을 먹기 시작했다. 메탈리카의 드러머 라스 울리히Lars Ulrich는 자기 밴드가 작업 중인 곡을 팬들이 냅스터에 올렸다는 사실을 알고는 냅스터에 소송을 걸고 무료로 곡을 다운로드한 개인들도 고소했다. 마찬가지로 미국음반업계연맹RIAA(Recording Industry Association of America)도 냅스터에 소송을 걸었다. 냅스터도 변론을 펼쳤다. 냅스터가 제공하는 시스템은 본질적으로 테이프나 디스크를 사용해 방송을 녹화하는 행위와 똑같은 행위로 파일 복제를 도울 뿐이라는 주장이었다. 또한 냅스터가 직접 저작권을 침해한 사례도 없으며, 도둑이 위층에 올라가려고 사다리를 썼다고 해서 사다리 만든 사람을 비난하지 못하듯, 권리 보유자들도 냅스터를 비난할 수 없다고 반박했다. 그러나 2000년 미국 지방법원은 냅스터의 '개인 복제'라는 항변은 그 파일 공유 규모 자체 때문에 약화된다고 판결했고, 결국 '대규모 권리침해'로 유죄를 선고했다. 냅스터는 합법적 서비스 회사로 영업을 재개했고 나중에는 랩소디Rhapsody에 인수되었다.

다운로드가 널리 확산되면서 약 10년 사이에 음악저작권 침해는 물론 최근에는 TV나 영화 저작권 침해도 엄청나게 늘어났다. 2010년에는 할리우드 영화가 미국에서 개봉한 지 며칠 안 돼 아시아에서 불법 복제판이 유통되는 상황에 이르렀다. 이런 불법 회사 중 일부는 대량 서버 팜을 운영한다. 2012년 미 연방수사국FBI은 홍콩에서 메가업로드Megaupload라는 웹사이트를 운영한 독일인 킴닷컴Kim Dotcom을 상대로 구속영장을 발부했는데, 영장에서는 사이트 방문자가 10억 명 이상, 등록 사용자는 1억 5,000만 명 이상, 그리고 일간 사용자는 5,000만 명이라고 밝혔다. FBI는 이 사이트가 광고 판매 및 고급 서비스 매출로 1억 7,500만 달러를 벌어들였다고 추정했다(메가업로드 광고 및 고급 서비스 매출에 관한 FBI 추정액은 2012년 1월 19일 법무부 보도자료에서 나왔다).

현재 수량이나 가치 측면에서 손실 규모에 관한 합의는 거의 없는 실정이다. 음반업계는 연간 200~300억 달러, 게임업계는 연간 약 30억 달러, 출판업계는 연간 약 10억 달러의 손실을 입는다고 추산한다. 상업용 소프트웨어연맹Business Software Alliance은 전 세계 소프트웨어 절반이 불법 복제되어 제조업체가 연간 70억 달러의 손실을 본다고 추정한다. 할리우드 영화사들은 미국에서 벌어지는 영화와 TV, 음악, 게임, 소프트웨어 관련 '콘텐츠 불법 복제' 규모가 연간 580억 달러라고 주장하지만, 추정치 중에서도 가장 높은 이 금액은 사실 뜨거운 논란의 대상이다.[8]

초기에 업계에서는 작품 1건이 침해당하면 판매 1건의 손실과 맞먹는다고 추정했다. 말하자면 10달러짜리 앨범이나 비디오가 불법 복제되면 권리 보유자가 10달러 손해를 봤다고 계산한 셈이다. 그러나 최근에는 좀 더 보수적으로, 현실에 가깝게 추정해서 침해당한 작품 5건 내지 10건 중 1건만이 판매 손실에 상응한다고 본다. 자료를 불법으로 사용하는 사람 중 상당수는 그 지역에서 아예 구할 수가 없거나 아니면 돈이 없어서 자발적으로 구매하지는 않았을 테니까 말이다. 합법적 상품가격이 엄청나게 높은 나라도 있다. 크리스토퍼 놀란Christopher Nolan 감독의 배트맨 시리즈 〈다크 나이트The Dark Knight〉 DVD는 미국에서는 10달러면 사고 2달러면 빌려보지만, 러시아에서는 판매가격이 75달러나 했고 이럴 때는 훔치고 싶은 유혹이 아주 강해진다.[9] 현실에서 선택은 불법 복제냐 아예 보유하지 않느냐 사이에 있다.

사람들의 태도와 행동에 미치는 광범위한 영향도 처음 예상보다 훨씬 복잡했다. 증거는 양방향에서 나타난다. 다시 말해 사람들이 무료 다운로드를 이용해 판매 손실로 이어질 때도 있고, 또 새로운 곡이나 비디오를 발견하면서 추가 구매로 이어질 때도 있다.

현재 경향을 보면 음악 등 엔터테인먼트 상품, 그 외 모든 상품은 점점 해당 상품을 이미 보았거나 들었거나 다른 방식으로 경험한 사람들의 추천에 크게 좌우되며, 이러한 사업에는 복제가 어느 정도 자연히 따른다. 소프트웨어에서 신발까지, 현대 브랜드 중 상당수는 네트워크 효과, 젊은이들에게 '통한다'는 입소문을 만들어 빠르게 전파하는 데 의지한다. 그러므로 불법 복제가 기업에 해가 되기보다는 이익이 된다고 하는 사람들도 있다.

2011년 HBO 인기 시리즈 〈왕좌의 게임Game of Thrones〉은 TV 시리즈 사상 가장 심각한 불법 다운로드의 표적이 되었다고 하는데, 시리즈를 감독한 데이비드 페트라르카David Petrarca는 "이런 프로그램은 거기서 나오는 문화적 파장과 사회적 논의를 기반으로 인기를 얻기 때문에, 불법 다운로드는 조금도 문제되지 않는다"라고 주장했다.[10]

컴퓨터 소프트웨어는 미디어나 엔터테인먼트보다 이런 네트워크 효과에 훨씬 더 많이 의지한다. 어떤 컴퓨터 소프트웨어의 사용권을 침해하는(예를 들면 단일 사용자 허가만 있는 소프트웨어를 다른 컴퓨터에 설치하는) 사람은 그리 큰 피해를 입혔다는 인식도 없을 테지만, 실제로도 그리 큰 피해를 입히지 않았을 것이다. 소프트웨어 회사들 역시 소프트웨어를 가능하면 널리 전파하고자 하며, 공짜로 배포할 때도 많다. 이런 다양한 태도에도 어느 정도 일리가 있지만, 그래도 기업은 비용을 보전하고 수익을 올려야 한다.

대안

초기 개발자들이 사유재산권을 주장했다면 지금 인터넷 세계는 분명 불모지일 터다. 인터넷을 비롯한 사실상 모든 디지털 네트워크가 기반을 두는 패킷 교환기술은 서로 만난 적 없는 영국인 도널드 데이비스Donald Davies와 미국인 폴 버랜Paul Baran이 각자 발명한 기술인데, 둘 중 누구도 저작권을 주장한 적이 없다. 제네바 CERN(현재는 유럽 핵입자물리연구소European Organization for Nuclear Research라고 한다)에서 일하던 팀 버너스리도 월드와이드웹의 저작권이나 특허권을 주장하지 않았다. 대다수 서버를 운영하는 아파치 소프트웨어를 발명한 사람들도, 이메일 프로그램의 70%가 쓰는 센드메일도, 남캘리포니아대학생 네 명이 만들어 지금도 숫자 IP주소 변환 DNS 소프트웨어로 가장 많이 쓰이는 바인드도, 래리 월Larry Wall이 만들어 하이퍼텍스트 링크를 움직이는 펄도 다 마찬가지였다.

그런데 주류 엔터테인먼트 회사들은 저작권에 집착해 벌어지는 상황을 인지하지 못했다. 이런 회사들은 저작권이 없다면 무엇이 도대체 어떻게 성공한다는 말인지 이해하지 못했다. 그리고 현실을 파악했을 때는 개방형 접근이라는 원칙이 이미 자리를 잡았고 게임은 끝난 상태였다.

개방형 접근의 기수는 자유·오픈 소스 소프트웨어인 FOSSFree and Open Source Software다. 이 말은 누구든 소프트웨어 코드를 작성하고 편집해도 되지만, 모두가 똑같이 공유한다는 원칙에 입각해서 자신이 쓴 코드를 수정할 권리를 남에게도 똑같이 준다는 뜻이다. FOSS의 선구자 리처드 스톨먼Richard Stallman은 1980년대에 이런 균등 공유의 원칙으로 새로운 운영체제 GNU를 개발하기 시작했다. 해커들은 말장난을 좋아하는데, GNU라는 이름은 "GNU는 유닉스가 아니다!GNU's Not Unix!"라는, 문장에 자기 이름이 들어간 소위 재귀 약어다. 여기서 유닉스란 지금은 노벨Novell이 소유한 AT&T의 유닉스 언어로 인터넷 사용자들은 엄격한 사용허가 조건과 높은 비용 때문에 유닉스를 질색했다. 스톨먼은 소유권과 사용허가 조건에서 GNU와 유닉스가 정반대가 되기를 원했다. 그리고 리누스 토르발스라는 핀란드 소프트웨어 공학도와 힘을 합쳤다. 토르발스는 이미 시스템 중앙처리 단위인 균등 공유 커널을 만들어 리눅스Linux라는 이름까지 붙여둔 상태였다. 스톨먼이 만든 운영체제와 토르발스가 만든 커널은 원시 코드가 무료이고 개방형인 FOSS 가운데 가장 유명한 사례가 되었다.

FOSS 지지자들은 두 가지 이유에서 원시 코드를 무료 배포한다. 첫째, 아무도 알파벳 글자나 언어를 소유해서는 안 되듯, 아무도 컴퓨터 코드 같은 기본적인 것을 소유해서는 안 된다는 절대 도덕을 지지한다. 둘째, 개인소유권은 발전을 저해한다(생태학 용어로 말하자면 학습과 적응을 제한한다).

토르발스는 원시 코드를 소유하려 드는 사람은 인쇄기계를 발명해 놓고 문자를 단어로 재배치하려는 사람 모두에게 허가를 받으라고 요구하는 사람이나 마찬가지라고 했다. 리처드 스톨먼은 거의 종교적 열의를 담아 어떤 형태든 코드는 사유화해서는 안 된다고 주장하며, 일반 공중 사용허가서GPL(General Public License)를 고안했다. GPL은 베른협약에 따라 저작권 사용허가 기능을 하며 프로그램을 영구히 공공 영역에 둔다. 스톨먼은 사용자를 지지하는 반저작권copyleft으로 권리 보유자를 지지하는 저작권copyright을 대체하기를 바랐다.

업계 자체 기준으로 봐도 리눅스와 GNU는 대단한 성공 사례다. 리눅스는 안드로이드 운영체제 커널을 제공하고, 2010년 서버 시장의 60%를 점유했다. 이에 비해 마이크로소프트의 시장점유율은 30%다. 또한 리눅스는 슈퍼컴퓨터 시장을 지배하면서 세계에서 가장 빠른 컴퓨터 500대 중 90%에서 쓰인다. 슈퍼컴퓨터를 쓰는 전문 사용자들은 원 제조업체와 저작권이나 특허 사용권을 협상하지 않고 계속 원시 코드를 수정하고 싶어하기 때문이다.

리눅스는 최신식이면서 사용자 친화적이라는 평판까지 얻었다. 2012년 당시 유럽 마이크로소프트 연구소장은 마이크로소프트에 윈도우 연구개발을 담당하는 사람은 단 네 명이라고 했다. 반면, 리눅스에는 프로그래머만 수천 명 있고, 이들이 아마 훨씬 똑똑하기도 할 터였다. 마이크로소프트도 "리눅스와 다른 OSOpen Source 지지자들은 OS가 적어도 영리 상품만큼은 신뢰성이 있다는 주장을 점차 믿을 만하게 펼쳐 나간다. OS 과정이 인터넷 전반에서 수많은 개인의 집단 지능을 모아 활용하는 능력은 그저 놀라울 따름"이라고 인정했다.[11] 컴퓨터 전문가인 에릭 레이먼드Eric Raymond는 좀 더 강력한 주장을 펼친다. "오픈 소스 세계는 여러 면에서 자유시장이나 생태계처럼 작동한다. 한 이기적 행위자 집단이 효용을 극대화하려고 시도하는 과정에서 자가수정 기능을 갖춘 자생적 질서가 형성되는데, 이 질서는 중앙집중형 계획으로 구축한 그 어떤 질서보다 훨씬 정교하고 효율적이다."[12]

이러한 자생적 생태의 놀라운 예가 바로 예술과 문화, 비디오에 관해 기본적으로 제한보다 허가의 문화를 장려하는 공공 저작물 사용허가 Creative Commons 제도다. 이 제도는 많은 사람들이 사진과 비디오, 글쓰기, 기타 미디어에 사용허가를 하여 남들에게 마음대로 써도 된다는 확신을 주자는 취지에서 생겼다. 그 전에는 공정거래 규칙이 모호했기 때문에 이런 점이 불명확했다. 이 제도는 합리적으로 세 단계의 언어로 사용허가를 제시한다. 즉 일반인 언어, 법률 언어, 그리고 컴퓨터 언어이다.

FOSS와 저작물 사용허가는 창조경제의 발전에 긍정적 영향을 미쳤고 그 저변에 깔린 균등 공유의 원칙은 사람들이 온라인과 오프라인에서 행동할 때 적용하는 도덕률이 되었다. 그렇다고 불만 없이 받아들여졌다는 뜻은 아니다. 처음 FOSS가 수면 위로 떠오르자 소프트웨어 회사들은 적대적이었고 공공 저작물 사용허가 제도가 시작되자 영화사들은 그 사용허가가 정식 저작권이 아니라는 잘못된 논거로 공격하면서 크리에이티브커먼즈 대표들이 업계 회의에 참석하지 못하게 막았다. 지금은 이 두 제도 모두 파괴적이라기보다는 오히려 도움이 되며, 또한 소수지만 중요한 사용자들에게 합리적이고 사용자 친화적인 서비스를 제공한다는 사실이 명백해졌다.

한편, 잉글랜드 예술위원회와 브로낙 페란Bronac Ferran은 예술과 인류학, 방송, 천문학, 유전자 배열을 논의한 디지털 경제의 협력과 소유권CODE(Co-operation and Ownership in the Digital Economy) 회의를 주관했는데, 이 회의에서도 이러한 점이 뚜렷하게 드러났다.[13] 이 회의에서 유전학 부문 연사로 섰던 팀 허바드Tim Hubbard는 DNA 원소 백과사전ENCODE(Encyclopedia of DNA Elements) 자문위원회의 유일한 영국 출신 위원이 되기도 했고, ENCODE는 후성유전 조절까지 설명하는 새로운 유전자 정의를 제안했다. 미국과 영국의 유전자 지도처럼, ENCODE 역시 FOSS 원칙에 따라 운영한다.[14]

개방형 접근

현재 FOSS 원칙은 각국 정부가 세금으로 돈을 대는 엄청난 양의 데이터에도 적용되는데, 이러한 데이터를 볼 때 대중은 여전히 어느 정도 권리가 있다고 믿는다. 이러한 소위 '공공 데이터'에는 조류 및 항해, 날씨 데이터는 물론이고 위치정보 앱에 필수인 지도와 우편번호도 포함된다. 정부기관은 공공 데이터를 활용할 능력이 떨어질 때가 많고 자금도 부족한 편이지만, 무엇보다 나쁜 점은 다른 누구도 그 데이터를 사용하지 못하게 막는다는 데 있다. 갭마인더를 발명하고 자칭 '공공 데이터를 훔치는 로빈 후드'라는 스웨덴 통계학자 한스 로

슬링Hans Rosling은 여기서 가장 질 나쁜 범죄자는 유엔이나 세계은행, 국제통화기금IMF 같은 국제조직이라고 한다. 이들 조직이 회원국에서 데이터를 받아서 '비효율적이고 멍청한 방법으로 판매'하는,[15] 즉 '저 갖기는 싫고 남 주기는 아깝다'는 이 태도는 공공 편익이 원시 데이터를 손에 넣는 사람의 수에 비례해 커진다고 주장하는 FOSS 정신과 배치된다.

미 연방정부는 공공 데이터를 개방해 공공 재활용을 하는 데 뛰어나며, 미국은 그 덕택에 위성항법장치GPS(Global Positioning Services)와 위치정보 앱 분야를 선도한다. 그러나 대다수 정부는 공공 데이터를 제대로 운영하지 못하거나 허비한다. 오바마 대통령은 공공기금을 받는 모든 연구를 활용가능하게 하라고 지시했다.[16] 영국에서는 권리개방집단Open Rights Group과 팀 버너스리가 정부와 협력하여 공공 데이터의 문을 열라고 공공기관들을 설득하는 중이지만 쉽지 않다. 많은 기관이 재정압박을 받는 상황이라 데이터를 공개할 때는 가장 높은 대가를 원하기 때문이다.[17] 개인정보 문제도 있다. 영국 국립지리원Ordnance Survey의 지도 데이터를 공개해 대중이 재사용하도록 하는 데도 오랜 작업이 필요했다. 이제는 우편번호마저도 개인이 소유하는 상황이다.

정부가 출연하는 연구시장 역시 비효율적이다. 연구자들은 연구결과를 영리 출판업자에 팔고 이들은 결과를 내놓으면서 높은 가격을 매기므로 대중은 그 결과를 아예 못 보거나 비용을 내야 한다. 이때 비용을 내면 사실 두 번 돈을 내는 셈이다. 이에 출판업자들은 소위 '동료평가'라고 하는 논문 확인 비용이 매우 비싸다고 주장한다. 물론 사실일지도 모르지만, 어쨌든 출판업자들은 엄청난 이윤을 올리며 대학에 소속되지 않은 그 누구도 결과에 접근하지 못하게 막는다. 그러다가 그리 크지 않은 미국 공공과학도서관Public Library of Science에서 정부기금을 받은 연구 결과에 '개방형 접근'을 허락하라는 운동을 펼쳤고, 나중에는 세계 최대의 연구 기금원인 미국국립보건연구원National Institute of Health도 이에 동참했다. 2012년에 와일리Wiley와 스프링거Springer 등 최대 출판업자와 어깨를 나란히 하는 엘스비어Elsevier를 대상으로 1만 명이 넘는 학자들이 구매 거부 운동을 펼치면서 상황은 역전되었다. 영국과 프랑스 정부는 원칙적으로 지지를 표명했고, 빌앤멜린다게이츠재단Bill & Melinda Gates Foundation과 웰컴재단Wellcome Foundation 등 세계 최대 민간기관 두 곳은 재단 연구결과에 반드시 개방형 접근을 허용하도록 한다.

FOSS가 첫 기지개를 켠 순간부터 공공 저작물 사용권 운동, 그리고 무료 공공 데이터에 관한 요구에 이르기까지, 개방형 접근은 컴퓨터밖에 모르는 괴짜들이 가진 생각에서 도덕원칙으로, 그리고 대중운동으로 변모했다. 해커와 연구자, 이제는 각국 정부까지 광범위한 연대를 맺고 정보와 미디어 사용에 관한 규제에서 균등 공유를 제1원칙으로 삼는다. 권리 보유자는 이제 이에 상응하는 상업 및 소유 저작권 규칙을 재고해야 한다.

저작권 자료는 뛰어난 법과 뒤떨어진 기술의 조합 덕택에 오랫동안 보호를 받았다. 여기서 뛰어난 법이란 공정하고 효과적이며, 침해한 만큼 처벌하는 법을 말한다. 뒤떨어진 기술이란 우수한 복제품을 만드는 능력이 떨어지는 기술을 말한다. 최선의 저작권 보호책은 정품이 불법 복제본보다 더 저렴하거나 구하기 쉽거나 뛰어난 품질을 갖추게 하는 데 있다.

디지털은 도전에 직면했다. 지금은 소재를 창조하고 복사(또는 재창조)하는 뛰어난 기술을 저렴하게 어디서나 구할 수 있고, 대중은 원하는 것을 능력껏 확보한다. 그렇기 때문에 이런 상황에 대처하지 못하는 법은 압박을 받는다. 이 경주에서는 기술이 선두를 달리고, 사용자가 그 뒤를 바짝 따르며 법은 아주 멀리 떨어져 3등으로 뛰는 형국이다. 새로운 법을 만들기보다 새로운 소프트웨어와 미디어 콘텐츠를 만들기가 훨씬 쉽고 재미있기 때문이다.

특허

특허는 아이디어가 재산이라는 매우 확실한 사례다. 물적 대상을 소유할 때와 거의 똑같이 확실한 독점권을 부여하기 때문이다. 토머스 제퍼슨은 아이디어를 소유하기란 불가능하다는 그럴싸한 말을 했지만 미국에 최초의 특허청을 설립하는 안에 서명한 세 사람 가운데 하나였다. 그때 제퍼슨은 국무장관이었고, 헨리 녹스Henry Knox 전쟁장관, 에드먼드 랜돌프Edmund Randolph 법무장관이 함께 이 문제를 검토했다.

이 세 사람의 지위만 봐도 당시 새 정부가 특허청의 역할을 얼마나 중요시했는지 짐작할 수 있다. 제퍼슨과 동료들은 첫 해에 특허 세 건을 내줬다. 오늘날 미국 특허청은 업무일 기준 10분마다 특허 세 건을 내준다. 과거 경제발전의 지표로 농업 생산이나 철도의 길이를 보던 국제실적 비교표 내용도 이제는 신규 특허 건수로 대체되었다.

여기에는 아주 큰돈이 걸려 있다. 스마트폰은 각기 1~2만 건의 특허에 의지한다.[18] 브랜드 소유자와 운영체제 제조사(윈도우나 애플 iOS, 구글 안드로이드 등)는 말 많은 협상에 참여하며, 협상이 소송으로 번져 법정논쟁이 될 때도 있다. 이제 판사나 배심원들은 어떤 특허가 유효한지를 따지는 어려운 결정을 해야 하고, 이 자체로도 복잡한데 경쟁 침해의 영향이나 보상수준과 같은 더 까다로운 결정까지 내려야 한다. 2012년, 한 영국 판사는 '삼성 갤럭시 태블릿은 애플 아이패드만큼 멋지지 않다. 따라서 아이패드를 베끼지 않았다'는 판결을 내렸고, 이 판결로 까다롭고 복잡한 문제를 단순한 취향 문제로 바꿔놓았다.[19] 미국 법원은 이보다 객관적인 태도를 취하려고 하지만 쉬운 일은 아니다.

전 세계 공급망은 복잡하다. 다시 말해 최초 발명자가 무엇을 어떤 용도로 등록해도 사용허가를 받은 사람은 다른 일을 하려고 하고, 거기서 다시 하위 사용허가를 받은 사람은 또 다른 일을 하려고 한다는 뜻이다. 최초 특허 보유자가 다른 회사에 인수될 수도 있다. 안드로이드는 창업 후 운영체제를 개발할 때 직원을 넷밖에 두지 않았었고 그 체제가 앞으로 어떻게 사용될지 예측하지 못했다. 나중에 다른 특허 소유자들이 안드로이드 구성 요소에 자기 특허가 활용되었다고 주장하면서 사용권료를 내라고 요구했지만 안드로이드는 거부했다.

모든 특허물은 그것을 만든 국가와 부품으로 사용하는 국가, 그리고 조립과 판매를 하는 국가에서 각각 올바른 사용허가를 받아야 한다. 애플과 삼성 간의 지리한 특허논쟁 중 하나는 삼성 특허를 사용하는 애플의 인텔 칩이 실제로 어디에서 판매중인지를 두고 벌어졌다. 애플은 제품이 미국에서 판매된다며 쿠퍼티노의 애플 본사 주소가 찍힌 영수증을 제시했지만, 삼성은 제품이 독일에서 판매되고 중국으로 선적되었다는 거래명세서를 내밀었다. 애플이 옳다면 미국 법에 따라 무료로 사용할 권리가 있다. 삼성이 옳다면 미국 법은 적용되지 않는다.

걸린 판돈은 어마어마하다. 2000~2012년에 스마트폰 사용권을 두고 오간 추정 금액은 약 400억 달러다. 미국의 포스너Posner 판사는 애플과 구글의 청문회가 대수롭지 않다고 보고 취소하면서 이렇게 말했다. "이것은 끊임없는 생존경쟁이다. 어느 정글에서나 그렇듯, 동물은 쓸 수 있는 모든 방법, 생태계가 허용하는 모든 이빨과 발톱을 사용한다"(2012년 7월 5일 로이터 통신이 보도했다).

분명히 이러한 큰돈 때문에 사업보다는 순전히 소송 목적으로 특허를 매입하는, 소위 특허 사냥꾼이라고 하는 기업도 존재한다. 지금은 미국에 특허 사냥꾼이 가장 많지만 중국도 열심히 추격 중이다. 이들은 소송에 드는 높은 비용과 시간 지체를 등에 업고 권리 보유자들에게 돈을 지불하라고 압박한다. 서버사이드Serverside라는 영국 소기업은 전 세계에 신용카드를 공급하는데 텍사스 마셜에 있는 어느 미국 회사에 소송을 당했다. 텍사스는 특허법이 성가시기로 악명 높은 곳이다. 서버사이드는 특허 변호 비용이 200만~400만 달러에 달한다는 사실을 파악하고 법정 밖에서 분쟁을 해결했다.

저작권의 기원이 오늘날까지 반향을 일으키듯, 산업재산이라는 특허의 기원 역시 오늘날 특허가 기능하는 법을 설명하는 데 도움이 된다. '특허patent'라는 단어는 '열린open'이라는 라틴어 단어에서 나왔다. 초기 특허 허가증은 봉인할 때 쉽게 열어 검사하도록 했기 때문이다. 기록상 첫 특허는 1421년 피렌체 시의회가 유리 세공에 승인한 특허였고, 특허는 곧 귀중한 사업 자산이 되었다. 1460년대에는 슈파이어의 요한John of Speyer이 독일제 신형 인쇄기를 들고 알프스를 넘어 베네치아로 왔고, 여기서 자기 사업을 보호하고자 특허증을 받아냈다. 하지만 저작권은 아직 아무도 생각해내지 못했기 때문에 지역 작가들은 이러한 보호를 받지 못했다.

그로부터 몇 년 뒤, 유럽에서 성공을 거둔 무역상 윌리엄 캑스턴William Caxton도 런던에 인쇄기를 들고 와서 당시 국왕 에드워드 4세에게 전매특허권을 요청했다. 캑스턴도 왕도 이 거래로 좋은 결과를 얻었고 그 뒤 몇 세기에 걸쳐 군주와 각종 길드는 특허를 팔아 수입원으로, 정치 및 종교의 검열 수단으로 삼았다. 그러다 무역이 발달하면서 발명가도 서서히 왕의 변덕에 영향을 받지 않고 꼼꼼하게 사업상 이익을 보호하는 특허권을 획득했다. 영국은 1624년 전매조례를 통과시켰고, 이로써

정치가가 자기 이익에 따라 멋대로 특허를 승인하지 못하도록 했다. 이것이 발명가와 대중 사이에 맺은 권리계약의 시초였다.

미국은 첫 특허등록제를 1790년 통과시켰고 정식 심사체제는 1836년에 시행했다. 일본은 근대화 시기인 메이지 시대 초, 1885년에야 처음으로 특허법안을 통과시켰다. 어느 미국인이 통역관에게 일본은 모방꾼만 있는 나라라고 말한 뒤였다. 당시 통역관이던 다카하시 고레키요 Takahashi Korekiyo는 이 미국인이 한 말이 "대체 무슨 말인지" 전혀 이해하지 못했지만 어쨌든 이 제도를 배워보기로 결심했고, 일본 특허국을 세워 초대 국장이 되었다. 중국의 특허법은 1984년 도입되었고 저작권 및 상표법보다 훨씬 강력하고 엄격하게 적용된다.

3단계

특허등록은 자동 승인되는 단순 출원부터 비판적 검토를 실시해 특허청이 똑같은 아이디어에 전매권을 중복해서 주는 난처한 상황에 처하지 않도록 예방하려는 세부 출원까지 나라마다 다르다. 특허와 저작권 사이에 있는 가장 큰 차이는 '증명'이라는 부담이다. 특허 발명자는 자기 발명품이 정말 새롭다는 사실을 증명해야 한다.

특허는 처음 발명한 사람이 아니라 처음 출원한 사람에게 준다(미국은 2013년에야 이런 선출원 제도를 채택했다). 이때 출원 공개는 신청 조건이다. 신청일 전에 사용 가능한 지식을 '선행기술'이라고 하며 이는 그 아이디어가 새로운지 아닌지 평가하는 데 쓰인다.

대부분의 국가에서 특허청 자체 수수료 기준으로 보면 특허출원 비용은 아주 미미하지만, 복잡한 문제가 제기되는 사안이라면 비용은 높아지기도 한다. 영국 지식재산청은 최초 출원에는 45달러를 청구하지만 단계를 하나하나 밟을 때마다 추가 비용이 든다. 미국 특허상표청은 기본 신청에 380달러, 의무 심사에 추가로 870달러, 갱신에 1,000달러를 청구한다. 중국은 신청 건당 150달러다. 개인 발명가나 소기업은 이런 비용을 지불할 의사나 능력이 없다(다이슨 청소기를 사면 매번 '터무니없는' 특허 비용에 관해 불평하는 전단지가 딸려 온다). 유럽 특허청Europe Patent Office과 특허협력조약Patent Cooperation Treaty이 생겨 비용을 줄이고 심사과정을 빠르게 하는 데는 도움이 되었지만 소송비용은 여전히 아주 높다. 영국 「가워스 지식재산 검토 보고서Gowers Review」에 따르면 특허 변호 비용은 75만 파운드까지 가기도 하며 이보다 훨씬 더 들지도 모른다.[20]

특허 자격을 얻으려면 아이디어는 저작권 작품에 관한 규칙과 비슷한 특허 적격 규칙을 통과해야 한다. 미국 기준은 '자연 법칙, 물리적 현상, 추상적 아이디어는 특허대상이 아니'라고 규정한다. 영국에는 네 가지 예외 범주가 있는데 첫째는 발견이나 과학이론 또는 수학 모델, 둘째는 문학이나 연극, 음악, 예술작품 또는 기타 모든 미학적 창조품, 셋째는 정신적 활동이나 게임, 사업을 하는 제도나 규칙 또는 방법, 컴퓨터 프로그램, 넷째는 정보의 제시다. 또한 '공공정책이나 도덕에 반하는' 아이디어도 배제한다. 이 규칙은 줄기세포나 기타 미생물을 배제하는 데 사용되었다.

특허대상이라고 판단되면 아이디어는 세 가지 심사를 받아야 한다. 첫 번째는 참신성이다. 두 번째 단계는 독창적 진보이다. 발명은 '기술에 숙련'된 사람이 보기에 '뻔하지 않아야' 한다. 숙련된 기술자는 대개 해당 주제에 관한 지식과 경험이 있는 교육받은 사람이라고 정의한다. '독창적 진보'가 필요하다는 조건은 우연히 생겼거나 의미 없는 아이디어는 물론 뻔한 아이디어를 거부하는 근거로 사용된다. 이 조건은 저작권에서 '작품은 기술과 전문성을 수반해야 한다'는 요건과도 비슷하며, 의미가 창의성의 필수 요건이라는 사실도 확인한다.

세 번째로 아이디어는 실질적 효과가 있어야 한다. 이는 대개 기술 효과 또는 산업에서 제작이나 사용이 가능한 능력이라고 정의한다. 발명품이 기계나 물리적인 대상일 때는 비교적 평가하기 쉽지만, 발명품이 무형이고 심사자가 아이디어의 아이디어를 검사해야 할 때는 평가하기 훨씬 어렵다. '기술 효과'라는 정의는 오늘날 특히 소프트웨어 관련 특허출원에서 논쟁이 크다.

지금 특허출원은 기술 변화와 상업적 창의력 때문에 핵심 분야에서 심한 압박을 받는 상황이다. 이 책에서는 가장 압박이 심한 두 분야, 사업 소프트웨어와 유전학을 골랐다. 미국에서 1980년 생명공학, 1981년 컴퓨터 프로그램, 1998년 영업방법에 특허를 허가한 과정도 함께 설명하겠다. 유럽과 일본은 아직 이렇게까지 관대하지 않지만, 그래도 우리는 슈파이어의 요한이 인쇄기를 들고 다니던 시절에 비하면 큰 발전을 이루었다.

베조스의 장바구니

초기 컴퓨터 프로그램은 지식재산으로 인정받지 못했고 따라서 보호대상도 아니었다. 1976년 미국 저작권법, 그리고 1991년 컴퓨터 프로그램에 관한 EU 지침에서는 소프트웨어 코드를 저작물로 분류하고 저작권 보호를 허가했다. 다른 나라도 대부분 이 선례를 따랐다.

그러나 보호에는 그리 큰 가치가 없을지도 모른다. 보호는 최종 사용자가 프로그램을 통째로 복사하지 못하게 막는 방법으로는 효과적이지만, 다른 개발자가 그 프로그램의 주요 특징을 복제해서 다른 상품을 만들지 못하게 막을 힘은 없기 때문이다. 마이크로소프트가 애플 데스크탑을 '복제'하고 1990년대 초에 볼랜드Borland가 로터스Lotus의 스프레드시트를 '복제'했을 때, 애플사도 로터스사도 승리를 자신하며 소송을 제기했지만 결국 패소하고 말았다.

법원은 두 복제자의 손을 들어주었다. 법원은 마이크로소프트가 애플의 코드를 한 줄 한 줄 베낀 것이 아니라 '모양과 분위기'를 취했을 뿐이라고 판결했고, 또 볼랜드는 로터스의 코드 전체를 통째로 베낀 것이 아니라 원칙 몇 가지만 복제했다고 판결했다. 저작권법에서는 저작권 자격이 있는 작품은 새로워야 하지만 유일무이할 필요가 없다. 그러니까

이 판결은 마이크로소프트와 볼랜드가 타사 제품을 베끼기는커녕 독자적으로 제품을 생산했고 고유 저작권까지 주장해도 된다는 의미였다. 이 판결로 업계에는 저작권법이 컴퓨터 프로그램을 보호하기에는 취약하며 좀 더 강력한 대책이 필요하다는 경각심이 생겼다.

그렇다면 특허는 답이 될까? 금융회사인 메릴린치Merrill Lynch나 유통업체 월마트Walmart 등 여러 기업은 자사의 고객 서비스 컴퓨터 프로그램이 특허를 받을 만하다고 주장했다. 메릴린치에는 주식거래관리 시스템이, 월마트에는 재고관리 시스템이 있었다. 수많은 기업들이 이 두 회사처럼 이러한 시스템이 귀중한 상업 자산이라는 사실을 인식하고, 적어도 건물이나 장비를 보호하는 정도로 시스템도 보호하려고 했다. 밤이면 창고를 잠가놓듯이 기업 내부의 지식 공정에도 특허로 자물쇠를 채우고 싶었던 것이다.

1981년 다이아몬드 대 디어Diamond v. Diehr 소송에서 대법원은 컴퓨터 프로그램이 참신성과 독창적 진보, 기술 효과라는 세 기준을 충족시키는 한 특허를 승인해도 좋다고 판결했다. 이 사건은 특허청이 특허법에서 명시적으로 수학공식을 배제한다는 근거를 들어 컴퓨터 기반 합성고무 개발 장치에 특허출원을 거부하면서 시작되었다. 법원은 컴퓨터 프로그램이 '그 자체' 그러니까 단독으로는 특허를 얻지 못하지만, 독창적 기능을 수행하는 컴퓨터 프로그램은 특허대상이 된다고 판결했다. 이 판결은 특허대상이 아닌 기초 코드와 그 코드가 업무 과정에 미치는 기술적 효과를 구분했다.

1998년에는 특허를 컴퓨터 프로그램에서 영업방법까지 확대하는 사례가 나왔다. 이 해에 미국 항소법원은 스테이트스트리트은행신탁 대 시그니처파이낸셜그룹State Street Bank & Trust Co. v. Signature Financial Group Inc. 사건에서 컴퓨터 기반 '영업방법'은 특허기준을 충족한다고 판결했다. 법원은 세 가지 기준이 여기 똑같이 작용한다고 했다. 물론 법원도 어떤 영업방법의 수학 코드와 그 영업방법 자체를 구분하기가 쉽지 않다는 사실은 인식했다. 전자상거래 컴퓨터 코드에서는 소프트웨어가 곧 방법이기 때문이다. 여기에는 외부적·물리적·현상적 실재가 전혀 없다.

스테이트스트리트 사건은 미국 특허정책의 분수령을 이루었고 그 이후로 미국 특허청은 수천 건의 영업방법에 특허를 내줬다. 세계 최대 컴퓨터 판매업체인 델Dell은 경쟁사보다 더 유연하게 고객이 만족하는 맞춤형 컴퓨터를 만들고 더 빠르게 배송하여 성공을 거뒀다. 델사는 현재 70건이 넘는 특허로 사업을 보호하고 있는데, 그중에는 컴퓨터를 배송상자에 포장하는 방법도 있다.

출판업계에서 페리 하트먼Peri Hartman이라는 이름은 그리 유명하지 않다. 그러나 하트먼은 '통신망을 통해 구매하는 방법과 시스템'으로 특허(미국 특허 제5960411호)를 받은 사람이며, 이 방법은 고객이 클릭 한 번으로 주문을 확정하게 하면서 아마존의 성공요인이 되었다. 특허에서 하트먼 뒤에 이름을 올린 아마존닷컴 CEO 제프 베조스는 이 방법을 '원클릭 시스템'이라고 했다. 사실 뻔하지 않다고 하기도 곤란한 방법이었다. 《뉴욕타임스》의 제임스 글릭James Gleick은 특허 심사자도 애초에는 확신이 없었다고 했다.[21] 그 뒤 아마존닷컴은 곧바로 경쟁사 반스앤노블Barnes & Noble을 고소했고 반스앤노블은 온라인 주문 시스템을 두 번 클릭하는 처리과정으로 바꿔야 했다.

베조스는 이 특허물에 원대한 포부를 품었다. 출원 신청에는 이런 구절이 있다. "본 발명품을 다양한 구현 측면에서 '현재 운영중인 아마존닷컴을 기반으로' 설명했지만, 동시에 본 발명품을 이러한 구현에만 한정할 의도는 없다. 기술에 숙련된 자에게는 발명 정신에 입각한 수정 가능성이 확실히 보일 것이다."

베조스는 숙련된 기술자가 상상할 수만 있다면 명시하지 않은 미지의 응용까지 특허에 포함하는 합법적 특허 범위를 영리하게 활용했다. 다시 말해 온라인 판매에 익숙한 사람이 향후 사용을 예상만 한다면, 그 방법은 정확하게 내놓지 못한다고 해도 이 하트먼/베조스 특허로 보호가 된다는 뜻이다. 이는 원래 특허 보유자가 모든 (사소한) 변형에 특허를 출원할 필요가 없게 하려는 의도였다. 미국의 경우 하트먼과 베조스는 '기술이 숙련'되고 향후 수정 가능성이 눈에 보이는 사람들이라면 아마존이 내걸 '무단사용 금지' 푯말을 예상하리라고 말하는 셈이다. 이러한 푯말은 유효 기간이 20년이지만, 닷컴 세계에서 이 기간은 평생이나 마찬가지다.

그 결과 이미 존재하며 일상적이지만 컴퓨터로는 최초로 실행하는 아이디어에 특허를 출원하는 사례가 엄청나게 늘어났다. 미국 특허청은 공동구매(구매자 단체가 가격 할인을 협상하는)와 전문 상담, 원문에 각주 달기 등에도 특허를 승인했다. 그리고 "경쟁사 가격이 더 낮다고 고객이 문의하면 가격을 내려주는" 시스템에도 특허를 내줬다. 변호사 로렌스 레식은 마이크로소프트 반독점 소송에서 연방정부에 이렇게 자문했다. "이는 그야말로 재앙이며, 아무도 그 결과를 예상하지 못한 채 일어난 엄청난 변화다. 아마도 사이버 공간의 혁신을 막는 가장 큰 위협이 될 텐데, 아무도 이런 사실을 제때 알아차리지 못할 것이다."[22]

에릭 슈미트Eric Schmidt 구글 회장은 소송 전쟁으로 혁신이 정체되리라 예상한다. 《월스트리트저널》에서 결말을 어떻게 전망하느냐고 묻자 슈미트 회장은 앞으로 창업할 회사는 훨씬 힘들게 싸워야 하며 순조롭게 출발하지 못할지도 모른다고 했다. "구글도, 애플도 잘 하고 있다. 여기서 패자를 논하려면, 젊은 앤디 루빈Andy Rubin(안드로이드 공동 창업자)이 데인저Danger(루빈이 안드로이드 이전에 공동 창립한 스마트폰 회사)를 다시 세운다고 상상하면 된다. 이 사업가가 버전 1.0을 내놓는데 필요한 특허를 도대체 어떻게 얻겠는가? 이 상황은 그런 피해를 끼칠 것이다."[23] 혁신을 장려해야 할 특허제도가 실제로는 혁신의 발목을 잡는다는 뜻이다.

그러나 레식의 표현을 빌리면 미국 특허청은 이 말을 도무지 들으려고 하지 않는다. 특허청은 특허승인에 적합한 후보를 관련 사업 분류 제705호에서 설명하면서 다음과 같은 일반 상업활동도 넣었다. "(1) 고객이 누구인지, 고객이 필요한 상품과 원하는 서비스가 무엇인지 결정한다. (2) 고객에게 존재를 알리고, 상품과 서비스를 보여주고, 구매하도록 한다." 그러면서 이 분류 제705호가 "결국 기술을 벗어나 그 기술을 통해 발명자가 달성하려는 최종 결과로 가는 셈"이라고 인정한다. 특허청은 어느 영업팀에 내준 특허(제6070149호)도 만족스러운 듯 인용한다. "본 발명품은 가상 영업 인력과 관련이 있으며, 특히 실제 판매인이 도와줄 때와 아주 유사한 방식으로 컴퓨터 사용자의 온라인 거래를 돕는 소프트웨어다."

미국 법원은 뒤늦게 인간이 이미 하는 일과 '상당 부분 유사'한 대상에 특허를 내주면 특허가 독창성을 잃고 나중에는 순수한 발명을 저해할 가능성이 있다는 사실에 눈을 뜨기 시작했다. 2010년 미 대법원은 논란의 여지가 많은 어느 특허에 패소 판결을 내렸다. 버니 빌스키Bernie Bilski와 랜드 워소Rand Warsaw라는 두 발명가는 에너지 회사의 헤지투자 전략을 만드는 컴퓨터 프로그램을 만들어 특허를 청구했다. 법원은 이 프로그램이 기계(컴퓨터)를 사용하고 어떤 과정을 변용하며, 따라서 특허청에서 '기계 또는 변용' 심사라고 하는 시험을 통과해 강력한 특허 출원 후보자가 된다는 점은 인정했다. 그러나 법원은 이 과정이 본질상 실용적이라기보다는 추상적이며, 따라서 특허대상이 아니라고 했다. 순탄한 행진에 잠시 제동이 걸렸다.

미국 이외의 세계 각국 특허청은 이러한 특허승인을 꺼린다. 유럽 특허청은 미국과 유럽의 차이를 이렇게 설명한다. "유럽에서는 발명품이

기술적 성격이어야 하는 반면, 미국에서는 발명품이 어떤 식으로든 컴퓨터를 사용한다는 사실만으로도 특허 적격 요인이 된다."[24] 유럽 특허청은 소프트웨어가 비즈니스 문제를 해결해도 그 '기술적 차이'가 기계적 수단이 아니라 단순한 소프트웨어 사용에서 나오면 특허를 내주지 않으며, 아마존의 특허출원도 거부했다(아마존은 계속 항소 중이지만 말이다). 그러면서 소프트웨어 자체로는 기술적 차이가 성립하지 않는다고 한다. 독일과 영국, 그 밖의 유럽 각국 특허청도 이러한 주의를 따르며 중국도 마찬가지다.

이제 컴퓨터 소프트웨어는 모든 영업과정의 핵심이기 때문에 프로그램 특허승인은 기업의 심장과 영혼에 내리는 특허승인에 가까워졌다. 미국의 정책은 컴퓨터로 이루어지는 영업과정 전부에 특허를 주는 문을 열었고, 이는 혁신과 사회 형평성에도 매우 큰 영향을 미친다.

개인의 유전자

생물 특허는 훨씬 큰 논쟁거리다. 생명에 관한 정의는 조심스럽게 내려야 하겠지만 이는 생명 자체에 출원하는 특허에 가깝다고 말하는 사람도 있다. 벌써 수십 년 동안 개인에게 식물 신품종 소유와 등록을 허락한 나라도 많다. 핀란드 특허청은 1843년에 이미 생효모를 만드는 새로운 방법에 세 번째 특허를 승인했고, 몇 년 뒤 프랑스에서 루이 파스퇴르Louis Pasteur는 효모 배양으로 특허를 얻었다. 식물특허에서는 미국이 1930년 식물특허법으로 선두에 섰고, 독일과 다른 유럽 국가들이 뒤를 이었다. 영국은 1964년에 신품종 및 종자법을 통과시키면서 참신하고 독특하며 균일하고 안정적으로 보이는 식물 신품종 소유자에게 전매권을 허락했다. 그리고 어떤 식물이 야생에서 자란 전력이 있다고 해도, 4년 이상 상업적으로 판매되지만 않았다면 보호받을 자격을 주었다.

이때만 해도 농업에서 종자나 식물에 특허를 받는 행위는 제약 분야에서 화학이나 생물학 조제 방법에 특허를 받는 행위와 별반 다르지 않다고 보았다. 서구의 농업, 원예업 종사자들은 생산비용이 증가하고 저임금 국가에서 들어오는 수입품과 경쟁하는 상황에 몰리면서 어떻게든 생산량을 늘리려 했다. 또한 몇 주쯤 빨리 수확해서 시장에 내놓을 신품종을 재배하는 데도 열을 올렸다. 지난 40년 동안 더 빨리 성장하고 질병 저항력도 큰 종자에 엄청난 투자가 이루어졌는데, 아마 종자회사가 투자를 보호하지 못했다면 이러한 투자는 없었을 터다. 시간 부족이라는 현대의 저주와 화단의 잡초 증가를 마주한 개인 원예애호가들도 라운드업 같은 특허 제초제에 어마어마하게 들어 있는 글라이포세이트 성분 덕을 보았다.

우리는 이제 거의 모든 식물의 유전학적 가치를 분석한다. 옥수수와 감자, 쌀, 밀, 사탕수수, 카사바, 기장, 콩에 든 고유한 생물학적 기질은 이미 사유화가 완료되었거나 진행 중이다. 로레알L'Oréal은 탈모 감소용으로 카바 관목을 사용하는 특허를 얻었다. 미국 회사인 라이스텍RiceTech

Inc.은 바스마티 쌀을 본뜬 유전자 배열 특허를 획득했다. 특허청이 국제적 압력에 못 이겨 나중에 이 특허를 철회했지만 말이다. 인도 네슬레Nestlé는 쌀을 살짝 데치는 공정에 특허를 출원했다. 차와 커피, 콩, 면, 후추 종자 등에 특허를 출원한 회사들도 있다.

용담 이야기는 제일 재미있는 사례다. 인도 사람들은 몇 세기 동안 용담의 일종인 개정향풀을 진정제로 사용했다. 그러다 1950년대에 한 서양 회사가 이 풀을 서구로 수입하기 시작했는데, 인기가 지나치게 높아져 인도 정부가 수출을 금지해야 할 정도였다. 자국민이 부담하지 못할 정도로 국내 가격이 올랐기 때문이다. 아프리카에서도 용담목인 일일초를 못 구해 안달이었다. 분홍색 바탕에 한가운데는 짙은 빨강인 용담의 꽃 안에 든 화학물질 때문이었는데, 그 유전적 특성이 당뇨를 억제하는 모양이었다. 그러다 제약회사 일라이릴리Eli Lilly에서 일일초가 암 치료에 훨씬 강력한 성분을 함유했다는 사실을 발견했다. 그런데 릴리는 이 발견으로 연간 약 1억 달러를 벌어들이는 반면, 마다가스카르 원주민들은 한 푼도 받지 못한다. 릴리는 항암 성분을 단독으로 발견했고 제조공정에 비용이 많이 든다며 이를 정당화한다. 그러나 이 식물이 자기들 소유거나 공공영역에 존재한다고 생각하던 마다가스카르 사람들이 보기에는 일라이릴리가 한 짓 때문에 가격만 오르고 공급만 제한되었을 뿐이다.

태국 보건부의 뻬난빠 수브차른Penanppa Subcharoen 박사는 이렇게 말한다. "제약회사들은 이곳에 와서 표본을 채취해 가면서 인류 공통의 유산을 위해서라고 말한다. 그런데 표본을 연구해서 개발하고는 지식재산권을 주장하며 다시 돌아와 우리에게 그 식물을 돈을 주고 사게 한다."[25] 수브차른은 제약회사들이 식물을 발명하지도 않았고, 또 치료 효능에 관한 해당 지역 지식을 착취했다는 점을 지적한다. 물론 릴리의 사례에서 보듯 이러한 발견이 현지에서는 모르던 사실일 때도 많지만 말이다. 1991년 리오 생물다양성 협약Rio Convention on Bio-Diversity으로 이러한 식물 매매에 어느 정도 제약이 생겼지만, 이 협약은 단순히 누가 얼마나 지급해야 하는지 몇 가지 규칙만 정했을 뿐이다. 평균 로열티는 수입의 1~2%인데 개발도상국들은 10%를 원한다. 이 수치가 높아 보일지도 모르지만, 미국 국립공원관리청도 옐로스톤 국립공원 생물 탐사에 정확히 10% 비용을 청구한다.

자기 창조물을 소유하는 일과 자신을 보호하기에는 지나치게 약하거나 무지하거나 가난한 사람들을 보호하는 일, 가장 부유하고 가장 빠른 사람들이 특허로 소유권을 주장하도록 하는 일과 표현하지 못하는 사람들을 주변으로 밀어내지 못하게 막는 일 사이에는 불안한 균형이 존재한다. 마하트마 간디Mahatma Gandhi는 이렇게 말했다. "내 집을 벽으로 둘러싸거나 창문을 막아놓고 싶지는 않다. 지구상의 모든 문화가 인도에 최대한 자유롭게 전파되면 좋겠다. 그러나 나는 어떤 바람이 불어와도 뿌리 뽑히지 않겠다."

유전자 쟁탈전

인간 유전체는 공공영역에 두고 모두가 자유롭게 이용해야 할까, 아니면 식물 신품종을 취급하듯 개인이 특정 배열의 사용을 소유하도록 허락해야 할까? 세포기술 발전으로 과학자들이 세포를 파악하고 배양하며 재조합하고 그로 인해 미생물을 창조할 능력까지 생기면서 이 질문은 시급한 문제가 되었다.

미국 연방대법원은 1952년 "세상에 인류가 만든 모든 것이 특허대상이다"라는 유명한 말을 했다.[26] 여기에는 인류가 만들지 않은 것은 모두 특허대상이 아니라는 뜻도 숨어 있었다. 그러나 이후 미국의 관점은 크게 바뀐다. 30년 뒤, 다이아몬드 대 차크라바티Diamond v. Chakrabarty 사건에서 아난드 차크라바티Anand Chakrabarty는 바다에 유출된 기름을 잡아먹는 유전자 변형 박테리아 미생물 특허를 출원했고 대법원은 판결을 내리면서 과거 생명이 없는 것과 살아 있는 것(전자는 특허대상이고 후자는 특허대상이 아니다)을 구분하던 선을 옮기기로 결정했다. 이제 그 선이 구분하는 대상은 살아 있는지 여부와는 상관없는 자연 산물과 살아 있을 가능성도 있는 인간의 발명품이었다. 대법원은 박테리아에 특허를 승인했다.

미국 특허청의 현행 지침은 인간을 제외한 모든 생물 유기체는 특허대상이라고 한다. 특허청은 노예제도를 금지하는 수정헌법 제13조를 인용해 인간은 여기서 제외라고 했다. '아무것도 절대로'에서 '노예제도라는 의미에서 인간을 제외하고 모든 것'이라고 판결하는 이 변화는 놀라운 사유재산 확장이었고, 생명체 소유에 관한 특허청 태도 면에서도 엄청난 변화였다.

특허청은 또 하버드대학교에 종양쥐로 알려진 실험쥐 특허를 승인했는데, 이 쥐는 암 연구용으로 몸에 종양 유전자를 넣은 쥐였다. 유럽 특허청도 처음에는 난색을 표했지만 결국 특허를 내줬다. 종양쥐가 새롭고 유일무이한 정도로 유전자를 상당히 조작했다는 이유에서였다. 연구 중 쥐가 고통을 겪는다는 윤리적 이유로 반대도 있었지만, 유럽 특허청은 사회가 얻을 편익이 쥐가 겪을 손실보다 중요하다고 결론을 내렸다. '권리계약'을 잘 변형해 창조자가 받을 보상과 사회 이익 사이에서 균형을 잡은 사례다.

한편, 미국 법원에서 사람이 보통 생각하는 것처럼 자기 몸을 독점 소유하지 않는다는 판결을 내리면서 인체의 일부분도 사유대상이 되었다. 캘리포니아대학병원은 모발상세포 백혈병에 걸린 존 무어John Moore라는 사람을 수술했는데, 이때 떼어낸 비장에서 세포 계열을 발견해서 소유하고 특허까지 받았다. 의료진은 무어의 T림프구가 매우 희귀해 의학적으로 대단한 가치가 있을지도 모른다는 사실을 미리 인지했다. 그런데 무어에게는 이유를 알리지 않고 집중 검사를 실시하고 결국 비장을 제거했다. 예상대로 이 세포는 가치가 대단했고, 수백만 달러어치 제품이 생산되었다. 무어는 대학에서 자기 세포를 사유화하여 이익을 냈다는 사실을 알고 소송을 냈지만 패소했다. 캘리포니아 대법원에서 일단 세포를 몸에서 떼어내면 사람은 그 세포를 소유하지 않는다고

판결했기 때문이다.[27]

유럽 특허청은 다른 특허 적격 기준을 모두 충족하는 한, 개별 인간이나 동물, 식물 유전자와 유전자 배열, 그 기능에도 특허를 승인했다. '인체 전체'에 관한 특허승인과는 명백하게 선을 긋지만, 신체 각 부위가 특허대상이 되지 않으리라고 믿는다면 어리석은 생각이다. 그 문은 1998년 EU 지침이 다음과 같이 정했을 때 이미 열렸다. "유전자의 배열이나 부분 배열을 포함, 인체에서 떼어내거나 기술 과정을 통해 달리 생산한 요소는 그 요소의 구조가 자연 요소의 구조와 동일하다고 해도 특허대상 발명품이 된다."[28]

이러한 두 접근법은 과학자들이 인간 유 전체 지도를 만들 때도 정면으로 대결한다. 30억 달러 규모의 공공기금 지원을 받는 영미 인간 유전체 지도 프로젝트HGMP(US-UK Human Genome Mapping Project)는 모든 결과물을 발표하고 공공재산으로 삼는다. 영국 측 연구를 후원한 웰컴재단의 존 설스턴 경Sir John Sulston은 "우리의 기본 정보, 소프트웨어는 무료로 개방해서 모두가 이리저리 활용해보고 경쟁하고 시험하여 제품을 만들도록 해야 한다"라고 밝혔다. 반면, 영리기금 지원을 받는 셀레라Celera는 상품가치가 있는 여러 배열을 사유화했다. HGMP나 셀레라나 유전자가 특허대상이라는 점에는 원칙상 동의하지만 그 기준, 특히 '무엇'에 관해서는 의견이 엇갈린다.

그 '무엇'은 발견인가, 발명품인가? 이 두 단어의 일반적 의미는 명확하다. 발견이란 이미 존재하던 무엇이고, 발명품은 전에 존재하지 않던 무엇이다. 유럽 특허조약에서는 발견은 전혀 특허대상이 아니라고(모두 '제외대상'이라고) 하며, 영국도 비슷한 입장이다. 미국 특허청은 약간 허세를 부리며 "발명품이란 발명 또는 발견"이라고 하며, 미국 기업들도 두 단어를 거의 같은 뜻으로 섞어 쓴다.

HGMP는 특정 유전자 식별이 발견이지 발명이 아니며, 따라서 특허대상이 아니라고 한다. 아무리 모자란 과학자라도 유전자 데이터가 존재한다는 사실은 알며, 뻔하지 않고 실용적인 용도가 있다는 주장을 정당화하려면 반드시 기술과 지성을 적용해야 한다. HGMP는 연구결과를 최대한 빠르게 공개하고 '개방 접근'을 허용하면서 다른 사람들이 여기에 특허를 내지 못하게 막았다.

반면, 셀레라와 그 밖의 여러 기업은 자연 그대로의 유전자 배열을 식별하는 고유 기술이 매우 까다롭고 드물어서(다시 말해 아주 참신하고 의외성이 있어서), 일반적으로 이해하는 의미에서 발명이며 특허 자격도 있다고 한다. 그리고 산업 응용이 가능한 아이디어도 충분히 확보했다고 덧붙인다. 합리적 접근이다. 특허를 받으려면 아이디어가 실제 응용 가능하다는 사실은 증명해야 하지만, 아마존이 원클릭 시스템 응용에서 그랬고 또 생명공학 회사들이 DNA 기반 상품을 놓고 주장하듯이 그 실제 응용을 출원 신청자가 직접 실현할 능력이 있는지는 증명할 필요가 없기 때문이다. 2013년 미국 대법원은 미리어드 제네틱스Myriad Genetics가 유방암진단법으로 받은 특허 일부가 무효라고 판결하면서 규제를 강화했지만 영향은 미미했다.[29] 유전자 쟁탈전은 여전히 계속된다.

상표

브랜드와 그 밖의 상표는 전 세계 소비주의에서 가장 눈에 띄는 특징이고 이를 좋아하는 사람도 경멸하는 사람도 있다. 이들은 단순한 상징 이상이고 그 자체로도 고유하고 귀중한 상업적 자산이 되었으며, 언어나 문자해독 능력에 상관없이 인식이 가능하다는 장점이 있다. 나이키는 신발을 판매하지 않는다. 나이키는 브랜드를 판다. 회사 자체를 판다.

상표는 3대 지식재산 가운데 법으로는 가장 마지막에 보호받았지만 역사는 가장 길다. 최초의 브랜드는 가죽을 불로 지지거나 귀 일부를 잘라내 가축을 표시하는 데 사용한 여러 낙인brand이었다. 몇몇 역사가는 '브랜드'라는 단어가 앵글로색슨의 동사 '태우다burn'에서 유래했다고 한다. 도공이나 조각가, 가구장이, 석수 등은 모두 자기가 만든 물건에 이름이나 머리글자, 표식을 새겨 넣었다. 산업 생산과 무역, 특히 국제 무역이 성장하면서 기업 브랜딩은 새로운 활력을 얻었다. 제조업자는 자기 상품을 전 세계로 홍보하려고 하고, 구매자들은 자기가 무엇을 사는지 알려고 했기 때문이다. 브랜드는 제조업체나 유통업체가 고정 가격을 유지하는 데도 도움을 주며, 그 덕택에 훈련받지 않은 직원을 둔 대형 유통상점도 쉽게 성장한다.

현대 브랜드의 목표는 소비자의 마음에 그 브랜드를 아주 강력하게 주입해서 다른 상품에 돈을 쓴다는 생각은 아예 차단하고 이 브랜드를

과시하려고 돈을 더 쓰는 수준까지 만드는 것이다. 이렇게 되면 결국 소비자가 회사에 브랜드 광고비를 지불하는 셈이 된다(일반적 관계의 반대다). 브랜드 소유자는 이전도 쉽고 자체 상품에 아주 강하게 통합되면서 연계 상품에 사용허가까지 내줄 브랜드를 고른다. 자사 제품에서 나오는 수입도 있겠지만, 사용허가를 통해 그와 비슷한 정도까지 수입을 올리는 회사도 많다.

기업 자산보다 브랜드 가치가 더 클 때도 있다. 브랜드 전문회사인 인터브랜드Interbrand는 나이키의 로고 가치가 100억 달러 이상이라고 추정한다. 인터브랜드에 따르면 브랜드 가치 규모의 순위는 다음표와 같다.

중국 브랜드 중에서는 중국이동통신China Mobile이 선두를 달리고 나머지는 대부분 은행과 금융 서비스, 주류 업체다. 인터브랜드에 따르면 중국 최고의 소프트웨어 및 닷컴기업은 QQ(60억 달러), 검색엔진 바이두Baidu(20억 달러), 레노보Lenovo(20억 달러), 알리바바Alibaba의 전자상거래 사이트(10억 달러), 넷이즈Netease(10억 달러) 등이다.

상표도 특허와 마찬가지로 등록해야 한다. 어떤 대상과 동일시되면서 그 대상을 다른 대상과 구분하는 모든 표식은 상표 자격이 있으며, 여기에는 이름과 그림, 표지, 색깔, 심지어 냄새도 포함된다. 예외도 있다. 합리적으로 보아 다른 회사가 사용하리라고 예상되는 단어나 상품의 품질 또는 목표, 가치 등을 표현하는 단어다.

상표 요건은 특허처럼 고유한 독창성도 아니고, 저작권처럼 지적 또는 예술적 노력도 아니다. 이 때문에 상표는 지식재산이라는 이름을 얻

주요 브랜드의 가치 규모 순위

브랜드	가치(10억 달러)
코카콜라	78
애플	77
IBM	76
구글	70
마이크로소프트	58
제너럴일렉트릭	44
맥도날드	40
인텔	39
삼성	33
도요타	30

(2012년, 인터브랜드)

을 자격이 없다고 하는 법률가도 있다.

2011년 현재 상표 출원은 총 420만 건이고, 이는 2010년 대비 13% 증가한 수치이며 특허출원 건수의 2배에 해당한다. 절반 이상인 210만 건은 독일에서 출원되었고, 그 뒤를 중국(140만 건)과 미국(130만 건), 프랑스(120만 건)가 따른다.

현재 상표는 상호보완하는 두 가지 방식으로 보호를 받는다. 가장 표준적인 방법은 등록이다. 이 과정은 특허등록 과정과 대부분 유사하다. 신청자는 그 표식이 사용되고 있고 표식 자격이 있으며 이전에 등록되지 않았다는 사실을 증명해야 한다. 등록에 성공하고 보유자가 계속 사업을 하면서 갱신수수료를 내면, 표식은 영원히 효력을 유지한다. 신청 및 등록 비용은 적지만 특허와 마찬가지로 소송비용은 많이 들지도 모른다. 미국은 서비스 분야에는 서비스마크를 따로 둔다.

등록이 됐든 안 됐든, 상표는 대개 '사칭통용'을 제재하는 여러 법으로 보호를 받는다. 사칭통용방지법은 어떤 사람이 자기 상품을 타인의 상품이라고 사칭하지 못하게 막는다. 법원은 실질적인 질문을 던져 판단한다. 일반 대중이 이 상품과 저 상품을 혼동하며 착각하는가? 저작권 전문가인 마이클 플린트Michael Flint는 다섯 가지 기준이 있다고 한다. 사칭통용에는 반드시 (1) 허위 표현이 있어야 하는데 (2) 이는 거래 중한 사업체가 (3) 잠재고객에게 하는 표현이며, (4) 여기에는 다른 사업체의 사업 내지 영업권에 손상을 입히려는 목적이 있고 (5) 실제로 해당 사업체의 영업 혹은 영업권에 손해를 입혀야 한다.

사칭통용방지법은 다른 모든 지식재산을 방어할 때도 사용 가능하다. 예를 들면, 어느 출판업자가 저작권 소송을 걸어 자기 책과 동일하지는 않지만 유사한 책을 낸 다른 출판업자를 고소한다고 했을 때, 만일 저작권이 침해되지 않았으면 질지도 모른다. 그러나 이 사건이 위에서 말한 다섯 가지 기준에 다 해당한다면 '사칭통용' 소송에서는 이길지도 모른다.

새로운 권리계약

지식재산의 기본은 권리 보유자와 대중 사이에 맺는 '권리

계약'이며 이 계약은 두 가지 원칙의 균형을 맞춘다. 첫째, 사람은 창의적 노력에 대한 보상을 받을 자격이 있으며 따라서 접근과 복제를 제한할 권한이 있어야 한다. 둘째, 작품과 발명을 공공영역에 두어 자유롭게 쓰면 사회 전체가 혜택을 받는다. 말하자면 소유권(통제)과 사용(접근) 사이의 균형이다. 이 균형을 완벽하게 유지하는 나라는 없으며 그러기를 기대하는 것도 비현실적이다. 어디에 선을 그을지에 관해 사람들은 저마다 다르게 가정하며 기술이 변화하면서 소유자의 방어책이나 대중의 접근 능력도 변한다. 그러나 우리에게 필요한 것과 우리가 가진 것 사이의 간극은 너무나 넓다.

권리계약은 우리가 아주 잘 아는 소유권과 점유라는 익숙한 물적 재산 개념이 지식재산에 적용되면 그다지 분명하지 않다는 사실에 지금껏 어떻게든 대처해 왔다. 그러나 아직도 지식재산의 불법 사용은 '실제' 물건을 훔치는 일만큼 해가 되지 않는다는 생각이 깊이 뿌리박혀 있다.

실물인 책(디자인과 표지, 종이, 책 두께)과 실물 영화 판본(무게)이 그 내용보다 더 가치 있고, 지식의 가치가 아니라 물체의 가치가 그것을 훔쳤을 때의 범죄 정도를 결정짓는다는 생각이 지금도 남아 있다. 사람들은 문고판보다 양장판을 훔치면 더 큰 죄책감을 느낀다. 더 안 좋은 이야기도 있다(관점에 따라 더 나은 이야기일 수도 있다). 문고판을 훔칠 때 죄의식을 느끼는 사람이라도 똑같은 글을 컴퓨터 하드디스크나 인터넷에서 출력할 때는 그리 죄의식을 느끼지 않는다. 사실 잡힐 가능성이 적기도 하지만, 죄책감도 확실히 덜하다.

누가 이웃의 의자를 훔치면 모두(국가와 법원, 이웃) 하나같이 그 사람은 범죄를 저질렀으니 처벌을 받아야 한다고 한다. 습관적으로 그런 짓을 하면 결국 감옥에 간다. 그런데 책을 훔치거나 '깜박 잊고 돌려주지 않으면' 절도는 절도지만 그 일로 감옥에 갈 가능성은 별로 없다. 그러니 책 내용을 훔친들 누가 상관하겠는가? 비디오를 복사한다 치자. 이웃사람도 아마 '나도 봐도 돼요?'라고 할지도 모른다.

계약은 나라마다 각각 작성한다. 미국은 헌법에 지식재산을 넣은 몇 안 되는 국가 중 하나이며, 의회에 '저자와 발명가들을 대상으로 각자의 저작과 발견에 관한 독점적 권리를 한정된 기간 보장하여 과학과 유용한 기술의 진보를 촉진할' 권한을 준다(엘드레드도 실패하기는 했지만 저작권 기간 연장을 저지하려고 할 때 '한정된 기간'이라는 표현을 사용했다). 이 실용주의 접근법은 권리 보유자의 영리적 이해관계를 지지한다.

프랑스와 독일을 필두로 한 유럽대륙 국가들은 기업보다 창조자의 개인 권리를 우선시한다. 독일 정부는 사용권료를 못 받았다는 민원을 제기한 음악 권리 보유자들에게 압력을 받아 종종 유튜브를 차단하고, 독일 의회는 구글이 저자 인세도 지불하지 않은 신문기사 게시를 못하게 막자는 제안을 두고 논쟁을 벌였다. 영국은 이 두 접근법 사이에 어색하게 끼어 있다. 영국은 미국식 영리접근법을 지지하고 두 나라는 관습법이라는 같은 앵글로색슨 전통을 공유하지만, 한편으로는 EU 회원국으로서 이웃 국가들과 법체계를 조화시킬 의무가 있다.

저작인격권에 관한 태도는 영미법과 대륙법의 차이를 상징적으로 보여준다. 저작인격권은 어떤 영리 거래가 이루어지든 상관없이 작품에 관한 권리는 저자에게 있다는 믿음에서 출발한다. 임마누엘 칸트Immanuel Kant는 1790년 『판단력 비판The Critique of Judgement』에서 이렇게 썼다. "모든 예술작품은 물체 안에 깃든 창조정신으로 만들어진다. 인간은 물체는 살 수 있을지 몰라도 그 안에 든 정신, 그러니까 영혼은 사지 못한다."[30] 작품을 만든 사람은 모두 원저자 자체로 대우를 받을 권리(성명표시권), 폄하하는 취급을 막을 권리(온전성), 그릇된 권리 귀속을 막을 권리가 있다. 프랑스에서 이러한 권리는 모두 영구하며 저자에게서 빼앗지 못한다. 예를 들어 저작권이 소멸된 지 오래인 19세기 소설을 지금 내가 비웃으면, 작가 후손들이 나를 고소할 수도 있다. 미국이나 영국은 이런 정서에 공감하지 못한다. 양국 모두 1980년대에 국제사회의 압력 때문에 인격권을 채택했을 뿐이다.

이들 산업국들과 그 외 국가 간 격차는 더욱 크다. 중국은 1912년부터 1940년대까지 국민정부가 아이디어와 발명의 사유를 막았고, 1979년 덩샤오핑이 공산당 자유화를 시작하면서도 다시 막았다. 현재 지식재산은 현대화 개혁 계획의 상징으로 간주되고, 관료들은 저마다 할당받은 특허 목표가 있어 이 목표를 달성하려고 열심히 노력한다(인민해방군은 사용허가를 받지 않은 군 기념품을 파는 노점상을 상대로 조치를 취하기도 했다). 이제 신생회사들은 복제를 막아야 하고 수출하려는 회사들은 외국법 안에서 운영해야 한다는 사실도 깨달았다. 그러나 국가 자체가 아주 오랜 고립 상태였기 때문에 자유로운 복제 본능이 아직도 강하고, 여기에 LP나 CD, DVD 같은 실물 기반은 중국에서 한 번도 제대로 자리를 잡지 못했다. 다시 말해 중국 청년 대다수가 처음으로 대중오락을 맛보는 곳은 저작권 적용이 느슨한 온라인이라는 의미다.

다른 나라들도 사유에 관한 유럽과 미국식 사고를 그리 빠르게 채택하지는 않았다. 일본은 유럽이 지식재산법을 도입한 지 200년 뒤에야 최초의 지식재산법을 도입했다. 이슬람 국가에서 샤리아 율법은 두뇌의 재산은 신의 재산이라고 한다. 힌두사회에서는 정신노동이란 성聖과 공유되므로 개인이 소유하지 못한다고 본다.

또한 예로부터 수출업자와 수입업자, 판매자와 구매자, '상업'과 '문화' 사이도 나뉘어 있다. 내 여행가방이 어느 나라에 가도 내 소유이듯, 판매자도 어느 나라에서나 자기 상품이 보호받기를 원한다. 영화와 음악, 제약회사는 상품을 베끼거나 훔치기 쉬운 나라에서는 판매하기를 꺼린다. 수입국은 보호할 자체 지식재산이 거의 없어서(그렇기 때문에 수입하지만) 국내법을 두지 않을 때가 많고, 법이 있다 해도 엄격하게 적용하지 않는다. 일부 국가는 지식재산에 관한 서구의 규칙이 아이디어와 지식, 기술 수입에 매기는 부당한 세금과 다름없다고 보았지만 서구시장에서 그 보복으로 쫓겨날까 두려워 소리 높여 불평하지는 못했다. 미국은 호주와 멕시코, 태국 정부에 미국식 지식재산 규칙을 따르지 않으면 미국 식료품 시장에서 쫓겨날 것이라고 확실하게 밝혔다.

현재 힘을 얻는 기본 추세는 정반대로 치닫는 두 가지, 즉 사유화 추세와 보다 열린 접근을 향한 추세다. 둘 모두 점점 기세가 강해지고 있다.

기업 관점에서는 사유화를 지지할 논거는 많고 반대할 논거는 거의 없다. 정부가 승인한 재산 사용권이라는 기회를 기꺼이 포기할 회사는 없다. 자기 저작권을 주장하는 행위는 비용도 전혀 들지 않고 국제적으로 인정받는 거래와 계약의 틀을 제공하며 또한 기업이 투자를 보호할 힘을 준다. 특허는 제약 등 여러 산업에서 대규모 투자를 보호하며 혁신과 사업 성공에서 일반적으로 인정받는(결함은 있지만) 지표가 되었다. 상표는 사업에서 필수 요소가 되었고 브랜드 소유자와 소비자 모두 그 가치를 인정한다. 그 결과 점점 더 많은 창조 작품에 '사유재산'이라는 꼬리표가 붙는다.

사유화에 반대하는 주장에도 강력한 논거가 있다. 유인과 보상을 잇는 연결은 보기보다 약하다. 개인은 여러 다른 이유로 창조하고 혁신하며, 자신의 아이디어가 보호받지 못한다 해도 계속 밀어붙일 사람은 많다. 과학에는 자유롭게 활용하는 전통이 있는데, 대학과 공공 연구기관은 이 전통을 철저히 지지한다. 컴퓨터 출판업자이자 활동가인 팀 오라일리Tim O'Reily는 뉴턴이 운동의 법칙을 발표하는 대신 이 법칙의 산업응용 관련 특허를 받았다면 대체 어떻게 되었겠느냐고 묻는다. "아니오, 포물선 탄도에 대해 아는 내용은 말씀 못 드립니다만, 요금을 내시면 총기의 영점조준은 해드리죠."

지식재산과 혁신의 역사적 연관성 면에서도, 유엔과 세계은행이 실시한 연구를 보면 미국과 영국, 프랑스, 독일, 스위스 등 세계 여러 나라는 자국 지식재산 법령이 최소이던 18세기와 19세기에 번영했다. 당시 이들 국가에는 다 특허청이 있었지만, 참신성과 의외성이 있는지로 출원을 심사한 곳은 없었다. 미국과 영국, 그리고 유럽 국가들은 19세기가 되어서야 특허등록에 관한 체계적인 규칙을 마련했다. 발명품이 정말로 새로운지 심사하는 정식 조사도 이때 포함되었다. 영국 특허청은 1883년에 처음으로 업무를 시작하기는 했지만 그로부터 20년 뒤 영국 특허 중 40%는 무효로 판명되었다.

미국과 일본, 행동을 개시하다

권리계약은 몇 년에 한 번씩 새로운 곳에서 공격을 받는다. P2Ppeer-to-peer 공유와 대규모 음원 불법 다운로드가 가능해지면서 미국 권리 보유기업들은 십대들에게 법적 조치를 취하며 대응했지만 효과는 별로 없었고, 지금도 여전히 대규모 침해를 막는 방법을 놓고 고전 중이다. 미국 저작권 법안 두 건은 초기에 거부당했고 EC 제안에 항의하는 뜻에서 유럽 의회 관료 몇 명이 사임하기도 했다.

구글이 절판 도서를 비영리로 디지털화하겠다고 제안하자 여러 유럽 정부는 물론 수많은 작가들이 공격을 퍼부었다. 영리 전자책이 도래하면서 권리계약에 부족한 점이 있다는 사실이 다시 한 번 드러났다.

시각장애가 있는 사람들은 킨들 등 전자책 장치에 내장된 문자 음성전환 기능을 사용해서 글을 귀로 듣고 싶어 했다. 미국과 프랑스, 독일은 정상인들이 이러한 예외를 악용하는 사례를 막기가 어려우리라 판단하면서도 마지못해 양보했다.

2009년 코펜하겐과 2012년 리우에서 열린 지속가능발전회의에서 대표단 대부분은 개발도상국이 에너지 효율 기술을 보다 폭넓게 확보하게하고자 했지만, 상당수 기술은 빈곤국이 감당하기 어려울 정도의 비싼 특허에 좌우되었다. 중국은 유일하게 대표단에 지식재산 전문 변호사를 데려와 저에너지 기술에 관한 특허 예외를 지지하는 주장을 펼쳤지만, 합의는 이루어지지 않았다. 아프리카에서 3D 프린터를 사용해 트랙터 예비 부품을 만들자는 제안도 프린터 소프트웨어에 있는 저작권에 관한 우려 때문에 실패하고 말았다.

이러한 문제를 결정하는 기본 틀은 영리적 활용과 개인 이익으로 기울어져 있다. 여러 해 전, 세계화의 도약대 역할을 한 미국이 자국 수출과 경제 전체가 얼마나 지식재산 무역에 의존하는지 깨달았을 때 정해진 틀이다. 한 대통령 전담반은 다음과 같은 결론을 내렸다.

> 재산 개념은 우리 사회 법 이론과 사회·경제 활동의 중심이었지만, 재산 관련 개념은 유형자산, 특히 토지와 동산 위주로 구성되었다. 정보나 정보를 다루는 방식, 정보상품을 재산으로 취급할 때는 유형물질에 재산이론을 적용했을 때 발생하는 문제와는

또 다른 문제가 발생한다.[31]

여기서 표현은 어색하지만 생각은 확실하다. 정보는 물론이고 지식재산, 아이디어와 정보 소유권에 관한 새로운 외교정책이 필요하다는 뜻이다. 숨은 의미 역시 명백했다. 미국은 자국 이익에 부합하는 정책이 필요하다. 창조상품을 수출하는 모든 나라는 브랜드를 팔든 저작권 사용허가를 주든, 어디서나 높고 똑같은 수준의 보호를 받아야 한다는 말이다. 그리고 일본이 이를 거들었다. 미국이 엔터테인먼트 부문에서 우세하듯 일본은 전자부문에서 우세했고, TV와 비디오 음악장비 특허를 모든 국가에서 보호받으려고 했다. 일본이 미국 편을 들었지만 그것만으로는 충분하지 않았고, 미국 정부는 무엇을 해야 할지 궁리했다.

미국은 저작권과 특허에 관한 국제협약이 지나치게 약하다고 생각했고 이를 감시하는 유엔기관을 그리 달가워하지 않았다. 그래서 미국은 무역에서 좀 더 사업 지향적인 체제로 돌아섰고, 엄청난 로비를 벌인 끝에 1994년 100개국 이상이 모로코 마라케시에 모여 세계무역기구를 새로이 창설하고 무역관련 지식재산권 협정에 서명했다. TRIPS는 특허, 저작권 및 관련 권리, 상표와 서비스마크, 지리적 표시, 산업 디자인, 신식물 보호, 통합회로도, 영업비밀 등 모든 창조상품을 대상으로 한다.

TRIPS는 처음으로 지식재산을 경제문제로 취급한 협약이었다. 그 전에 지식재산 관련 분쟁은 닫힌 공간이나 법정에서 해결되거나 되지 않는, 계약에 관한 개인 문제였다. 그러나 이제 각국 정부는 WTO를 활용해 지식재산 규칙을 시행했고, 불법행위는 제재나 제명으로 이어질 수도 있었다.

이런 식으로 예술, 식물, 약품, 원주민 예술 할 것 없이 서구식 사유재산 원칙을 시행하는 데 분개한 나라들도 있었다. 제프리 삭스Jeffrey Sachs 하버드대학 교수는 《이코노미스트The Economist》에서 이러한 비판적 관점을 다음과 같이 설명했다.

> 지식은 논쟁할 여지가 없이 세계 번영의 핵심이지만(그리고 지식 부족이 인간 빈곤의 핵심이지만), 지식재산에 관한 세계 체제는 재검토해야 한다. 미국은 특허법을 강화하고 저작권 침해를 줄이자며 세계를 설득했다. 그러나 지금은 다국적 기업과 부자 나라 기관들이 인간 유전체부터 열대 다우림 다양성까지 온갖 것에 특허를 내는 상황이다. 끝을 모르는 이 과정에 상식과 평등을 도입하지 않는다면 가난한 나라는 등골을 뽑히고 말 것이다.[32]

이러한 도전에 직면한 주요 기관은 내가 농담조로 '지식재산의 중앙은행'이라고 하는 각국 지식재산청이다. 이들은 세계의 특허 및 상표 대장을 운영하므로 사실상 기업이 축적하는 부에서 아주 큰 부분을 차지하는 화폐를 발행하는 셈이다. 또한 예술과 문화, 디자인, 미디어, 엔터테인먼트 소유권을 통제하는 저작권 규칙을 수립하기도 한다.

국가는 이러한 가치 있는 화폐를 독점하고 높은 수익을 올린다. 미국 특허청은 2012년 22억 달러를 벌어들였고, 연방정부의 경상비 배정 방식에 따라 순이익은 8,800만 달러 가까이 된다. 영국 특허청은 수입 1억 1,500만 달러, 흑자 2,200만 달러를 기록했다. 미국 특허청이 아직도 저작권 등록 서비스를 유지하며 판매하기는 하지만, 양국 특허청 수입원은 저작권이 아니라 상표와 특허등록이다. 베른저작권협약은 저작자 차별을 우려하여 의무 등록을 금지한다.

누가 무엇을 소유하는지 명확하게 밝히고 소규모 사용허가나 소액 지급을 돕기 위해 저작권 등록을 재도입하라는 요구도 나온다. 미국에서는 시카고옵션거래소Chicago Board Options Exchange와 민간 주식회사가 국제지식재산거래소International Intellectual Property Exchange를 설립했고 이사회 이사는 필립스Philips와 마이크로소프트에서 선임했다. 이 거래소에서는 사용권 매매와 헤징이 가능하다. 주로 거래되는 자산은 주식처럼 매매가 가능한 비독점 사용권인 '단위사용허가권ULR(Unit License Right)'이다.

중국에서는 여러 기업가들이 베이징저작권거래센터Beijing Copyright Trade Centre 같은 도시 소재 민간 거래소를 세웠고 그 밖에도 20여 개 도시에서 거래소 설립에 돌입했지만, 정부가 규제 미비를 우려해 제동을 걸었다. 영국 정부는 거래 건수는 많지만 저가의 권리사용허가를 원활하게 하고자 이언 하그리브스의 저작권 허브 권고안을 채택했다.[33]

대중의 소리

최근까지 소홀히 다룬 주제가 있다면 바로 대중의 소리다. 2003년, 미국의 한 단체가 WIPO에 회의를 주최하라고 요청했다. 리눅스와 HGMP, GPS 등 '균등 공유' 시스템의 성공을 근거로 WIPO 논의에 FOSS 원칙을 훨씬 광범위하게 적용할 방법을 논의하자는 취지였다. WIPO는 처음에는 이 제안을 환영했지만 미국의 압력에 결국 마음을 바꿨다. 미국 특허청의 한 관리는 "오픈 소스 소프트웨어는 지식재산권을 증진한다는 WIPO 강령에 반한다"라고 했다. 그러나 여기서 오픈 소스 소프트웨어에 관한 말도, 또 WIPO 강령에 관한 말도 틀렸다. WIPO 강령 전문을 보면 "균형 있고 효과적인 국제 지식재산 체제를 통해 모든 국가의 경제 및 사회, 문화 발전을 위한 혁신과 창의성을 증진한다"라고 한다.[34]

몇 년 뒤, 나는 로렌스 레식, 존 설스턴, 린 브린들리Lynne Brindley, 제이미 보일Jamie Boyle, 밴다나 시바Vandana Shiva, 코리 닥터로우 등 유수 사상가 19명으로 구성된 국제위원회를 소집했다. 우리가 만든 '창의성 및 혁신, 지식재산에 관한 아델피헌장Adelphi Charter on Creativity, Innovation and Intellectual Property'은 사유재산과 공공접근 사이의 균형에 관한 기본 원칙을 정했다. 1년 뒤, 영국 정부가 앤드류 가워스에게 저작권 조사를 실시하라고 요청하자 가워스는 우리가 최선의 출발점을 제시했다고 했다. '아델피헌장'의 기본 명제는 창조자가 개인 보상을 얻을 권리와 사회가 공공접근을 얻을 권리 사이의 균형(권리계약)이다.

오늘날 법은 불균형 상태다. 먼저 저작권을 보자. 다른 구시대 법에 비하면 1710년 영국 저작권법의 원칙은 대단히 잘 유지되었고 여전히 효과 있는 원칙을 제공하지만 이제 한계가 보인다. 창업비용이 낮고 점점 성장하면서 저작권이 별로 필요 없는 소프트웨어·닷컴 부문과, 초기 투자비용이 높고 비교적 짧은 시간 안에 손익분기점을 돌파해야 하며 저작권이 중요한 미디어·엔터테인먼트 부문 사이에 존재하는 간극이 더욱 벌어지기 때문이다.

소프트웨어와 닷컴기업들은 특히 균등 공유의 성장에 힘입어 잘 해나가고 있으며, 균등 공유는 단순히 해커뿐만이 아니라 IBM이나 구글(이 회사의 안드로이드 운영체제는 여전히 리눅스 커널을 사용한다)처럼 확실히 자리를 잡은 기업에서도 지식을 공유하고 사업개발 속도를 높이는 데 효율적인 방법이라는 사실이 증명되었다.

그러나 미디어와 엔터테인먼트 부문은 악전고투 중이다(어느 정도는 관문을 통제하는 소프트웨어와 닷컴기업 때문에 고전한다). 이들 기업은 저작권 관련 처벌 강화에 희망을 걸었지만, 이것도 그리 큰 해결책은 되지 못한다. 이들은 인구 변화와 새로운 기술이라는 측면에서 사업모델을 다시 생각해야 하며, 반드시 먼저 그렇게 하고 나서 저작권 사용허가 문제를 다시 생각해야 한다. 음반과 신문의 매출 급감은 기업의 총체적 경영방식에서 생긴 결과지, 구체적인 저작권 문제가 아니다. 상업적 권리 보유자가 낡은 사고방식이라는 족쇄를 풀고 새로운 접근법을 취하면 모두에게 이익이 될 것이다.

여기에 협조하는 정부는 별로 없다. 최근 가장 시간을 많이 소모한 국제사업이 있다면 ACTA 협약일 텐데, 이 협약은 비공개로 진행되었고 대대적으로 비난을 받았다. 각국 정부는 광대역 확산을 찬양하는 데만 지나치게 시간을 들이고, 지식재산에 필요한 변화를 생각하는 데는 충분한 시간을 들이지 않는다(경쟁정책법과 조세법을 다시 생각해 내지도 못한 채 말이다). 물론 변화의 조짐은 있다. 영국의 '가워스 검토 보고서'는 '합리적' 정책 수립을 호소했다. 그러나 영국 등 각국 정부는 여전히 비정기적 검토에 지나치게 의존할 뿐, 이러한 문제를 주류 정책 수립과정에 포함하기를 주저한다.

특허승인에 있어서는 특허에 기술적 발명이 필요한지(유럽과 일본, 중국처럼) 아닌지(미국처럼)를 고려해야 한다. 극히 평범하지만 그저 컴퓨터 코드로 표현되었을 뿐인 사업과정에 자애롭게 특허를 주는 미국식 관행은 멈춰야 한다. 소프트웨어처럼 혁신이 저렴하고 빠른 부문의 기술특허 기간은 연구개발 시간이 더 길고 시장성 검증이나 임상시험까지 해야 하는 제약 부문 등의 기술특허 기간보다 짧아야 한다. 한편, 특허 중심의 의료 연구개발은 부자를 위한 한계편익에만 지나치게 집중하고, 10억 명이 넘는 개발도상국 빈민에게 영향을 미칠 열대성 질환 치료약에는 거의 신경도 쓰지 않는다는 증거도 있다. 이에 국제의약품기구UNITAID 같은 대안도 떠오른다. UNITAID는 5년 동안 주로 항공 여행 세금을 통해 저비용 약품을 만들 기금 21억 달러를 조성했다.

특허승인 과정의 핵심인 등록기준도 타당한지 검토해야 한다. 참신함과 독창적 진보, 기술효과라는 세 가지 특허기준은 이제 대중이나 우리가 선정한 대리인들이 모르거나 알더라도 이해하지 못하고, 더군다나 변호사와 심사자들이 합의할 수 있는 선을 넘어 적용되는 형국이다. 미국의 특허 심사위원은 10~20페이지에 달하는 보고서를 작성하는 데 평균 이틀밖에 여유가 없고, 허술한 심사를 통과하는 출원이 너무 많다. 승인을 거부당한 출원 신청자는 신청서가 다음 번에는 동정심이 많거나 지친 심사위원의 책상에 떨어져 좀 더 호의적인 반응을 얻기를 기대하면서 똑같은 내용을 다시 제출할 수도 있다. 애플은 음성인식 소프트웨어인 시리Siri에 8회 또는 10회(기록에 따라 횟수가 다르다)나 특허출원 신청을 했고 결국 성공을 거뒀다. 2012년, 노키아Nokia는 지난 5년 동안 특허를 근거로 하는 150건의 소송에 휘말렸다고 밝히면서 상대방은 아마 나름대로 가장 강력한 근거를 찾아내어 이런 소송을 제기했을 것이라고 했다.[35] 그러나 결과를 보면 그 150개 특허 가운데 단 하나만이 유효했다. 만일 특허 수 감소 및 보다 엄격한 심사와 더 많은 이익 사이에서 선택해야 한다면, 각국 특허청은 더 높은 기준을 충족하는 데 우선순위를 두어야 한다.

시장은 점점 시끄러워진다. 개인 소유권과 공공접근 사이의 균형을 누가 견제하는가? 각국 기관은 저마다 고객을 관리한다. 그러면 이들 기관은 누가 감독하는가? 심사위원은 누가 심사해야 하나? 스토리 대법관은 저작권법이 헤아릴 길 없이 미묘하다고 설명했는데, 이러한 이유로 외부자는 참여하기가 어렵다. 그러나 외부자들은 반드시 참여해야 하며, 그러지 않으면 계약은 일방적인 것이 되고 말 것이다.

7

제 7 장

찾고, 배우고, 섞고, 공유하고

직접 만드는 우주

중국 펭귄북스Penguin Books의 CEO인 조 러스비Jo Lusby는 2006년에 "중국 출판업의 모든 중대한 발전은 인터넷에서 시작되었다"라고 말했다. 몇 년이 흐른 뒤에 내가 이 말을 다시 확인하자 러스비는 아직 생각을 바꿀 만한 상황은 보지 못했다고 답했다.

컨설팅회사 PwC는 엔터테인먼트와 미디어 분야 소비자 총지출 가운데 25%는 디지털에 쓰이며, 그 내역은 비슷한 수준인 접근 및 검색 비용과 콘텐츠 비용이라고 한다. 그러나 러스비가 한 발언은 단순히 돈 이야기가 아니었다. 새로운 글쓰기와 독자 참여에서 유통과 가격 책정에 관한 새로운 실험까지, 모든 새로운 아이디어가 존재하는 곳이 인터넷이라는 말이었다. 중국은 다른 나라보다 전통 출판산업이 비교적 발전하지 않은 상태라 이러한 추세가 어느 나라보다도 빠르게 일어나는 중이다. 그렇지만 이는 보편적 추세이기도 하다. 인터넷에는 출판과 독서에 관한 나름의 생각이 있고, 고유 언어까지 있다. 사람들은 책을 읽기는 하지만 전자책 독서기로 읽는다.

레이디 가가Lady Gaga의 매니저인 트로이 카터Troy Carter는 이 신세계에서는 가수의 활동을 팬들이 라디오 같은 한 방향 미디어에서 처음 듣게 된다면 사형 선고나 마찬가지라고 한다. 카터는 자기 고객인 레이디 가가 관련 소식은 반드시 온라인상에서 팬과 추종자로 이루어진 내부자 네트워크를 통해 발표되도록 한다. 수십 년 동안 궁극적 성공을 의미하던 라디오 순위 방송은 이제 낙오자에 불과하다. 카터는 자신이 사회적 통로라고 부르는 백플레인Backplane을 비롯해 열 개가 넘는 온라인 신생기업에 투자했다.

이 장에서는 인터넷이 어떻게 글과 음악, TV, 영화의 기본 생태계가 되었고 그 밖의 제품을 홍보하고 판매하는 기본 시장이 되었는지, 그리고 창조경제인 인터넷에서 제작과 홍보, 판매 사이의 구분선이 얼마나 희미해지고 있는지 살펴본다. 인터넷 생태계를 결정하는 요인으로 이야기를 시작하겠다.

첫째, 인터넷은 이제 세계 최대 시장이다. 미디어 콘텐츠 등 아주 지배적인 시장도 일부 있고, 사람들의 감수성과 기대, 가격에 영향을 미치는 시장도 있다.

둘째, 인터넷은 이제 사람들의 태도와 기호, 행동과 연락처 등에 관해 상상하기 어려운 양의 데이터를 생산하고 클라우드에 저장한다. 이 거대한 '빅데이터'는 노후화하는 일 없이 분석과 사용, 재사용이 가능하다. 기업들은 이제 수학 알고리즘을 사용하여 분석을 더 정밀하게 하고 새로운 의미를 찾는다. 인터넷의 미래는 빅데이터와 알고리즘의 미래와 관련되어 있다.

셋째, 인터넷은 네트워크 관계에 기반을 두며 이 망은 사용자 주도 방식이다. 아주 조금, 자기만족을 위해서일지라도 망을 더 똑똑하게 하려는 사람들이 망을 고안하고 사용한다. 네트워크를 개선하기 위해 네트워크를 형성한다. 이 협업은 창조성과 소유권, 보상에 다양한 영향을 끼친다.

넷째, 통합이다. 인터넷은 데스크탑과 노트북의 족쇄에서 벗어나 이제는 태블릿과 스마트폰 등 다양한 장치에서도 사용 가능하다. 그리고 놀랍게도 일상 용품에 내장되어 클라우드에 데이터를 전송하는 아주 작은 무선 전송기에서도 사용 가능하다. 그러니 전 세계에서 사용 가능한 셈이다. 현재 회사 자체의 작은 생태계를 창조하려는 주요 관문 기업Major Gateway Companies들이 있는데, 이러한 통합 추세는 이들 기업 때문에 도움을 받기도 하고 방해를 받기도 한다.

메가 시장

온라인 경제는 세계에서 가장 빠르게 성장하는 경제로, 중국의 경제성장 속도보다도 빠르다. 이러한 일이 벌어지는 이유는 두 가지다. 이제는 어디에 있든 온라인에 접속하기도 쉽고 온라인에서 시간을 보내기도 훨씬 쉽기 때문이다.

미국과 중국 젊은이들은 모두 인터넷을 사용하고 더 멋진 디지털 생활방식을 고안하는 능력이 뛰어나다. 미국 캘리포니아와 그 외 2~3개 주에 사는 사람들은 역사상 유례가 없는 속도로 끊임없이 혁신을 이루어낸다. 두 번째로 큰 닷컴 혁신의 원천은 중국으로, 특히 네트워크와 전자상거래 분야에서 그렇다. 온라인에서 검색과 쇼핑을 하고 사람들과 관계를 맺으며 여흥을 즐기는 국민의 수는 다른 어느 나라보다도 중국에 월등히 많다.

그런데 이 두 사이버 세계 사이에 상호 교류는 별로 없다. 중국 사이버 공간에 들어가는 미국인은 극히 드물다. 하지만 중국인들은 종종 미국 사이버 공간에 들어가 미국 웹사이트를 이용한다. 중국 정부가 페이스북, 유튜브, 트위터 등 해외 네트워크 일부를 금지하고 검색엔진을 엄중히 감시하지만, 사실 중국인들은 프록시서버를 통해 접근한다.

코드를 만드는 중국인이나 미국인이나 실제 사용하는 언어는 달라도 같은 프로그램 언어에 익숙하고 둘 다 상대방도 읽을 알고리즘을 생성할 능력이 있지만, 이러한 공통점이 있는데 지금까지 큰 상호작용은 생기지 않았다. 그러나 앞으로는 분명 그렇게 되리라 본다.

투자자는 좀 더 겹친다. 야후는 원래 중국 최대 전자상거래 사이트인 알리바바의 43%를 소유했고, 지금은 싱가포르 테마섹Temasek, 일본 소프트뱅크Softbank, 모스크바 디지털스카이테크놀로지스Digital Sky Technologies(이 회사는 페이스북은 물론 중국의 360바이닷컴360Buy.com에도 투자했다) 등 다른 투자자들도 있지만 여전히 10%를 소유한다. 이보다 규모가 작은 여러 미국 펀드도 베이징에 지사를 두고 있다. 남아프리카의 내스퍼스Naspers는 구글과 아마존 다음으로 큰 세계 3위 인터넷 회사 텐센트Tencent의 30%를 소유한다. 텐센트는 액티비전블리자드Activision Blizzard와 합작투자 사업도 펼친다. 월마트는 이하오디안Yihaodian에 투자했다. 유럽 기업은 투자가 그리 활발하지 않다.

2012년에는 세계 인구의 34%인 24억 명이 인터넷에 접근 가능했다.

다시 말해 20억이 넘는 인구와 그 가족, 친구들이 보편성과 자유, 시장이라는 창조생태의 세 가지 명제 위에 구축한 네트워크에 접근했다는 뜻이다. 인구대비 사용자 비율이 가장 높은 지역은 북미와 유럽이지만, 사용자 수가 가장 많은 지역은 전체의 45%를 차지하는 아시아다. 중국의 사용자는 5억 6,000만 명으로, 미국의 2억 4,500만 명에 비하면 2배가 넘는다.

같은 해, 1초당 수백만 명이 구글을 검색했고, 1초마다 1시간 분량의 비디오가 유튜브에 올라왔다. 페이스북 가입자는 10억 명이 넘었고 온라인에는 언제나 1억 5,000만 명 이상이 접속해 있다. 텐센트의 QQ 계정은 7억 개 이상이며 보통 1억 명 이상이 온라인 접속 상태다.

휴대전화 가입 건수는 60억 건이 넘었다. 꽤 많은 사람이 1대 이상을 보유했다는 뜻이다. 스마트폰 판매 대수는 10억 대 이상, 앱 판매 건수는 550억 건 이상인데, 개인이 아주 저렴하게 개발한 앱이 대부분이었지만 그래도 개발자들은 앱으로 90억 달러의 매출을 올렸다. 최대 분야는 게임(49%), 소셜 네트워킹(30%), 엔터테인먼트(7%), 뉴스(6%)다. 또한 온라인 접속과 받아 둔 앱 사용 중 선택할 때, 사람들은 점점 앱 사용으로 돌아서는 경향이 있다. 2012년 말, 일반 미국인은 스마트폰은 물론이고 데스크탑 컴퓨터에서도 온라인보다 앱에 쓰는 시간이 더 많았다. 중국과 인도에서는 모바일 웹이 데스크탑 접속보다 더 인기를 끈다.[1]

실제 유통 상점이 드물거나 흥미를 끌지 못하거나 사람들이 쇼핑하러 갈 시간이 부족한 나라에서는 온라인 쇼핑이 급증하는 추세다. 중국과 인도, 브라질의 도시 청년은 가처분소득의 30% 이상을 온라인에서 쓰지만, 미국과 유럽 국가 평균은 5%에 불과하다. 2012년 알리바바에서 이루어진 거래 금액은 1조 5,900억 달러로 세계 최고였는데, 이는 아마존과 이베이 거래를 합친 금액보다도 많았다.[2]

각국 정부는 인터넷 접근을 감시하여 범죄나 범죄 가능성을 파악하고자 한다. 변화와 다양성, 학습, 적응이라는 4대 지표에서도 알 수 있듯이, 대개 개방 접근은 높은 창조 및 혁신 수준과 상관관계가 있다. 미국과 유럽이 가장 자유롭고 아랍 국가와 이란, 아프리카 국가, 쿠바는 자유 수준이 낮다. 중국은 예외로, 정부가 심하게 개입하는데도 코딩과 앱, 전자상거래, 온라인 미디어 부문에서 국민이 보이는 독창성 수준은 매우 높다.

북아프리카 내전과 아랍의 봄이라고 하는 중동 내전은 지상에서도 벌어졌지만 페이스북과 트위터, 텀블러Tumblr 등 사람들이 선호하는 소셜 네트워크에서도 일어났다. 이집트에서는 페이스북의 4월 6일 청년 운동에 7만 명이 함께 했다. 시리아에서는 정부와 야당이 유튜브와 플리커Flickr에 정기적으로 비디오를 올린다. 정부는 반란군의 페이스북, 트위터, 유튜브 사용에 대응하고자 온라인 시리아전자군대SEA(Syrian Electronic Army)를 창설했다. 미 육군사관학교 대테러센터에서 펴낸 한 보고서에서 분석가인 크리스 잼벨리스Chris Zambelis는 상당수 웹사이트와 비디오 블로그는 전투와 공습, 죄수들에 관한 아마추어 영상을 보여주지만 전문성도 꽤 높다고 했다.[3]

빅데이터

인터넷은 점점 거대해지는 양의 데이터를 자가 복제하는 데이터 기계이며, 현명한 사람들은 엑사바이트나 제타바이트가 도대체 얼마를 말하는지 기억하려고 애쓰는 대신, 미국의 거대 국가 정신을 조금 반영해 '빅데이터'라는 말을 쓴다. 또 그 크기가 어느 정도인지 물으면 충분히 크다고만 답한다. 현재 이러한 빅데이터로 분류하는 기준은 엑사바이트나 100경 바이트 정도지만, 진짜 기준은 바이트 수보다는 서로 다른 종류의 데이터 사이에 존재하는 다양한 경계의 성격과 가능한 관계의 수, 그리고 이를 관리할 새로운 데이터 도구의 필요성이다.

새로운 도구가 필요하다는 사실은 먼저 천문학과 기상 시스템에서, 그 다음에는 금융시장에서 명확해졌다. 금융시장은 수많은 변수가 있는 다차원 관계에 의존하며, 게다가 많은 사용자들이 훈련받은 전문가가 아니기 때문에 단순한 도구와 쉽게 이해할 수 있는 시각적 요약 자료를 원한다. 다음 사용자 집단은 닷컴기업이었다. 여기서 닷컴기업은 온라인에만 존재하며 실물로는 존재하지 않고 따라서 물리적 거래 전통이나 물려받은 지식이 없는 기업이라고 정의한다. 이들은 인간의 온라인 행동에만 관심을 둔다.

사이버 공간에서 어디로 움직이든 우리는 데이터 흔적을 남긴다. 클릭을 하거나, 이메일을 보내거나, 검색엔진을 사용하거나, 표를 사거나, 소셜 네트워크를 확인할 때마다 족적을 남긴다. 스마트폰을 켤 때마다 자기 위치를 알린다. 우리가 남긴 흔적을 종합하면 우리가 무엇을 하는지를 반영하는 지하경제가 구성된다. 사실 여러 면에서 이것이 진정한 지하경제는 아니다. 오히려 눈에 보이는 물적 경제만큼이나 실재하는 또 다른 평행경제라고 해야 옳다.

온라인 회사들은 여러 해 동안 이 데이터를 수집하고도 거의 네트워킹이나 검색, 전자상거래 등 1차적인 목표 달성을 지원할 때만 사용했다. 그러다 좀 더 상상력을 발휘해서 데이터를 사용할 방법을 탐색하기 시작했다. 이 회사들은 계량분석quantitative analysis과 알고리즘에 뛰어나다는 뜻으로 '퀀트qaunt'라고 하는 똑똑한 젊은 수학 전공자들을 계량분석가로 고용해 데이터를 각 등급으로 나누고 그 사이의 연결점을 증명하도록 했다.

온라인 회사들은 곧 자신들이 특이한 금맥을 깔고 앉았다는 사실을 깨달았다. 여기서는 위험한 곳에서 돈 들여 광산을 파는 대신 고객들이 공짜로 황금을 바치는 동안 집에 느긋하게 앉아 있으면 그만이었다.

빅데이터의 본질은 모든 것이 데이터나 수학이라는 사실이다. 여기서 황금은 데이터고 곡괭이와 삽은 수학이다.

예를 들어 우리가 검색어를 입력하면 검색엔진은 우리가 쓴 단어를 데이터로 환원하여 저장된 데이터베이스에 이를 추가한다. 누가 무엇을 검색하는지 안다는 사실은 그 자체로는 별 재미가 없지만, 계량분석가들이 모든 검색을 비교해서 범주를 나누면 그 결과는 흥미로운 사실을 알려줄지도 모른다.

2009년, 코리 콘래드Corrie Conrad라는 구글 엔지니어는 일반인이 검색한 의학 정보를 통해 미국 보건당국보다 훨씬 더 정확하고 신속하게 독감 발생지역의 확산 현황을 파악할 수 있다는 사실을 깨달았다. 콘래드는 정보를 좀 더 다듬는 알고리즘을 개발한 뒤에 이를 유수 의료기관과 제약업체에 보냈다.

구글은 또 사람들이 실제로 검색어를 어떻게 쳐서 넣는지 살펴보기 시작했다. 말하자면 처음에 가장 흔히 하는 시도라든지, 가장 흔한 실수와 오타, 가장 흔한 맞춤법 수정 등 실제 철자법 사용에 관해 엄청난 데이터를 생산했다. 그리고 이 데이터를 사용해 세계에서 가장 광범위한 맞춤법 검사 서비스를 만들었다. 그렇다고 각 언어의 모든 특징과 예외를 다 배울 필요는 없었다. 오류와 수정 등을 포함해서 새로 입력되는 철자를 다른 모든 철자와 비교하기만 하면 되었고, 그렇게 여러 가능성과 원하는 결과로 가는 경로를 계산했다. 이 모든 작업에 들어간 비용은 미미했다. 그저 일상 업무였기 때문이다.

구글은 같은 방식으로 방대한 유엔, EU 문서를 분석하여 번역 알고리즘을 개발했다. 이 알고리즘은 실패한 이전 시스템들처럼 문법과 단어 등 언어 규칙을 알 필요가 없었다. 단순히 사람들이 해 놓은 일을 분석하기만 하면 끝이었다. 사회언어학 문제를 수학 문제로 전환한 셈이다.

언론인 게리 울프Gary Wolf는 숫자 속에서 사는 사람들의 삶에 관심이 있어 데이터를 사용해 소위 '수치화된 자아Quantified Self'를 추적 관찰한다.

> 수면과 운동, 섹스, 음식, 위치, 각성도, 생산성, 그리고 영적 행복까지 모두 추적해 측정하고 공유하며 보여준다. 과거에도 사회학자들은 인간을 전체적으로 조사했고 실험실 심리학자들은 자원한 사람들을 대상으로 큰 성과를 거두었으나, 그때만 해도 우리가 실제로 먹고 놀고 이야기하고 사랑한 방식은 측정 가능한 흔적을 아주 희미하게만 남겼다. 그러다 네 가지가 변했다. 첫째, 전자 센서의 크기는 작아지고 성능은 좋아졌다. 둘째, 사람들은 이제 대개는 휴대전화로 둔갑한 성능 좋은 전산장치를 가지고 다닌다. 셋째, 소셜 미디어 때문에 모든 것을 공유하는 일이 일반적이 되었다. 넷째, 소위 클라우드라는 글로벌 슈퍼 지능이 떠오르고 있다는 사실을 우리가 깨닫기 시작했다.[4]

이러한 데이터 흐름은 예상치 못한 방식으로도 활용된다. 2010년 아이티 지진 같은 자연재해가 발생하면 피해자의 스마트폰에서 발생하는 데이터가 구조팀에 위치를 알리고 또 그 사람이 말하거나 움직이지 않아도 어떤 상태인지 알린다. 유엔 사업인 세계의 맥박Global Pulse에서는 개발도상국 소셜 네트워크 사용을 측정하여 식량난과 홍수, 내란 등 변화와 문제의 징후를 측정한다. CIA에서 후원하는 팰런티어Palantir Technologies(이 이름은 사실 톨킨의 『반지의 제왕』에서 따 왔다)는 인간이 수행하는 방법이 실패할 때 사람들과 장소, 사건 간 관계를 분석하여 테러리스트 위치를 파악한다.

이 접근법에도 위험은 있다. 여느 규칙기반 장치와 마찬가지로 알고리즘도 제어 불가능해질 가능성이 있다. 한때 아마존에서 사용하는 책 판매 알고리즘인 프로프내스와 보디북이 책 한 권을 두고 꼬이는 바람에 책 가격 2,369억 8,655.93달러에 배송비 3.99달러가 책정되는 사례가 발생했다. 아직까지도 그 이유는 명확하게 밝혀지지 않았지만, 프로프내스 알고리즘은 경쟁사 가격을 내렸고, 반대로 보디북 알고리즘은 아마도 책 재고가 없어서 더 큰 마진을 얻고자 가격을 올린 모양이었다. 당연히 이 책은 아무도 사지 않았기 때문에 발생한 손해도 없었다.

그러나 금융거래에서 일어나는 실수는 아무리 빨리 파악한다 해도 훨씬 심각한 손해를 끼친다. 2010년 5월 6일에 '순간 폭락' 때문에 다우존스지수가 몇 분 만에 800포인트 내려앉는 일이 생겼다. 그러나 실제 일어났을지도 모를 여러 가능성을 생각하면 이 정도 결과는 별 것 아니었다. 투자회사들은 이제 스텔스나 샤크 같은 이름이 붙은 알고리즘을 보유하고 '알고리즘 전쟁'을 벌이는 중이다.[5] 이러한 알고리즘들은 1조 분의 1초나 100만 조 분의 1초로 측정되는 속도로 상대방을 이기려고 애쓴다. 투자 회사 직원 중에 이를 이해하는 사람은 별로 없고(사실 그것이 핵심이지만) 금융거래를 규제해야 할 당국은 더더욱 이해하지 못한다. 뉴욕 중개인들 사이에는 아직까지도 순간 폭락이 발생한 이유를 두고 의견이 분분하다. 유럽 금융위기에 쉬운 해결책이 없는 이유 중 하나도 소유권이 있으면서 비밀스럽고 규제당국의 이해를 벗어나는 알고리즘 기반 매매가 우세하기 때문이다.

개인정보도 더 취약해진다. 구글이나 페이스북 같은 닷컴기업들이 민간과 공공을 막론하고 어떤 기존 조직보다도 많은 개인 관련 정보를 보유하고 있다는 사실은 누구나 안다. 이들 기업은 사람들이 어디서 무엇을 하며 어느 정도 소비 의향이 있는지 안다. 구글에 따르면 신용 카드 회사에는 어떤 부부가 헤어질 조짐이 보이는지, 불륜을 시작할 가능성이 있는지 알려주는 알고리즘이 있다고 한다.[6] 이들 기업은 이러한 정보가 상업적으로 왜 타당한지 이유를 댄다. 이미 여러 해 전부터 광고는 특정인의 인구 통계상 특징을 목표로 할 능력은 있었지만, 이 정보 덕택에 이제는 개인의 습관까지 목표로 할 능력도 생겼다는 것이다.

사람들이 아프면 우선 온라인으로 의학정보를 찾다보니 구글은 대개 담당 의사보다 먼저 그 사람들이 아프다는 사실을 안다. 구글 CEO인 에릭 슈미트는 유의미한 최신 의사-환자 정보도 갖추지 못하고 수렁에 빠진 미국 의료체계를 돕겠다고 오바마 대통령에게 제안한 적이 있다. 마이크로소프트사 크레이그 먼디Craig Mundie도 슈미트를 지지했다. 그러나 당국은 겁을 먹고 이 제안을 거절했다.

사람들이 스마트폰을 좋아하면서 판 돈은 서서히 다른 수준으로 증가했다. 영국 블리파Blippar는 스마트폰 앱을 사용하여 소비자 포장을 찍어 동영상을 만들게도 하고, 또 캐드베리Cadbury나 버진Virgin 등 여러 브랜드에서 위치와 날짜에 따라 고객 관심을 추적관찰하게도 한다. 자칭 "낮에는 광고대행사, 밤에는 발명연구소"라는 내슈빌레드페퍼Nashville

RedPepper는 고객이 점포에 들어갈 때 사진을 찍어 그 고객 스마트폰으로 특별 혜택을 보내는 페이스북 기반 체제로 일한다.

이런 일이 과연 의미가 있을까? 소매업의 충성고객제도가 주는 교훈은, 물론 선택할 여지가 없을 때도 많다는 점은 짚고 넘어가야겠지만, 사람들은 대부분 혜택이 눈에 보이면 기꺼이 정보를 준다는 사실이다. 구글이 거리뷰에서 거리와 그 거리에 있는 사람들의 사진을 찍고 지역 와이파이 네트워크의 이름을 수집할 때 불안감을 느끼는 사람도 있었지만, 보통은 혜택을 고려할 때 그럴 가치가 있다고 생각했다.

개인 데이터가 잘못되거나 도난을 당하면 어떻게 하는가의 문제도 있다. 유럽과 미국의 개인정보보호법은 알려진 데이터베이스에 담긴 오류 정보를 개인이 파악하고 수정할 권한을 준다. 그러나 빅데이터에서는 데이터가 어디에 있는지(아니면 어느 나라에 있는지, 어느 법이 적용되는지) 아무도 정확히 알지 못한다. 어쨌든 모든 바이트는 계속 복제되어 새로운 데이터 집합이 된다.

빅데이터는 유지비용이 높고 계량분석가들은 높은 연봉을 요구한다. 큰 기업은 비용을 감당하겠지만 작은 기업이나 비영리 단체들은 배제될지도 모른다. 특히 공공지출을 삭감 중인 미국과 유럽에서는 대학 연구자들이 데이터 집합을 단 하루 빌리면서도 연구예산에서 비용이 늘어날까 염려한다. 빅데이터 운영은 작은 조직보다 큰 조직에서 하기 쉽다.

네트워크의 네트워크

인터넷은 사용자들을 여러 망에 연결하기 위해 또 다른 여러 망을 사용하는 방법이라고 하면 가장 이해하기 쉽다. 이더넷Ethernet 망을 창안한 로버트 메트캐프Robert Metcalfe는 이더넷을 고객에게 판매하기가 어려워 이 망의 효용이 기하급수로 증가한다는 사실을 증명해야 했고, 그러다 보니 처음으로 시간을 들여 이 내용을 수치로 계산한 사람이 되었다. 메트캐프는 망 하나의 가치는 노드 수, 그러니까 노드에 딸린 사람 혹은 컴퓨터 수의 제곱에 비례하여 증가한다고 계산했다. 가장 작은 망은 이야기 상대가 상대방뿐인 두 사람이다. 이 때 메트캐프 법칙에 따른 값은 2 × 2 즉 4이다. 여기에 세 번째 사람이 끼면 노드 사이에 가능한 연결의 수는 3으로 늘고 메트캐프 값은 9가 된다. 그리고 네 번째 사람이 들어오면 수는 6, 값은 16이 된다. 연결의 수가 언제나 사람의 수보다 더 빠르게 증가한다. 접속점이 2억 개라면 2억 명을 연결할 수 있는데, 이럴 때 망의 가치는 4,000만의 10억 배다. 6억 중국 인구를 연결하면 망의 값은 36×10^{16}이다. 수치가 어찌나 큰지 감이 안 잡힐 정도다. 결국 이것도 빅데이터 이야기다.

인터넷은 사용자들이 사용자들을 위해 설계했다. 나의 망, 너의 망, 우리의 망이다. 수십 년 동안 통신회사들의 성미에는 거슬리는 말이었다. 후일 음반사나 신문사들도 너무 늦게 깨달았듯이, AT&T, 영국통신British Telecom, 일본통신Nippon Telecom 등 사업자들은 자체 망 인프라를 구축하는 데 지나치게 집중하느라 인터넷에는 신경을 쓰지 않았다. 통신 사업자들이 펼친 사업전략은 고객의 요구를 예측하고 기업 고객에 고급 서비스를 제공하고 일상 업무를 잘 관리하자는 것이었다. 그러면서 이것을 '지능망'이라고 불렀다. 아주 잘못된 전략이었다.

망을 더 '지능적'으로 만들 때마다 사람들은 다른 것을 원했다. AT&T의 데이비드 아이젠버그David Isenberg가 "떠오르는 바보망: 한때 멋진 생각이던 지능망이 이제는 별로 멋지지 않은 이유"라는 제목으로 도발적인 내부 문건을 올리면서 해결안이 나왔다.[7] 아이젠버그는 노벨상 수상자 알베르트 센트죄르지Albert Szent-Györgyi 밑에서 인간 의식을 연구했는데, 과학자이자 정치 운동가인 센트죄르지는 사용자가 원하는 대로 소통하는지 여부에 망의 구조가 직접 영향을 준다는 사실을 알았다. 아이젠버그는 사용자가 통제하는, 민주적이면서 사용자가 주도하는 망을 원했다. 그리고 망의 제약을 "무의미할 정도로 사소한 것"으로 축소하고자 했다.

아이젠버그는 당시 전화 회사가 네 가지 낡은 가정에 갇힌 상태임을 파악했다. 즉, 인프라가 희소하며 높은 가격을 받을 수 있고, 트래픽 대부분이 음성대화에서 나오고, 고정배선 회선 교환이 핵심기술이며, 전화 회사가 망을 통제한다는 것. 그런데 모든 가정이 산산이 부서져 내리는 중이었다. 이제 대역폭은 자유롭게 얻을 수 있었고, 음성보다 디지털 데이터가 인기를 얻었으며, 고정된 교환기는 보다 유연한 공유기로 바뀌었고, 심한 경쟁으로 어느 한 회사가 망을 통제하기는커녕 소유하지도 못하게 되었다. 아이젠버그는 사용자가 통제권을 쥐어야 한다고 믿었고 "망은 소유자의 설계상 가정이 아니라 사용자 필요에 따라야 한다"라고 말했다. 그리고 '지능망'은 결국 '종이 없는 사무실'과 같은 범주에 속한다고 보았다. 사람들이 실제 원하는 바는 무시한 채 욕구를 체계화하려고 한 무익한 시도라는 뜻이었다.

AT&T의 톰 엡슬린Tom Evslin은 아이젠버그가 쓴 글을 보고 "얼굴에 찬물을 끼얹은" 느낌이라고 했다. 잡지 《컴퓨터 전화Computer Telephony》에서는 "이제껏 전화 산업에서 발표한 논문 중 논쟁할 여지가 가장 많은" 글이라고 했다. 지능망과 바보망 중 무엇을 선택할지의 문제는 PC 업계와 온라인 업계가 벌인 논쟁으로 다시 수면으로 떠올랐다. 지능을 어디에 두어야 할까? 네트워크(아니면 클라우드)에 둘 것인가 우리 손에 둘 것인가? 아이젠버그의 표현을 빌리자면 '순종하는' 클라우드라는 표현도 가능하다. 클라우드는 그저 우리가 필요한 일만 하기 때문이다. 클라우드는 살아 있는 기억이며 완전한 두뇌로 진화 중이다. 어느 단어를 쓰든 같은 뜻이겠지만, 클라우드는 지능적 또는 산술적 방식으로 투입물(더 많은 데이터나 새로운 알고리즘)에 반응하면서 형성된다.

1998년 《파이낸셜타임스Financial Times》 부편집장이던 피터 마틴Peter Martin은 이러한 개방되고 순종하는 서비스의 기운을 감지하고 인터넷이 기업에 끼칠 영향을 다음과 같이 설명했다.

> 즉석에서 생성되며 유연하고 합의에 의한 인터넷 구조는 모든 사업자에게 강력한 교훈을 준다. 어떤 의미에서 인터넷은 기업

이 앞으로 운영할 방식의 원형인 셈이다. 여기서 합의는 손쉬운 소통을 가능하게 하는 망의 창출이라는 공유된 목표에서 나온다. 이 목표는 어떤 면에서는 기술 비전이고 컴퓨터 과학에 관한 깊은 지식이 있어야 한다. 그러나 또 어떤 면에서는 이데올로기 목표이기 때문에 인본주의 차원에서 표현의 자유는 물론 정부나 무역의 이해관계를 넘어서는 소통 매체를 약속해야 한다…… 공동 목표를 두고 이루어지는 협력과 열린 토론의 윤리는 매우 강력하면서도 창조적인 힘이다.[8]

아이디어를 공공영역에 두고, 개방적이고 자유롭게 협력하면서 재산권에 달려들기를 거부하고, 지속적으로 아이디어를 수정하여 보다 품격 있는 해결책을 낳고, 또래 집단에서 보상과 위안을 얻고, 공평성과 무결성이라는 도덕관념을 갖춘다는 이러한 원칙들은 과학의 시초에서 네트워크 사무실까지, 창조성에 있는 공동 형태를 연상시킨다.

중국의 QQ나 웨이보Weibo는 물론 트위터나 텀블러, 핀터레스트Pinterest 같은 소셜 네트워크의 매력 가운데 하나는 이들이 호불호를 널리 알리는 속도다. '친구 맺기' 버튼으로 리트윗, 리블로깅, 리피닝 등 재전송을 활발하게 할 수도 있다. 그리고 사람들이 자기가 좋아하는 주제를 선택하고 다시 보여주면서 자유롭게 원하는 대로 한다는 뜻으로 '큐레이션'이라는 예술분야 용어도 등장했다.

이러한 네트워크 관계로 인해 사람들은 원안을 생각할 때부터 디자인과 마케팅까지 창조 과정의 전 단계에 다른 사람들을 참여시킬 수도(동시에 몰아낼 수도) 있다. 반대로 다른 사람의 작품을 다루는 편집자나 흥행주처럼 행동할 수도, 그러니까 재산권의 소유자가 아니라 세입자가 될 수도 있다. 데이터는 끊임없이 그 지리 위치가 파악되고 재활용되고 다시 큐레이션 대상이 된다.

중국 다우반은 색다른 페이스북이다. 등록하는 사람도 많지만 등록은 필수가 아니고, 모두가 사용하는 하나의 벽, 즉 메모판Pinboard이 있다. 사용자들은 여기에 문화나 디자인, 미디어에 관한 다양한 코멘트를 올리는데, 주로 음악과 다양한 기사가 많지만 무슨 내용이든 올려도 된다. 이 메모판은 옛날 작품이든 최신 작품이든 해외 작품에 관한 주요 정보원이기도 하다. 이 글을 쓰는 시점에는 다우반 홈페이지에 올더스 헉슬리Aldous Huxley와 시몬 드 보부아르Simone de Beauvoir는 물론이고 아주 중국적인 작가 겸 블로거 한한Han Han과 가수 리위춘Li Yuchun도 실려 있었다. 다우반은 사용자의 교제 범위를 가족과 친구를 넘어 확장하자는 목표를 지향한다.

통합

사람이 매일 사용하면 방대한 데이터가 생산되고 이 데이터는 클라우드 서버에 저장된다. 데이터 소유자들은 알고리즘을 사용하여 데이터를 서로 연결하고 새로운 의미를 만든다. 각각의 망은 다른 망으로 가는 문을 열고 이 다른 망들에도 저마다 데이터와 알고리즘이 있다. 통합은 이 세 가지를 따라간다.

지금 클라우드에 보편적 접근을 가능하게 하는 모든 장치에는 표준 제어판이 달리고 이런 장치를 갖춘 운영체제가 발전하면서 통합을 이끈다. 안드로이드 코드는 2003~2004년에 만들었지만 구글이 안드로이드를 사들인 시기는 2005년, 정식 출시한 시기는 2007년이었다. 안드로이드는 현재 가장 인기 있는 스마트폰 운영체제다. 애플도 2007년 iOS를 출시했고, 오래도록 데스크탑의 대부로 군림한 마이크로소프트도 2012년 윈도우 8을 출시했다. 모든 장치에 같은 운영체제와 앱을 설치하면 우리는 도달 범위와 네트워크를 우리가 실제 있는 곳에서 사실상 모든 곳까지 넓힐 수 있다.

이론상으로는 그렇다. 그러나 현실에서는 브랜드 소유자들이 자기 생태계를 자기 고객에게 홍보하느라 전쟁 중이고, 특허로 보호받는 장벽을 세워 돈 낼 의사가 있는 사람까지 접근하지 못하게 막는다. 그러나 이러한 전술이 성공할지는 미지수다. 보편적 접근에서 나오는 엄청난 보상 때문에 어쩔 수 없이 모두를 안에 들여놓을 가능성도 크다. 그러지 않는다면 대중의 무관심이나(컴퓨서브CompusServe나 AOL, 마이스페이스MySpace, 야후!의 운명처럼) 반독점 정책(마이크로소프트는 이로 인해 소프트웨어 사용허가를 내주어야 했다) 앞에 취약해진다.

유비쿼터스 컴퓨팅이나 스마트 기기, 사물인터넷이라고 하는, 대상이 어디에 있든 그 위치와 상태를 추적하는 일련의 진보도 보편성에서 나온 여러 편익 가운데 하나다. 이러한 시스템은 실제로 모든 제품에 들어가는 아주 작은 전파식별RFID(radio frequency identification) 칩을 사용한다. 수출품이 공장에서 트럭, 컨테이너 선박, 고객에게 도달하는 과정을 추적하고자 했던 중국 가전제품 제조업체와 의류 제조업체들이 이 칩을 처음으로 사용하기 시작했다. RFID 칩은 아주 작아서 사용자가 알아채지 못하게 제품에 삽입되었고, 또 성능이 강력해서 지속적으로 신호를 내보내 한계점에서 확인할 수 있었다. 초기 시스템은 런던의 오이스터 카드처럼 도시에서 사용하는 전자 교통카드와 다름없었지만, 이제는 소위 스마트 도시들이 이와 비슷한 시스템을 사용해 도로 통행량과 폐기물 처리, 가로 조명, 보안을 관리한다.

런던교통공사TfL(Transport for London)의 망처럼 데이터를 폐쇄 시스템에 제한하지 않고 클라우드로 전송해 모두가 접근하게 하고 그 시점에 스마트 컴퓨팅이 사물인터넷이 되면 이러한 시스템은 훨씬 유용해진다. 이미 운전자들이 노상 주차 데이터에 접근하도록 허용해서 가장 가까운 빈 주차 공간을 파악하게 하는 도시도 여럿 된다. 개방 데이터와 공공 접근, 미미한 사용자 비용이라는 조합 덕택에 사물이든 사물에 관한 정보든 이제 거의 모든 것의 위치를 알 수 있다. 전화든 애완동물이든 우산이든 재산에 RFID 식별표를 붙이면 이제 유실물은 옛날 일이 되리라는 뜻이다. 스마트 탑승권 덕택에 비행기 탑승객은 연착 소식을 알고, 항공사들은 지각 승객이 어디서 꾸물대고 있는지 알게 된다. 혜택을 받을 가장 유력한 후보는 가정과 사무실이다. 예를 들면 전자 의료데이터로 환자는 자신의 치료와 약물 투여를 통제할 힘이 더 커진다. 케냐에서는 엠페사M-Pesa 이동 네트워크를 활용해 각 가정에서 물통에 달린 장치를 재충전하면 케냐 돈 2실링, 영국 돈 2페니 정도에 물 20리터가량을 채울 수 있다. 엠페사는 농부들에게 기상정보와 작물가격, 지역 배송트럭 위치정보도 알려준다.

스마트 컴퓨팅과 사물인터넷은 미국이 아니라 중국과 유럽이 선두에 있는 몇 안 되는 온라인 혁신 가운데 하나다. 중국이 관심을 두는 이유는 물류부문 수익성이 점차 증가하기 때문이기도 하고, 사물인터넷이 개인 상호작용보다는 관리 통제와 효율성 중심이기 때문이기도 하다. 적어도 아직까지는 사물 대상이지 사람 대상이 아니다.

사물이건 사람이건 이러한 시스템은 경쟁정책이나 조세, 소비자 보호, 저작권 등 만성적 인터넷 문제는 물론이고 투명성과 개인정보 문제도 야기한다. 근본 문제는 누가 데이터를 통제하고 개인 소유로 두거나 데이터에 접근을 허용하는가이다. 사물인터넷이 병원과 가정 의료에 어떤 혜택을 줄지 알기는 쉽지만, 백악관이 구글의 제안을 거부한 사례에서 보았듯, 의료 당국은 고도의 관리 시스템에 익숙하지 않고 개방성과 협업을 몹시 싫어한다. 의료기관 역시 으레 환자와 의료정보 공유하기를 꺼린다. 스마트 전자 의료는 각국 정부와 의료계가 이제까지 주저하던 제도 타파에 나서야 성공 가능하다.

이 이야기는 아직도 진행형이다. 앞으로 어떤 일이 벌어지든 모두 놀라울 것이다. 인터넷 전문가인 존 노튼John Naughton은 인터넷이 불안정하고 통제되지 않고 뜻밖의 일을 만들어내는 글로벌 머신이며, 예측 불가능하게 계속 돌연변이를 만들면서 적응하리라고 전망했다.[9]

퀀트 전쟁

〈펫 소사이어티〉나 〈피파 슈퍼스타즈〉 같은 비디오게임은 온라인 회사가 빅데이터와 스마트 알고리즘을 사용하는 전형적인 예다. 이 게임을 소유한 런던 플레이피시Playfish는 매일 데이터 포인트 10억 개를 수집해 사용자가 어디에서 무엇을 하는지 실시간 추적한다. 플레이피시가 플레이스테이션이나 위Wii처럼 등록상표가 있는 콘솔에 연동되었다면 아마 하드웨어를 변경하고 제조사와 협력해야만 변경이 가능했겠지만, 온라인 게임인데다 자체 데이터를 보유하므로 회사는 원할 때 언제든 게임을 업데이트할 능력이 있다. 플레이피시는 알고리즘을 유일한 무기로 삼아 소위 '퀀트 전쟁'을 펼쳤고, 결과가 매우 좋아 창업자 네 사람은 3억 달러를 받고 회사를 일렉트로닉아츠Electronic Arts에 매각했고 성과급으로 1억 달러를 더 챙겼다.

창업자 가운데 한 명인 크리스티안 시거스트레일Kristian Segerstrale은 콘솔 게임과 기본 서비스를 무료로 제공하는 온라인 게임을 다음과 같이 비교한다.

기존 콘솔 게임	신생 온라인 게임
고비용 선불, 사후 무료	무료, 사후 소액 결제(부분 유료화)
단독	협업, 네트워크 형성
세대 주기 2~3년	세대 주기 4~6주
지식재산 많음(저작권)	지식재산 거의 없음(상표)

플레이피시의 상상력 넘치는 알고리즘 활용은 기존을 파괴하는 여러 혁신 활동 가운데 하나로, 이런 혁신 때문에 영국영상자문위원회 BSAC(British Screen Advisory Council) 회원인 미디어 기업 임원들은 블루스카이스 Blue Skies를 설립하여 미래 온라인 시장을 살펴보기도 했다. 속도 빠른 광대역이 확산되자 미디어 기업들은 고객이 원하는 것을 맛보고 구매하기 어렵게 하는 기술과 형식, 가격 수준 때문에 자신들이 꼼짝도 못하는 처지가 되었다는 사실을 깨달았다.

미디어는 대상이 아니라 경험이기 때문에 잠재 구매자들 역시 이러지도 저러지도 못한다는 점도 문제였다. 무엇이 마음에 들지는 반드시 경험해 보아야 알게 되지만, 구매하지 않으면 경험하지 못한다. 구매한다면 보통은 돈을 내야 한다는 뜻인데, 사고 나서 마음에 들지 않는다는 사실을 깨달을지도 모른다. 따라서 잠재 구매자들은 눈으로 보고 시험이 가능한 실물을 살 때보다 한층 더 추천에 의지한다. 판매자들은 계속 스스로 질문을 던져야 한다. 누가 구매나 추천을 하게 하려면 얼마나 무료로 줘야 할까? 이 어려운 문제에 예외는 딱 하나 있다. 팬들은 무엇이든 믿고 산다. 앞서 한 경험을 즐겼기 때문이기도 하지만 팬이라는 것은 결국 전부 다 산다는 뜻이기 때문이다. 그러므로 판매자들은 이 질문도 던져야 한다. 사람들을 어떻게 하면 팬으로 만들까?

인터넷이 처음 등장했을 때 많은 권리 보유자와 제작자들은 기획사나 비평가, 유통업체 등 기존 위계질서를 활용해서 잠재 구매자들에게 경험을 홍보하는 전통 방식을 고수하려고 했다. 음반사는 신곡 홍보를 할 때 라디오에 크게 의존했다. 영화 제작사는 축제나 영화 예고편, 포스터를 사용했다. 출판사는 전문 비평가를 썼다. 그러나 인터넷은 이러한 경로를 다 우회한다. 자료를 올리는 사람은 점차 늘고, 모두가 추천을 하며 또 모두가 돈을 내지 않고 경험할 때도 많다. 과거 유산이 있는 기업은 저작권 강화가 답이라고 생각했다. 저작권 강화는 어느 정도 답이 되었지만 충분하지는 않았다. 매출은 계속 감소했고, 침해는 계속 증가했으며 새로운 청년 세대는 엔터테인먼트를 논하고 즐길 새로운 방식을 찾아냈다.

블루스카이스는 사람들이 온라인 미디어에 관해 다른 소비재와 똑같이 이야기하고 접근하고 사용하기를 바란다는 사실을 깨달았다. 이제 선택은 사전에 계획되지 않으며, 소셜 네트워크나 블로그, 친구, 유명인, 그리고 예술 및 공연 종사자들에게 직접 듣고 결정된다. 자기가 직접 추천을 하다니 참 멋진 일이다.

4대 수요

블루스카이스는 이 끊이지 않는 가능성과 추천 가운데 4대 수요를 파악했다. 첫째, 사람들은 무엇을 할지를 선택하고 싶어 한다. 영화를 볼지, 음악을 들을지, 쇼핑을 갈지 먼저 선택하고 그 다음에 특정한 영화나 곡을 고르는 식이다. 시중에 나와 있는 대상이 사실상 무한하다는 점을 알고 이를 활용하고자 한다.

둘째, 언제 그렇게 할지를 선택하고자 한다. 아침인지 자정인지, 이번 주인지 다음 주인지 말이다. 이 영화가 더 이상 극장 상영을 하지 않는데 온라인에는 아직 나오지 않았다든가, 실물 책은 품절이지만 전자책은 다음 달에나 나온다든가 하는 말은 듣고 싶어 하지 않는다.

셋째, 미디어를 어디에서든 자유롭게 사용하기를 원한다. 어떤 영화를 태블릿으로 받았는데 바로 옆방에 있는 TV로는 못 본다거나, 여행 갈 때 MP3 기기에 받아가지 못한다거나, 유럽에서 내려받은 비디오는 브라질에서는 못 본다거나 하는 말은 듣고 싶지 않다. 뉴욕에 사는 친구가 열광하는 책을 저작권이나 세관 때문에 런던에서는 못 구한다는 말도 마찬가지다. 아마존에 올라와 있기는 한데 아마존에서 자기가 있는 곳에 배송을 거부하면 상황은 더 나빠진다.

넷째, 자기가 합리적이라고 생각하는 방식으로 지불하고 싶어 한다. 다른 부문에서 제품가격 책정방법을 찾은 모습을 보았기 때문에 점점 짜증을 내면서 '미디어는 왜 그렇게 못 하는지' 묻는다. 방법은 많다(대부분의 소비재 상품에 비해서 훨씬 많다). 회당 지불 방식도 있고, 정기 구독 방식도 있고, 라디오처럼 소비자에게는 무료인 광고 기반 방식도 있고, 최초 접속은 무료지만 추가 서비스에는 비용이 따르는 부분 유료화 방식도 있고, 완전 무료 방식도 있다.

'무료'란 합법적일 때도 불법적일 때도 있다. 구매자가 합리적이라고 생각하는 가격을 판매자가 제시하지 못하면, 돈을 내지 않고 취하려는 유혹에 저항하기 어려워진다. 한 유명 음반사는 여러 음악을 하나로 묶어 구매자가 원하는 음악을 20분 듣는 데 25달러를 청구하면서 딱 한 번 듣기만 가능하게 했다. 이렇게 유연하지 못한 방식을 마주하면 나쁜 행동을 하고 싶은 유혹이 생긴다.

4대 수요 가운데 언제, 어디서, 어떻게 지불할 것인가는 모두 무엇에 관한 첫 번째 문제로 돌아온다. 무엇을 좀 더 접근 가능하게 하면 기회는 더 많아진다. 물론 상황은 반대 방향으로도 흘러간다. 그 무엇이 보이지 않거나 접근 불가능하거나 불합리하게 비싸면 결국은 사라진다.

업계가 이러한 4대 요소를 충족하지 못하자 각 부문에서 매출이 줄었다. 음악에 관한 욕구는 어느 때보다 높다. 시장조사 기업인 닐슨Nielsen은 음반과 싱글 판매, 다운로드 건수가 모두 증가했다고 하지만 매출은 감소했다. 신문과 잡지, 책과 영화도 마찬가지다. 여러 해 매출 상승 요인으로 작용한 인구통계학적 구성과 행동요인은 어느 때보다도 강력한데 매출은 줄었다. 문제는 디지털 콘텐츠 각 단위에서 나오는 매출이 예전의 실물 각 단위에서 나오는 매출보다 작다는 점이다.

2011년, 미국에서 이전 8년 간 전무하던 디지털 음악 매출이 실물 매출과 거의 비슷한 수준까지 상승하면서 어느 정도 회복세가 왔다. 총 34억 달러인 디지털 매출 내역은 싱글 음반에 15억 달러, 앨범에 11억 달러, 로열티에 8억 달러였다. 그러나 디지털과 실물의 총매출은 68억 달러로, 과거에 비해 턱없이 모자랐다. 몇 달 뒤, 철 지난 음악 판매를 의미하는 롱테일Long Tail이 마침내 성사되는 듯했다. 18개월 이상 된 과거 앨범 판매는 7,660만 건에 달해 7,390만 건인 최신 앨범 판매량을 초과했다. 그러나 정점일 때와 비교하면 총합은 여전히 낮았다.

구 음반사가 신세계에서 고전하면서 아이튠즈나 스포티파이 같은 새로운 서비스들이 4대 수요를 충족할 방법을 찾았다. 희귀 음악, 자료 보관실, 구하기 힘든 곡 등을 포함해 옛 것과 새로운 것을 다 갖춘 이러한 사용자 친화적 온라인 상점은 소비자들이 좋아하는 대상을 원하는 때와 장소에서 선택하게 했다. 현재 음악인들은 이러한 플랫폼이 권리 보유자들에게 지급하는 사용료가 매우 적다는 사실에 초점을 맞춘다. 앞으로는 사용료 지급방식을 다양하게 섞어 여러 조합을 활용할 전망이다.

온라인 세계에서 자란 음악가 세대는 앞 세대보다 저작권 의존도가 낮다. 이들은 공연티켓 판매(관객이 연주를 녹음해도 걱정하지 않는다)와 CD 판매, 웹사이트 다운로드, 관련 상품 판매, 영화 및 TV 삽입 등으로 돈을 번다. 업계의 원로 조니 블랙Johnny Black은 이렇게 말한다. "이제는 거기가 돈이 되는 분야고 음반회사 없이도 전부 할 수 있다."[10]

35세인 에린 매키온Erin McKeown은 앨범 10장을 발매한 미국 작곡가 겸 가수다. 매키온은 전통적 저작권 기반 수입은 자기 소득의 20% 정도밖에 되지 않는다고 한다. 2012년 앨범 제작 비용은 스포티파이를 상대로 한 로열티 청구("받기나 한다면 말이지만")와 다운로드 및 CD 판매, 야구에 관한 토론("내가 아주 잘 하는 일이다"), 그리고 "고객과 친구들을 대상으로 하는 가정 방문 개인 콘서트" 등 상상력 풍부한 여러 작업으로 자금을 조달했다.[11]

출판사는 음반사나 신문사에 비해 아직까지 타격을 덜 받았다. 책 실물 디자인은 복제하기 어려웠고 또 온라인 판매자들이 합법적 전자책 양식을 빠르게 개발해서 불법 복제판도 극히 적었기 때문이다. 그러나 종이책 출판사들이 아는 정보와 온라인 판매자들이 아는 정보 간 격차는 점점 커지는 상황이다. 즉, 종이책 출판사들은 판매부수만 알지만, 온라인 판매자들은 각 구매자의 선호도를 알고, 구매자들이 보면서 사는 책도 알지만 보기는 해도 사지는 않는 책도 안다. 출판사가 온라인 판매자에게 이 데이터를 사는 방법도 있겠지만 가격은 만만치 않을 터다.

어느 출판사에서 판촉용으로 책의 한 장을 무료로 받게 하는 방법도 있고, 내가 돈을 내고 내려 받은 뒤 종이책도 사고 싶다면 다운로드 가격만큼 인쇄본 가격을 할인하는 방법도 있다. 서점에서 단골 고객에게 열 권 살 때마다 한 권을 무료로 주는 방법도 있다. 중국의 샨다Shanda는 게임에서 도서로 영역을 확장했고 지금은 주요 도서 웹사이트 여러 곳을 소유하고 있다. 여기서는 전자 소설은 1달러 조금 못 미치는 가격에 팔지만 종이책은 5달러에 팔고, 월 2~4달러에 구독권도 판매한다. 샨다는 시장이 원하는 모든 방식으로 소재를 유통할 기회와 문자로 쓰인 텍스트 가치를 떨어뜨린다는 익숙한 위험 사이에서 균형을 잡아야 한다. 인쇄라는 물리적 양식과 고급스러움(디자인과 표지, 판, 제본, 종이, 인쇄 구성, 인쇄 품질)이 우위를 유지하리라고 믿는 사람도 있지만, 인쇄와 디지털이라는 두 시장은 각자의 장점에 초점을 맞춰 함께 번성할 듯하다.

아마존은 자체 도서를 주문제작 및 판촉하기 시작했고 유튜브와 중국 투다우Tudou는 새로운 비디오 시리즈를 주문 제작한다. 유튜브는 광고에서 수입 대부분을 얻기 때문에 광고주가 원하는 관객을 끌어모으려고 한다. 이러한 생각에서 유튜브는 연간 1억 달러를 '큐레이션'한 채널에 지출한다. 채널 공급은 《월스트리트저널》부터 〈CSI〉 시리즈를 제작한 앤서니 E. 주커Anthony E. Zuiker, 스케이트 보드 선수인 토니 호크Tony Hawk, 가수 마돈나Madonna, 라이언스게이트Lionsgate나 프리맨틀Freemantle 같은 TV 제작사(각각 〈미친 남자들Mad Men〉과 〈X 팩터The X Factor〉를 제작했다) 등 주요 제작자들이 한다.

유튜브는 가정에서 특이한 특이한 영상도 계속 들어오기를 바란다. 유튜브에 한두 번쯤 영상을 올렸다가 팬이 생겨서 관련 상품까지 판매하는 미국 젊은이들에게 계속 활동할 수 있도록 스튜디오 시설을 제공하기도 하고, 기술을 개발하라며 넥스트 업이라는 보조금을 3만 5,000

달러까지 주기도 한다. 정기적으로 영상을 올려 광고 수입의 일부분을 받는 파트너도 2만 명에 달한다.

그러면 전통적으로 중개인이 하던 일은 어떻게 될까? 두 가지 관점이 있다. 첫 번째는 인터넷 덕택에 모두가 제작과 유통을 할 능력이 생겨 중개인은 필요 없다는 관점이다. 누가 에이전트를 쓰겠는가? 두 번째는 사이버 공간은 실제 공간보다 훨씬 복잡한 데다, 창조성이 뛰어난 사람들은 다른 업무에는 소질이 없거나 관심이 없으리라고 보는 관점이다.

증거를 보면 두 번째 관점이 맞는 듯하다. 책과 비디오, 음반은 엄청나게 증가하고 있다. 1970년대 미국에서는 앨범 3만 종이 발매되었지만 2010년에는 7만 종이 발매되었다. 그러나 이들 앨범 가운데 94%는 1,000단위 미만으로 팔렸고, 80%는 100단위 미만으로 팔렸다.[12] 반면, 가장 잘된 1% 미만의 앨범 350종이 시장 총매출의 70%를 차지했다. 자비 출판 전자책도 같은 상황이다. 아마존은 2012년 킨들 베스트셀러 전자책 가운데 20% 가까이가 자비출판이었다고 밝혔다. 대단한 수치지만, 아무런 흔적도 남기지 못한 자비출판 책 목록도 대단히 길다.

인터넷은 여러 해 동안 새로운 유형의 시장을 만들어냈다. 그러나 인터넷은 홍보를 하지 않았고 사람들은 기회를 완전히 인식하지 못했다. 이유는 세 가지다. 첫째, 코드는 규칙 기반이고 수학적이기 때문에 특이한 언어다. 코드에는 말이 필요 없고 일반 언어에 축적된 특성이 전혀 없다. 이러한 이유로 실물 대상에 묶인 상당수 회사들은 이를 눈치채지 못하거나 아예 이해하지도 못한 채 다른 태도로 행동하는 사람들에게 별달리 손도 쓰지 않고 이 분야를 열어준 셈이다.

둘째, 이러한 태도는 주류 업계가 세상을 이해하는 태도와 아주 달랐기 때문에 주류 업계는 관심을 기울였을 때조차 신규 진입자가 그렇게 큰 영향을 미치리라고 예상하지 못했다. 인터넷은 소유도 규제도 되지 않는데다, 인터넷에서 보이는 개방 접근 의지와 저작권 혐오 때문에 제도권은 당황했다. 제도권의 기수를 꼽자면 엄격한 편집기준을 유지하며 전문가들에게 기고료를 주는 『브리태니커 백과사전Encyclopedia Britannica』이 있다. 그런데 균등 공유 공동체는 누구나 글을 쓰게 하는 위키피디아Wikipedia에 아무것도 지급하지도 청구하지도 않는다. 위키피디아는 대체 어떻게 살아남을까? 그래도 현재 위키피디아는 세계에서 가장 인기 있는 웹사이트 7위지만 브리태니커의 웹사이트는 5,200위 정도다.

세 번째 이유는 관리다. 코드를 만들고 온라인에 사는 사람들은 기존 관리자나 기존 아이디어 인재들과는 마음가짐이 다르다. 이들은 개인주의자인 동시에 집단주의자고, 규칙 기반이면서 장난기도 많다. 창조하는 사람이나 기업 임원이 이해하기 힘든 방식으로 엉뚱한 상상력과 수학 논리를 결합한다. 아이디어 관리에는 또 한 번 대대적인 개혁이 일어날 것이다.

8

제 8 장*

창조경제의 심장부: 예술, 디자인, 미디어, 혁신

* 이 장에 사용한 주요 자료의 출처는 각 기업 보고서와 다음 기관의 자료를 참조했다. Department of Commerce (US); Department for Culture, Media and Sport (UK); European Union; HIS Screen Digest; National Bureau of Statistics, China (www.stats.gov.cn/english); OECD; PwC; State Administration for Radio, Film and Television (SARFT); United Nations (UNESCO, WIPO); World Bank; Xinhua. 부문별 자료 출처는 뒤의 참고문헌에서 따로 밝힌다.

아이디어 경제

세계경제의 총 생산규모는 71조 달러다. 경제규모 순위는 미국(15.7조 달러), 중국(8.2조 달러), 일본(6조 달러), 독일(3.4조 달러), 프랑스(2.6조 달러), 영국(2.4조 달러), 브라질(2.3조 달러), 러시아(2조 달러) 순이다. 최근 중국과 브라질이 성장하고 유럽이 상대적으로 쇠퇴하면서 순위가 아주 크게 변했다(세계은행 데이터에 따른 세계경제 생산규모).

세계의 창조경제 가치는 3조 6,650억 달러 규모로 전체의 5%를 약간 웃돈다. 10년 전 창조경제 규모는 2조 3,000억 달러였지만, 비중은 지금보다 더 높아서 전 세계 GDP의 7%였다. 이러한 차이가 생긴 이유는 세계경제 성장을 기준으로 볼 때 창조경제 규모가 작은 나라에서 성장이 특히 컸기 때문이다. 창조경제 규모 순위는 미국과 중국, 영국, 독일, 일본, 프랑스, 브라질 순이다. 인구를 반영해서 조정하면 이 순위는 미국, 영국, 일본, 독일, 프랑스, 브라질 순으로 바뀐다.

수요와 공급 곡선이 모두 확대된 기본 이유는 대학 졸업자 수도 증가하고 이들이 창조상품을 제작하고 구매하려는 욕구도 증가했기 때문이다. 창조경제는 판매와도 관련이 있지만 그만큼 구매와도 관련이 있다. 두 번째 요인은 인터넷 도달 범위의 확대와 검색-공유의 힘이다.

이 두 추세 모두 세계축이 이동하면서 생겼다. 먼 옛날에는 중동이 유럽보다 세계 무역에서 큰 부분을 차지했지만, 1600년경에는 새로운 아이디어를 내고 사업을 시작하기에 가장 좋은 곳은 유럽이다. 몇 세기 동안 이탈리아, 스페인, 프랑스, 포르투갈, 덴마크, 영국, 스코틀랜드, 독일, 폴란드, 체코에서 아주 뛰어난 창조적 영감과 기술적 상상력, 경영의 재능이 나타났다. 1870년대에는 영국이 활발한 창조성과 혁신을 원동력으로 삼고, 대영제국 내부에서 원자재를 확보하고 완성품을 판매한다는 이점을 활용해 세계 무역의 40% 정도를 차지했다. 이 시기에 정점을 찍은 뒤, 유럽은 비록 순수미술 분야에서는 그대로지만 경제력 면에서는 계속 쇠퇴했고, 미국이 지배적 문화강국이자 최대 경제국이 되었다.

유럽과 미국은 지금도 우세한 생산자이면서 소비자이고, 이들이 점유한 우위가 그리 빠르게 약해지지는 않을 것이다. 그러나 미국과 유럽에서는 금융위기로 인해 평균 임금이 줄고 투자는 감소했다. 광고 지출은 2009년과 2010년에 평균 20% 정도 감소했고 소비자 지출도 감소했다. 기업들은 온라인에 투자하고 중국으로 사업을 확장하려던 시점에 현금이 부족한 처지가 되고 말았다.

경제의 중심축은 이제 아시아, 특히 일본과 중국, 한국, 인도로 다시 방향을 틀고 있다. 브라질과 러시아, 인도네시아도 빠르게 발전하고 있다. 이러한 대변화는 각국의 연성 권력soft power(물리력이 아닌 호감, 매력으로 타인의 마음을 사로잡는 힘)은 물론이고 전 세계 무역의 균형을 바꾸고 있다.

상위 시장

미국은 헌법에 보장된 언론의 자유, 새로운 것에 대한 열린 자세, 대학과 연구기관, 그리고 빠르게 세계를 선도하는 위치에 올라선 컴퓨터 및 닷컴기업을 보아도 확실히 그렇지만, 보편성과 자유, 시장이라는 3대 명제를 강력하게 지지한다.

미국의 창조경제 규모는 1조 430억 달러다. 연방준비은행Federal Reserve Bank 데이터를 근거로 한 어느 보고서는 미국 기업들이 매년 무형인 '지식재산 관련' 대상에 1조 달러 가량을 투자했으며 지식재산의 누적 자산규모는 6조~7조 달러가 된다고 밝혔다. 이 금액은 미국과 중국을 제외한 모든 국가의 GDP보다도 크다. 워싱턴국제지식재산권연맹IIPA에 따르면 2010년 미국경제에서는 화학과 항공기 및 항공기 부품, 1차 및 가공 금속, 전자 장비, 산업기계, 식음료 등 그 어떤 부문보다도 미디어와 정보, 엔터테인먼트 부문의 기여가 컸다.

다른 나라에 비해 미국에는 아이디어를 사업화하고 창업하는 직관적 이해력을 갖춘 사람이 많다. 경영이나 법률을 전공하고, 경영자라면 당연한 능력이지만 이 두 분야를 조합하는 능력이 있는 사람도 많다. 투자자를 설득할 능력이 있는 사람도 많다. 주식을 얼마에 몇 주나 발행해야 할지 아는 사람도 많고, 또 조성한 자금을 지출하고 그 내용을 투자자에게 다시 보고하는 수완이 있는 사람도 많다.

미국은 국제적 닷컴 산업을 지배한다. 마이크로소프트와 애플도 그렇지만 아마존, 구글, 페이스북, 이베이, 트위터, 유튜브, 링크드인Linked-In

모두 미국에서 나왔다. 일본이나 유럽 국가를 비롯해 이런 구색을 비슷하게나마 갖춘 나라는 하나도 없다. 지금 미국을 위협하는 가장 큰 도전 상대는 중국이다.

미국은 어디서든 아이디어를 얻어서 전 세계에 통하는 아이디어로 바꾸는 솜씨가 뛰어나다. 프랑스는 영화를 발명했지만 미국은 영화 산업을 발명했다는 사실에 두 나라 사람 모두 만족하는 듯하다. 월드와이드웹은 유럽인이 발명했지만 이것을 광활한 만남의 장이자 시장으로 탈바꿈시킨 사람들은 미국인이다.

규모도 중요하다. 미국이라는 나라에는 사람들이 다양한 생활양식을 탐구하고 추구할 여지가 있다. 서부 해안에 사는 사람들은 동부 해안이나 워싱턴 DC에 사는 사람들과 정신세계가 다르다. 내수시장도 유럽 최대 시장인 독일은 8,200만 명, 영국과 프랑스는 각각 6,500만 명 정도지만 미국은 3억 1,500만 명으로 훨씬 크다. 또한 미디어와 마케팅, 광고, 유통을 담당하는 효율적인 전국 체계도 갖췄다. '유럽의 미래'에 관한 세계경제네트워크Global Business Network 회의에서 분석가인 폴 베넷Paul Bennet은 이런 질문을 던졌다. "유럽에는 왜 미국이나 일본에 비해 크고 혁신적인 IT 기업이 적은가?" 베넷은 그 답으로 세분화된 유럽시장, 과잉보호를 받는 산업, 벤처자본 부족, 혁신 부족, 낮은 방위비 지출, 그리고 미국이 매력적인 만큼 그 이면에서 일어나는 유럽의 '두뇌 유출'을 지적했다.

물론 미국 상황이 다 장밋빛은 아니다. 미국이 쇠퇴의 길을 걷는다고 보고 떠오르는 중국에 위협을 느끼는 국민도 많다. 미국은 교육 순위에서 한 번도 1위를 차지한 적이 없다. 다만 훨씬 중요한 학습 면에서만 뛰어날 뿐이다.[1] 2000년 이후로 미국 중산층의 소득은 거의 오르지 않았고 정부는 힘이 약하다. 이제 특허 중 절반은 외국인들이 가져간다. 그런데 이러한 지적들은 현실을 모르는 비판이다. 미국은 여전히 어느 나라보다도 아이디어를 다양하게 활용하는 정신과 자유가 충만하다.

미국이 가진 주된 자산은 창의성과 혁신, 경영 사이에 존재하는 편안한 관계로, 이 세 가지 요소가 다른 나라에 비해 잘 통합되어 있다. 미국의 다양한 국가적 특성이 외부로 퍼져 나갔지만 이 요소들만은 그러지 않았다. 이러한 사실은 세계에 지금 격차가 존재하는 이유도 금융이나 산업이 아니라 인구 구성과 문화에 있음을 시사한다. 그리고 앞으로도 계속 그럴 것인지가 문제다.

유럽연합 회원국 27개국 총 GDP는 15.6조 달러로 미국의 GDP를 약간 웃돌며, 창조경제는 미국에 약간 못 미친다. 현재 독일과 영국, 프랑스, 이탈리아 등 4대국, 그리고 네덜란드와 스칸디나비아 지역에서는 제조업보다 창조산업 종사자가 더 많다. 총 노동인구 중 4분의 1만이 대졸 인력인 데 반해, 창조산업 종사자들은 교육수준이 더 높은 경향이 있어서 거의 절반 정도가 대졸 인력이다. 또한 자영업자 수도 3배는 된다.

유럽은 고대 그리스·로마부터 르네상스, 계몽주의와 산업혁명까지 엄청난 문화유산을 공유하기 때문에, 이 지역을 단일한 단위로 보려는 마음도 클 수밖에 없다. 유럽 집행위원회는 그렇게 하라고 촉구하면서 이러한 사고방식을 더 몰아가기 위해 전 유럽을 잇는 각종 관계망에 연간 45억 달러를 지출한다. 그러나 유럽인들이 공통 유산을 좋아하는 마음은 한편으로 나라마다 고유한 문화와 언어, 미학, 산업 구조, 그리고 국제 관계망 등을 대하며 느끼는 자부심 때문에 수그러든다. 당연한 일이지만 이러한 고유 요소들은 예술과 디자인, 미디어 등 문화 영역에서 조금도 줄어들지 않고 오히려 아주 강력한 힘을 발휘한다.

영국은 오랜 기간 이어진 안정성과 다양성, 부와 훌륭한 교육제도에 힘입어 영국의 창조경제 가치는 약 1,710억 달러에 달한다. 별난 독창성이 있다는 당연한 평판도 얻었다. 영어라는 언어는 수출에도 도움이 되지만 미국에서 들어오는 수입에도 쉽게 접근하게 한다. 2000~2010년 사이에 영국의 예술·문화 부문은 다른 경제부문에 비해 2배 속도로 급성장했다. 180만 명이 넘는 영국인들이 자신이 창조적인 직업에 종사한다고 말한다.

영국은 파격적 창의성에서 강한 모습을 보이는 만큼 혁신에서는 약한 모습을 보인다. 제조업 비중은 1980년 GDP의 22%에서 2010년에는 10%로 떨어졌고, 같은 기간 제조업 부문 일자리 수도 630만에서 220만 개로 줄어들었다. 문제가 있는 현상이다. 런던에서 디자인을 공부하는 학생들은 서로 3D 프린터 이야기를 즐겨 나누지만, 사실 이런 이야기는 제조업체와도 해야 한다. 제조업체를 잃는다면 영국은 좋은 아이디어를 다시 사용할 잠재적 사용자를 놓치고 이 분야를 미국과 중국, 일본, 독일에 맡기는 셈이다.

독일의 창조경제 시장가치는 1,700억 달러다. 독일은 여전히 그래픽에서 제품 디자인(자동차, 기계공구)까지 다양한 분야에서 성공한 디자이너도 많을 뿐더러 출판과 TV, 음악 부문에도 주요 글로벌 기업이 여럿 있다는 점에서 영국과 다르다. 전체로 보면 영국에 비해 생산 규모가 더 작고 GDP 대비 창조부문의 비중 또한 더 작지만, 그 이유는 독일 제조업이 상대적으로 강하기 때문이다. 유럽에서 가장 크고 경쟁력이 뛰어난 제조부문은 독일경제를 지탱하고, 혁신을 수용할 준비된 시장을 제공하며, 중국과 밀접한 관계를 맺는 이유도 된다.

인구가 13억 5,000만 명인 중국은 창의성과 혁신이라는 사상을 열렬하게 받아들였다. 아니, 그 타고난 창의성과 독창성에 누구도 의구심을 품은 적은 없었으니 오히려 한참 쉬었다가 다시 받아들였다고 해야 할지도 모르겠다. 중국은 유구한 창의성과 혁신의 역사가 있고, 17세기에는 세계에서 가장 부유한 나라였다. 부의 규모도 유럽 전체에 맞먹을 정도였고 미국보다 훨씬 컸다. 그러나 중국은 수백 년 동안 극도로 대내지향적이었고 변화와 다양성이 부족했으며 지나치게 반복을 계속했다. 그러다 지금은 다시 상상력과 야심이 충만해지고 부유해졌으며, 중국의 창조경제는 창의성 장려와 엄청난 국내 인구, 대규모 정부 투자 덕택에 급속하게 성장하고 있다.

3대 명제에 비추어 보면, 중국은 보편성은 뛰어나지만 특히 미디어

부문에서 미국이나 유럽같은 자유와 열린 시장은 부족하다. 경영상 기회보다도, 계약법보다도 당의 통합과 국가계획을 중시한다. 수단보다 결과를 우선시한다. 그렇다고 해서 중국인들이 경영에 아무런 관심이 없다는 뜻은 아니다. 이들도 개인적으로나 직업적으로나 매우 노련하지만, 리스크와 보상에 관한 성향이 다르다는 말이다.

중국에서 급성장하는 창조부문은 미술과 건축, 디자인, 공예, 디지털 미디어, 특히 모바일 인터넷이다. 인터넷 사용자는 5억 6,000만 명으로 세계 어느 나라보다도 많고, 바이두와 텐센트의 QQ, 알리바바의 타오바오Taobao 등은 방문자 기준으로 각각 세계 5위, 9위, 10위에 올라 있다. 2011년, 중국 문화부는 문화산업이 GDP의 2.7%를 차지한다고 추산했다. 창조경제는 전국 기준으로 보면 경제 전체의 4~5%를 차지하지만 도시에서는 비중이 훨씬 높아서 베이징과 상하이를 기준으로 보면 그 수치가 12~13%에 달한다. 4,000만 중국 대학생 가운데 상당수는 유학이나 휴가, 취업으로 외국에 가기를 원하고, 2011년에 중국인은 세계에서 여행경비 지출액이 가장 많은 관광객으로 미국인을 추월하며 900억 달러를 썼다.

중국은 2005년 창조상품과 서비스 기준으로 세계 제3위 수출국이 되었는데, 중국 문화와 언어를 아는 사람이 그리 많지 않다는 점을 생각하면 정말 대단한 결과다.

그러나 수출품 중 상당수는 다른 나라에서 자금을 조달하고 디자인한다. 중국은 세계 의류의 대부분을 생산하고 미국에서 판매되는 옷 중

45% 이상이 중국산이지만, 디자인은 모두 해외에서 한다. 아이폰은 모두 중국에서 조립하지만 디자인은 미국에서 하고 부품생산은 한국과 스위스 등 다른 곳에서 한다. 중국 본토에 위치한 대만인 소유 기업 폭스콘Foxconn은 아이폰5 조립에 대당 8달러밖에 받지 않았고, 이는 아이폰4A 조립비용인 11달러에서 더 떨어진 가격이었다.

일본은 패션과 건축, 디자인 부문에서 그 문화양식 덕택에 높은 평판을 유지한다. 신문과 만화책 1인당 수요는 세계에서 가장 많고, 만화책 판매고만 봐도 2010년 수출 10억 달러를 포함해 39억 달러를 넘으면서 소비자 잡지 지출 전체의 절반 가량을 차지했다. 일본은 가정용 오락기기와 카메라, 장난감 부문에서 세계를 선도한다. 어느 나라보다도 1인당 연구개발 투자가 많고, 특허등록도 많다. 중국이 부상하는데도 그다지 동요가 없어 보인다. 그러나 소니 워크맨은 오래 전인 1975년에 출시되었고, 그간 유지하던 선두주자의 자리를 애플과 삼성에게 빼앗겼다. 일본은 모바일 인터넷과 온라인 미디어에서도 더디다. 도요타가 생산한 하이브리드 자동차 프리우스는 대단한 성과였지만 출시 시기는 1997년이었고 판매도 미미했다.

그러면 개발도상국들은 무엇을 하고 있을까? 창의성이라는 급행열차를 얻어 타려고 애쓰는 중이지만, 그중에는 지속 가능한 창조 생태계가 부족하고 해외시장에 대응하는 사고방식을 비롯해 경제적 사고방식이 부족한 나라가 많다. 개별 정치인은 도우려고 하지만 무엇을 해야 할지 모를 때가 많다. 게다가 각국이 고유부문(인도의 연구개발이나 태국의 영화산업, 한국의 비디오게임 등)을 빠르게 정착시킨다고 해도 미국과 유럽이 그보다 더 앞서가거나 아니면 밀고 들어와 주도권을 잡는 실정이다. 브라질은 1990년대에 세계 제6위의 음악시장이었지만, 2012년에는 12위로 주저앉았다.

국가적 자부심이나 경제적 이익 등 여러 이유로 전통문화와 예술을 지향하면서 다시 나라 안으로 돌아서서 이 분야를 진흥시키려는 나라도 많지만, 이 또한 쉬운 일이 아니다. 부유국은 디지털 미디어에 집중하고 개발도상국은 문화유산에 집중하면서 그 사이에 존재하는 격차는 점점 크게 벌어진다. 미국과 유럽은 부호화와 소프트웨어, 전자상거래, 디지털 미디어에서 빠르게 앞서나가는데, 개발도상국 대부분은 관련 기술도 부족하고 이러한 시장에서 밀려나 자국의 유산에만 희망을 거는 실정이다. 이러한 전략은 상당히 위험하다. 한 나라의 문화유산이 상업적 확장기반을 제공한다는 증거도 별로 없다. 지금 우리는 새로운 창조 양극화 상황을 목격 중이다. 자신을 표현하고자 하는 소망이 아니라 시장성 있는 상품을 만드는 능력의 양극화 말이다.[2]

시장규모 측정

핵심부문은 (1) 예술과 문화 (2) 디자인 (3) 미디어 (4) 혁신 등 넷으로 나뉜다. 가장 중요한 기준은 수입원이다. 그 원천이 소비자 직접 지출(예술과 책)이든, 의뢰 고객(건축가, 디자이너)이든, 광고

(미디어)든 상관없다. 또한 시장 구조와 온라인 거래가 담당하는 역할 등 다른 기준도 고려했다. 각 시장 개관은 세 부분으로 구성하여 간단한 추세, 세계 시장, 그리고 미국과 유럽, 중국 시장을 보여준다. 달리 표시가 없으면 자료는 모두 2012년 기준이다.

주요 지표는 (1)시장규모와 (2) 업계 수입이다. 시장규모는 특정 시장의 연간 지출 금액으로 사람들이 무엇을 구매하는지 보여준다. 예를 들어 미국 음악시장 규모란 미국에서 음악 구매에 지출하는 금액을 말한다. 업계 수입은 기업 매출을 보여준다. 예를 들면 미국 음반회사가 국내 판매와 해외 수출에서 벌어들인 금액을 말한다.

시장 총액과 업계 총액은 세계 기준으로 보면 동일하겠지만, 국가별로 보면 차이가 난다. 주요 브랜드를 소유한 기업이나 미디어 기업은 해외에서도 엄청난 금액을 벌어들이므로, 본사가 있는 국내시장 수입보다 업계 수입이 훨씬 더 크다. 반대로 구매 상품 대부분을 수입하는 국가는 자국 기업이 버는 수입보다 시장 규모가 훨씬 크다.

이번 개정판에서 가장 크게 달라진 부분 중 하나는 소매 유통을 한층 강조했다는 점이다. 이제는 범위와 규모의 확장이 생산보다 유통과 물류, 소매에 달려 있는 시장이 많다. 영국패션위원회British Fashion Council는 영국 패션시장 가치가 209억 파운드라고 하면서도 소비자 지출은 그 10분의 1 정도밖에 안 된다고 인정한다.

브랜드 소유 기업도 점점 소매 유통에 관여하는데, 기꺼이 그렇게 할 때도 있지만 과외로 할 일이 늘어 분통을 터뜨릴 때도 많다. 패션 브랜드는 신상품 디자인에서도 돈을 벌지만 다른 업체의 장신구에 자사 상표를 쓰도록 사용권을 주고도 그만큼 돈을 번다. 뉴욕 패션쇼에 올리는 신상품이 그저 다른 도시나 남미에서 장신구에 호기심을 더 느끼게 유도하려는 미끼 상품일 때도 있다. 이제 광고대행사들은 전략과 마케팅 자문을 하고, 건축가들은 기본 설계와 에너지 절약, 프로젝트 관리 자문을 한다. TV 제작사들은 시청자 투표와 관련 상품 판매로 돈을 번다. 이렇게 여러 새로운 수입원을 추가하면 추가비용은 거의 들이지 않고 수입을 늘리는 일도 가능하다.

데이터 출처는 주로 기업 보고서, 분석가 보고서, 각국 정부 통계 및 무역 데이터이다. 그리고 공급자와 사용자 양쪽에서 확인한 데이터를 우선 사용했다. 가장 확실한 자료는 극장 흥행 수입이나 방송 청취자 데이터처럼 기업이 제공한 뒤 독립 단체에서 감사를 실시해 기업에 재판매한 데이터다. PwC의 전 세계 엔터테인먼트·미디어 전망 보고서나 바텔Batelle의 연구개발 검토 보고서 등 전문적인 경험이 있는 컨설팅 회사들도 좋은 자료를 제공한다. 무엇보다 오류 수정이 가능하도록 매년 취합하는 데이터가 가장 좋다.

국가 경제에 어떤 일이 벌어지는지 정확한 그림을 그리려면 각국 정부는 아직 할 일이 많다. 미국은 정보를 가장 잘 갖춘 나라이지만, 이런 정보도 차이가 날 때가 있다(노동통계국과 어느 유수 비영리 예술단체에서 각각 추산한 예술가 수는 8배나 차이가 났다). 상무부는 무형 투자 및 지출을 취급하는 방식을 계속해서 변경했고, 2013년에는 "지식

기반을 늘리기 위해 체계적으로 수행하는 창조적 작품"이라는 새로운 취급 항목을 발표했는데 여기에는 연구개발과 "엔터테인먼트, 문학 및 기타 예술 원작"이 들어간다.[3] 그 결과 국가 GDP는 3% 증가했다. 유럽도 2014년부터는 연구개발 지출을 GDP에 포함하려 하며, 그렇게 되면 총 GDP가 1.5~2% 가량 증가한다. 영국도 이 데이터를 개선하기 위해 열심히 노력하고 있다.[4] 그 과정에서 2012년에는 디자인과 패션, 소프트웨어 부문 국민계정에서 15억 달러를 공제하더니 2013년에는 '숨어 있던' 30억~45억 달러를 더했다. 영국은 다섯 가지 기준에 근거하여 창의성에 관한 새로운 정의를 채택했는데 이 기준을 사용하면 모든 직업은 그 직업이 소위 창조산업에 속하든 속하지 않든 '창조 강도'에 따라 평가를 받는다.[5] 이 모든 조정작업은 구경제의 규칙에 따르기를 거부하는 신경제의 성장통을 반영한다. 이러한 여러 격차는 실제 사업에 영향을 주지는 않지만, 실업과 공공 적자로 고전하는 각국 정부에는 걸림돌이 된다.

이 책에서 사치품과 고급 브랜드는 단독부문으로 보지 않고 각 시장에 함께 넣었다.[6] 명품시장은 최상위 부유층 인구가 생기면서 최근 개별시장으로 부상했지만, 무엇이 사치품이고 무엇이 사치품이 아닌지 가르는 구분선은 뚜렷하지 않다. 시장 추정치도 아주 달라서, 각 기업이 경쟁하듯 수치를 내놓는데 그 금액은 3,000억 달러부터 휴일까지 포함하면 최고 1조 달러에 달한다. 원래는 유럽과 미국이 주요 시장이었지만, 2012년에는 각종 해외 브랜드와 중국 술, 차茶, 도자기, 패션, 실크 등을 기준으로 중국이 최대 시장이 되었다고 한다. 중국에서는 통 큰 소비자를 '바오파후'라고 하는데, 이 단어는 '벼락부자'라고 해석하면 된다. 내수시장에 엄청난 영향을 끼친 이 신흥 부유층은 이제 유럽과 미국의 추세에도 영향력을 행사하기 시작했다.

이 책에서는 관광이나 테마 파크, 스포츠 등 '창조'라는 이름이 간혹 붙을 때가 있는 몇몇 부문도 제외했다. 이들 부문은 창의적 투입물을 사용하지만 그 경제가치는 창의성보다는 반복적 사업으로 정해지기 때문이다. 그러나 관광과 창조산업이 상호 보완관계임은 사실이다. 뉴욕을 방문하는 사람 대부분은 이 도시의 문화생활에 가장 끌렸다고 하며, 런던과 파리를 방문하는 사람들도 마찬가지다. 인도네시아의 마리 엘카 팡게스투Mari Elka Pangestu 장관은 관광과 창조경제를 한데 묶어 무역장관 업무로 규정한다. 인도네시아 창조시장을 활성화하는 가장 좋은 방법이 해외 관광이기 때문이다. 관광과 국제 스포츠 행사, 문화, 환대산업의 융합은 세계에서 가장 큰 성장을 보여주는 분야로 MICEMeetings, Incentives, Conferences and Exhibitions(회의, 포상 관광, 컨벤션, 전시회)라 부른다.

예술과 문화

미술[7]

미술시장은 시각 미술과 관련 예술작품, 골동품으로 구성된다. 주요 시각미술은 회화와 조각, 각종 '종이 위의 작품'(데생이나 창작 판화 등)이지만 이 시장은 사진, 장신구, 예술가들이 작품으로 만든 책이나 일반 책, 가구, 패션, 악기 등도 아우른다. 이제는 경매회사에서 팔거나 박물관에서 전시 가능하다면 무엇이든 미술품이다.

미술시장은 대부분 유일무이하거나 희귀한 독창적 작품을 거래한다는 점에서 특이하다. 다른 시장 판매자들은 무엇이든 최대한 많이 만들려고 하지만 미술가와 미술상은 대상의 희소성을 내세운다.

이 시장은 새로운 작품이 시장에 새로 진입하는 '1차' 시장과 기존 작품이 존재하는 '2차' 시장으로 나뉜다. 이 시장은 2차, 중고시장이 훨씬 크기 때문에도 특이하다.

미술작품은 저작권 자격이 있고 미술가들은 대개 작품을 판매해도 그 저작권은 보유한다. 구매자는 작품만을 사지 저작권을 사지는 않는다. 미술가들은 아무리 금전적 이득을 볼 수 있다 하더라도 복제를 장려하지 않으며, 타인에게 복사할 사용권을 해주기보다는 복사를 하지 못하게 막는 용도로 저작권을 사용한다. '추급권droit de suite' 혹은 재판매세도 미술시장의 별난 점인데, 이 제도에 따르면 미술가나 그 상속인은 작가 사후 70년까지 작품 한 점이 팔릴 때마다 매번 판매 금액의 최대 4%까지 받을 자격이 있다. 프랑스에서 시작된 이 권리는 이제 60개국 이상에서 법률로 자리 잡았다.

모든 작품과 모든 거래가 유일무이하기 때문에 미술은 거래경제의 전형이며, 한 작품을 여러 해 추적하면 가격등락에 관한 정확한 기록을 축적하게 된다. 파리의 아트프라이스Artprice는 50만이 넘는 미술가와 2,700만 건이 넘는 경매 결과 데이터베이스를 보유했다. 이 때 경매에서 동일한 복제품 2점이 연달아 팔려도 거래는 2건 성립된 셈이다. 첫 번째 판매가 두 번째 판매시장에 영향을 줄 가능성이 있기 때문에 각각 가격도 다를지 모른다.

이 시장은 진입장벽이 낮고 창업비용도 저렴할뿐더러 민주적 성격이 있기 때문에 미술가든 화랑 주인이든 큐레이터든 새로운 인재에게 열려 있다. 수천 명의 미술가와 미술상이 이 시장에서 움직이며, 많은 사람들이 개인 차원에서 매매와 증정을 하는데도 구매경쟁은 매우 치열하다.

미술계는 미래 추세에 그리 관심이 없다. 디자이너들은 끊임없이 새로운 유행 동향을 논하지만, 미술가나 화랑 주인들은 신경 쓰지 않는다. 그저 하던 일을 계속할 뿐이다.

마스트리히트예술박람회Maastricht Art Fair 연례 보고서에 따르면 2012년 세계시장 가치는 560억 달러 정도였다.[8] 이 수치는 금융위기 전인 2007년에 달성한 최고액 660억 달러보다는 낮지만 2009년 360억 달러에 비하면 상당히 커졌다. 이 금액에는 장신구와 고급가구, 원래는 공예품으로 분류되었을 예전 물건들은 물론이고 골동품부터 현대 설치물까지 다양한 대상이 다 들어간다. 아트프라이스는 서구 미술의 가치가 100억 달러라고 한다.

미술은 금액이 아니라 실물 측면에서 가장 많이 훔쳐 가는 대상이라는 평판을 얻었다(금액 측면에서는 디지털 미디어가 그 자리를 차지한다). 연간 미술품 절도 규모 추정액은 골동품 40억 달러(인터폴) 또는 미술 및 골동품 78억 달러(유엔)이다.

마스트리히트 보고서와 프랑스 정부에 따르면 중국은 규모 면에서 2009년 세계 제3위, 2010년 제2위, 그리고 2011년에는 미국을 추월하여 제1위 시장이 되었다. 그러나 2012년에 다시 2위로 물러났다. 이 해에는 미국 점유율이 33%였고 그 뒤를 중국(25%)과 영국(23%), 프랑스(6%)가 따랐다. 호주와 남미, 러시아, 걸프 지역 등 지금은 여러 곳에서 신규 구매자가 나타나는 상황이다.

이는 20세기 초 미국인 미술 구매자의 등장만큼이나 엄청난 변화다. 그러나 당시 미국인들은 개인 본능에 따라 구매하는 별난 구매자이던 반면, 새로운 수집가들은 투자가치와 시장이 움직이는 방식을 훨씬 의식한다. 이들은 화랑 주인과 미술 박람회, 예술 주간과 컨설턴트로 이루어진 전 세계적 네트워크에서 도움을 얻는다.

상당수 미술관은 이제 자체 영구 소장품보다는 여러 나라 미술관과 후원자들이 공동으로 준비하고 자금을 대는 일회성 전시로 우선순위를 돌렸다. 이렇게 하면 새로운 미술관이 큰 건물은 마련했는데 영구 소장품이 적다는 문제를(예를 들면 빌바오에 있는 구겐하임 미술관처럼) 극복하는 데 도움이 된다. 대중 역시 이목을 끄는 일회성 전시회를 점점 선호한다. 《미술신문Art Newspaper》이 1990년대 전시회 평가를 시작할 당시 상위 10위에 진입하려면 관람객 3,000명이 필요했다. 20년 후

이 수치는 2배 이상 뛰었다.

2012년 상위 10위 미술관은 파리 루브르(관람객 970만 명), 뉴욕 메트로폴리탄(610만 명), 대영박물관(560만 명), 테이트 모던(530만 명), 런던 국립미술관(520만 명), 바티칸 박물관(500만 명), 타이베이 국립왕궁 박물관(440만 명), 워싱턴 DC 국립미술관(420만 명), 파리 퐁피두센터(380만 명), 파리 오르세박물관(360만 명)이었다.

상위 10위 전시회는 다음과 같다. 도쿄 도립미술관 "마우리츠하위스 미술관 대작전"(1일 관람객 10,573명), 브라질 중앙은행 문화센터CCBB "아마존: 현대성의 주기"(7,928명*—별표는 무료 입장이라는 뜻), 상트페테르부르크 에르미타쥬박물관 "19세기 이탈리아 회화전"(7,747명), 워싱턴 DC 국립 미술관 "이토 자쿠추전"(7,611명*), 런던 왕립미술원 "데이비드 호크니전"(7,512명), 도쿄 국립박물관 "보스턴에서 온 일본 명작"(7,374명), CCBB "앤서니 곰리전"(6,909명), 런던 사치 갤러리 "작은 검은 재킷"(6,716명), 피렌체 우피치 "황금빛 섬광"(6,672명), 파리 그랑팔레박물관 "다니엘 뷰렌전"(6,498명)이다. 유럽 미술의 거장부터 "작고 검은 재킷"의 코코 샤넬Coco Chanel에 이르기까지 주제가 다양하다는 점이 흥미롭다. 또한 이 순위표는 중국 미술이 눈에 띄지 않는다는 점과, 미술관 사이에서 작품 대여와 교환이 인기 있다는 점도 알려준다.

최대 경매회사 두 곳을 꼽는다면 18세기 영국에서 시작된 크리스티Christie's와 소더비Sotheby's인데, 두 회사 매출은 각각 58억 달러, 57억 달러다. 그 다음으로 큰 경매회사는 중국 정부가 소유한 폴리Poly와 민영 가디언Guardian으로, 각각 매출액은 7억 달러 정도다.

세계에서 가장 잘 팔리는 상위 10위 미술가 목록에는 중국인 5명, 유럽인 3명, 미국인 2명이 들어 있으며, 앤디 워홀(3억 2,900만 달러), 장다첸Zhang Daqian(2억 8,700만 달러), 파블로 피카소(2억 8,600만 달러), 치바이스Qi Baishi(2억 7,000만 달러), 게르하르트 리히터Gerhard Richter(2억 6,300만 달러), 쉬베이홍Xu Beihong(1억 7,600만 달러), 마크 로스코Mark Rothko(1억 6,700만 달러), 리커란Li Keran(1억 6,700만 달러), 프란시스 베이컨Francis Bacon(1억 5,300만 달러), 후바오스Fu Baoshi(1억 5,200만 달러) 순이다.

미국시장 가치는 180억 달러 정도다. 뉴욕은 아직도 세계에서 가장 크고 치열하고 돈이 많은 시장으로 취급받으며 예술가와 미술상, 비평가, 큐레이터, 박물관, 수집가들이 가장 많이 모인 곳이기도 하다. 뉴욕을 근거지로 삼는 미술가들은 회화, 비디오, 설치물, 사진이나 그 외 현대 미술 분야에서 최고 몸값을 받는다. 제작과 전시 측면에서는 LA가 가장 활발한 도시지만, 미국 최대 규모의 현대 미술 박람회는 플로리다 팜비치에서 열린다. 미국 도시 가운데는 시 정부나 각종 단체, 지역 기업에서 기금을 받아 꽤 큰 미술관을 갖춘 곳도 많다.

유럽시장 가치는 총 210억 달러로 전 세계 총액의 37%다. 영국과 프랑스가 가장 큰 시장이고 그 뒤를 스위스, 이탈리아, 스페인이 쫓는다. 금액 면에서는 런던과 제네바, 파리가 경매의 중심지이며, 세계 최다 판매 건수는 파리에서 기록한다. 유럽은 어느 지역보다도 예술가와 예술 대학, 예술학도, 1인당 화랑 및 박물관 수가 많다고 추정된다.

영국시장 가치는 130억 달러이며 박물관과 화랑 1,300개가 있는 런던에 주로 집중되어 있다.[9] 최대 시장은 현대 미술과 근대 미술, 디자이너 미술, 조각, 사진 등이다. 런던은 여전히 유럽 옛 거장을 다루는 세계시장의 48%를 점유하지만, 이와 어깨를 나란히 하던 골동가구 시장은 급격히 쇠퇴했다. 현대 미술시장은 25년 전 데미언 허스트나 트레이시 에민Tracey Emin, 게리 흄Gary Hume 등 영국 청년 작가들에게 자극받아 시작되었다.

중국시장 가치는 140억 달러 정도다. 현대 작품도 있지만 가장 큰 부문은 중국 전통 서예와 풍경화, 도자기이다. 그런데 중국인들은 입찰은 높게 하면서 실제 지불은 하지 않기도 하고, 또 위조품이나 복제품으로 판명이 나는 작품도 있기 때문에 정부와 경매회사, 화랑, 외부 전문가들이 제공하는 판매 데이터는 20~30% 정도 차이가 날 때가 많다.

중국에는 베이징 798 예술구나 송주앙, 상하이 M50 등 예술가들이 작업하면서 그 결과물을 보여주는 눈에 띄는 개별 예술 군락도 여럿 있다. 또한 18~19세기 유럽 양식으로 풍경화, 초상화, 동물을 그리는 풍속화 복제품을 주로 생산하는 예술 공장도 많다. 그중에 선전 인근의 다펜 예술마을이 가장 유명하다.

책[10]

출판은 대규모 복제가 가능한 최초의 산업이었다. 중국인들이 종이와 인쇄공정의 일부 요소를 발명했지만, 종이에 최초로 재사용 가능한 활자, 접착 잉크와 인쇄기를 조합해 응용한 사람들은 유럽인이었다. 출판은 이제 세계 최대 미디어 산업이자 우리에게 작가와 복제라는 두 핵심 단어를 제시한 대표적인 저작권 산업이다.

최근 수십 년 동안 금융과 마케팅, 판매의 상업적 기능도 그렇지만 편집과 디자인, 일러스트레이션 기술도 급격히 변화했다. 전자책과 온라인 판매(종이책과 전자책 모두)가 성공해 작가의 원 작품에서 소매 유통까지 가는 가치사슬이 도전을 받으면서 출판산업은 현재 크게 변모 중이다. 2012년 아마존은 종이책보다 전자책을 훨씬 많이 팔았다.

경탄할 만한 일부터 사소한 일까지 모든 인류 업적을 전달 하는 매개로 책과 견줄 만한 대상은 없다. 사람들은 책을 단순히 내용의 포장물로 보지 않고, 다자인의 다양성과 견고함, 편의까지 다 제대로 감상한다. 도서 판매 마진이나 이익은 어느 때보다 적지만, 발행종수와 판매부수는 끝없이 늘어나고 있다.

기존 종이책에는 다른 창조상품과 구별되는 특성이 하나 있다. 책은 모든 창조상품 가운데 사람들이 남에게 가장 많이 주는 상품이다. 시각적 매력이나 크기, 가격대, 문화적 우수성 등으로 인해 어떤 상황에서든 환영받는 선물이 되고, 또 신간이나 베스트셀러에는 사람들이 좋아하는 새로움 혹은 문화적 인정이라는 특성까지 들어있기 때문이다.

전자책은 이러한 감각적 매력은 부족하고 플랫폼 호환성이라는 문제도 있지만 그래도 인기를 얻었다. 종이책이 이러한 전자책의 인기를 뛰어 넘어 선물로서 생존할지는 확실하지 않지만, 가능성은 그리 크지 않아 보인다.

출판사는 온라인 플랫폼이 생기면서 새로운 거래조건을 협상 중이다. 협상이라고 해도 대개는 온라인 유통업체가 취하는 이런저런 예의상 행동에 대응하는 데 불과하지만 말이다. 원래 출판사는 소매업자에게 소매가의 50% 정도 가격으로 책을 판매했다. 그러나 아마존은 킨들을 홍보하면서 출판업자에게 도매가로 더 높은 가격을 지불했어도 전자책은 모두 9.99달러에 판매했다. 그러자 출판사들은 화가 났다. 마진 통제권을 잃고 더 이상 가격을 이용해 서로 다른 판본을 차별화하지 못하게 되었기 때문이었다. 애플은 2010년 아이패드를 출시하면서 '대리점 모델' 형태로 대안을 제시했다. 이 모델에서는 출판사가 각자 소매가를 정하고 애플은 대리점 자격으로 30%를 가져간다.

아마존이 기꺼이 저자와 직접 거래하고 인세 70%로 수익을 배분하면서 자비 출판의 문이 열렸다(보커Bowker는 2012년 미국에서 20만 종가량이 자비 출판되었다고 추산한다). 『그레이의 50가지 그림자Fifty Shades of Grey』 3부작이 거둔 엄청난 판매고는 보기 드문 현상이었지만 다양한 국제 출판시장에서 이 책이 잉태된 상황은 그저 평범했다. 작가는 영국인이었으며, 작품은 트와일라잇 시리즈 팬 픽션에서 시작되었고 처음에는 호주 웹사이트인 작가들의 커피숍Writier's Coffee Shop에 게재되었다.

전문 출판은 그 뒤 독일 랜덤하우스Random House에서 진행했다.

세계의 소비자(소위 '판매본') 및 교육 도서, 전문 도서 총 시장가치는 1,349억 달러 규모다. 또 다른 척도로는 발행종수가 있다.

도서-국가별 최대 시장 (2012년)

(단위: 10억 달러)

	판매본 및 교육 도서	비즈니스/전문 도서	총계
미국	30.5	6.5	37.0
독일	9.8	4.0	13.8
중국	10.6	2.5	13.1
일본	11.4	2.1	13.5
프랑스	7.9	1.1	9.0
영국	5.1	0.8	5.9
스페인	3.7	0.6	4.3
이탈리아	4.1	0.2	4.3
인도	2.7	0.2	2.9
브라질	2.0	0.3	2.3
기타	24.4	4.4	28.8
총계	112.2	22.7	134.9

도서-신간 발행 종수 (2012년)

국가	발행종수
미국	320,000
중국	170,000
영국	150,000
러시아	117,000
독일	93,000
스페인	70,000
프랑스	55,000

《주간 출판인Publishers Weekly》과 《리브르 엡도Livres Hebdo》 등 도서 전문지에 따르면 세계 최대 출판사는 피어슨Pearson, 리드엘스비어Reed Elsevier, 톰슨/로이터스Thomson/Reuters, 월터스클루베Wolters/Kluwer, 아셰트Hachette, 그루포플래니타Grupo Planeta, 랜덤하우스다. 중국에는 대형 출판사가 거의 없다. 보커에 따르면 중국 최대 출판사는 중국 교육출판 미디어China Education Publishing and Media로, 2012년 판매고가 6,800만 달러에 달하고 전 세계 순위로는 30위 정도라고 한다.

미국시장은 370억 달러 규모다. 종이책이 아직도 우세하지만 판매본 전자책으로 45억 달러, 교육용 전자책으로 10억 달러 수익을 올렸다. 이 교육용 전자책 수치는 사실 책 기반 교육에서 온라인 학습으로의 대이동이라는 큰 변화를 가리킨다. 이제 학생들은 음악이나 비디오를 대할 때와 같은 태도를 학습에도 적용하고 정식 교본을 피해 더 쉽고 무료인 교재를 찾는 일도 종종 있다. PwC는 2015년 판매본 전자책 매출이 90억 달러에 이르리라고 추산한다. 비즈니스/전문 도서 시장에서 종이책 매출은 55억 달러, 전자책 매출은 11억 달러였다.

유럽 판매본 시장 규모는 전자책 6억 달러를 포함하여 270억 달러이고, 교육용 도서시장 규모는 전자책 6억 달러를 포함하여 130억 달러, 비즈니스/전문 도서 시장은 80억 달러다. 국가별로는 100억 달러인 독일이 가장 큰 시장이고, 그 뒤를 70억 달러인 프랑스와 50억 달러인 영국이 쫓는다. 유럽 공공도서관의 수는 총 27만 개이고(2009년 EC 자료) 이는 유럽을 제외한 전 세계 도서관을 합친 숫자보다도 많다.

영국의 전체 시장은 50~60억 달러로 꾸준한 모습을 보이며, 판매본(33억 달러), 교육용 도서(18억 달러), 전문 도서(8억 달러)가 시장을 구성한다. 2011년에는 전자책 종수가 발행종수를 추월했지만, 전자책 매출은 여전히 매우 낮아서 6억 2,300만 달러에 불과하며, 그 가운데 2억 5,000만 달러는 교육용 전자책 매출이다. 신규 발행종수는 2000년 10만 4,000종에서 2009년 15만 7,000종으로 증가했다가 2011년에 다시 14만 9,000종으로 떨어졌다(아마존에서만 판매하는 자비 출판 도서는 제외했다). 판매고에서는 아마존 등 온라인 판매업체가 가장 큰 비중을 차지하며(40%) 그 다음은 서점 체인(30%), 슈퍼마켓(20%), 독립서점(10%) 순이다. 영국에는 소규모 출판사도 많지만, 2013년 랜덤하우스-펭귄 합병이 성사된 후 순수 영국 출판사의 시장점유율은 10% 미만이다.

중국 인구 규모는 엄청나다. 이 말은 도서 시장이 종수나 총 매출에서 세계 제3위라는 뜻이기도 하지만, 중국 도서가 영어 책 다음으로 가장 큰 언어 집단을 구성한다는 뜻이기도 하다. 시장 규모는 130억 달러인데 판매본 도서 지출이 46억 달러, 교육용 도서 지출이 60억 달러, 전문 도서 지출이 25억 달러다. 중국에서는 온라인 전용 도서나 각종 글, 블로그 등이 다른 나라에서보다 훨씬 인기를 끌지만, 전자책 시장 규모는 아직 작아서 1억 3,000만 달러에 불과하다. 연간 발행종수는 25만 2,000종이고 인쇄 부수는 70억 부를 넘지만, 평균 가격이 낮고 서점 자체가 별 매력이 없을 때가 많아서 방대한 숫자에 비해 매출은 비교적 낮다.[11]

공예[12]

공예란 기능과 미학적 특징을 모두 갖춘 수공예품을 지칭한다. 공예품 가운데는 아주 잘 만들어지고 아름다워서 순수하게 디자인이나 미술품 자격까지 얻을 만한 작품도 있고, 또 최상급 작품에는 '디자인'이나 '디자이너-제작자'라는 말을 쓰면서 저렴하고 기능적인 작품에만 '공예품'이라는 단어를 쓰는 경향도 있다.

일부 문화권은 공예품보다 예술품을 더 높이 보지만, 대다수 문화권에서는 공예품을 더 숭배한다. 유럽인은 태도가 양면적이다. 12세기 송대 도자기는 예술작품으로 보면서 현대 도자기는 공예품으로 본다. 어느 영국 화랑 주인이 목기 제작자인 토바이어스 카이예Tobias Kaye에게 만드는 작품이 예술품인지 공예품인지 물었더니 "과정은 예술이지만 결과는 공예"라고 답했다. 그러자 화랑 주인은 바로 전 주에 역시 목기 제작자인 리처드 래펀Richard Raffan에게 똑같은 질문을 했더니 "과정은 공예지만 결과는 예술"이라는 정반대 답을 내놓았다고 말했다.

공예품은 이렇게 별개인 두 시장에서 번성한다. 고급 디자이너 공예품은 미술품 시장에 속해 미술관에 전시되고 경매에서 팔린다. 이러한 디자이너-제작자 작품은 여느 예술가처럼 상상력 풍부한 기술을 발휘해 만든다(2003년 미술가 그레이슨 페리Grayson Perry는 도예 작품으로 영국에서 가장 권위 있는 현대미술상인 터너상을 받았다. 물론 복장 도착자로 유명한 페리가 평범한 공예작가처럼 작품을 만들지는 않았지만 말이다). 공예품은 훨씬 광범위한 패션과 관광, 여가 시장에서도 성공을 거둔다. 이러한 시장에서 사람들은 제작자나 형식적 미학에 크게 신경 쓰지 않고 공예품을 만들고 사며, 품질은 물론 가격과 실용성으로 작품 가치를 매긴다. 모든 공예품은 새롭다는 예술 기준을 충족하며 기술 요소를 포함하면 저작권 자격이 생기지만, 대다수 공예품 제작자는 굳이 자기 권리를 주장하려 들지 않는다.

세계시장은 거대하고 다양하다. 제작자와 출처가 있으면 가치가 더 올라가 고급 공예품 시장은 30억 달러 정도, 대량판매 시장은 420억 달러 정도다. 그러나 이 두 수치는 미술이나 소규모 제조업으로 분류 가능한 작품도 포함하므로, 신중하게 다루어야 한다.

미국의 공예품 단체들은 고급 공예품 부문 약 10억 달러, 전체 시장은 60억 달러 규모로 추산한다. 공예품 제작자가 구입하는 재료의 판매총액은 120억 달러 규모인데 2006~2011년 사이에 연 6%라는 빠른 속도로 성장했다. 그러나 재료 대부분은 취미활동에 사용되었고 판매 목적은 아니었다.

유럽의 고급 공예품 디자이너-제작자 시장은 10억 달러, 전체 시장 규모는 60억 달러 정도다. 이 시장과 여타 디자인·패션 시장 사이에 밀접한 상관관계가 있다 보니 주요 시장도 이탈리아, 북유럽 국가, 네덜란드, 독일 등이다. 보다 다양한 최대 규모의 공예품 시장은 독일과 지중해 국가에 있다.

영국의 고급 공예품 시장은 4억 달러, 전체 시장은 10억 달러 규모로 추산한다. 공예위원회Craft Council에 따르면 이 직업 종사자는 3만 명인데 주로 섬유와 도자기 부문 종사자가 많고, 그 다음으로는 목재, 금속, 장신구, 유리, 장난감 및 악기 부문 종사자가 많다.

중국의 고급 공예품 시장가치는 20억 달러, 전체 시장가치는 80억 달러 정도로 추산한다. 주요 부문은 비취 세공과 서예, 종이, 목공, 칠보 세공, 칠기, 도예 등이다. 친구나 거래처에 선물을 주는 중국 전통 때문에 수요는 꾸준히 높다. 중국 공예업계는 광범위한 의미의 공예품을 세계에서 가장 많이 수출하며, 그 금액도 150억 달러에 달한다. 지금은 전자장치 상점이 공예품 상점보다 많지만, 정점인 2005년에는 저장성 이우 시장에 노점이 6만 개나 있었다.

그밖에도 유명한 관광지에는 대규모 공예산업이 존재한다고 볼 수 있다. 태국 공예부문 규모는 GDP의 3%에 달하는 104억 달러로 추정되며, 인도, 인도네시아, 브라질, 일본, 러시아에도 큰 시장이 있다.

영화[13]

공예품 제작자는 작품 하나로 먹고살지 못하겠지만, 영화 제작자는 작품 단 한 편으로 인생이 바뀌기도 한다. 성공작은 매우 높은 매출을 거두기 때문이다. 조시 웨든Josh Whedon이 감독한 〈어벤저스The Avengers〉는 개봉 19일 만에 10억 달러 상당의 흥행 수입을 거두었고, 그 중에서 미국 개봉 첫 주말 흥행 수입은 2억 달러였다. 캐릭터 상품 판매로도 2억 달러 이상 수입을 올렸다. 역대 최고 흥행작은 〈아바타Avatar〉

로, 극장 수입으로 몇 년 간 총 27억 달러를 거둬들였다. 〈반지의 제왕〉 3부작은 극장 흥행 수입으로 29억 달러를 가져갔다.

그러나 영화산업에 돈이 이렇게 넘치는 이유는 심지어 적자를 내는 영화까지도 거의 모든 관련자에게 높은 수수료와 로열티를 주는 사업 모델로 이 산업이 움직이기 때문이다. 제작사와 유통사가 가장 큰 몫을 가져가지만, 이익이 미미하더라도 혜택을 보는 사람은 많다. 이러한 부의 유혹 때문에 수백만 명이 영화 제작이라는 게임에 뛰어들거나 이들 주변에 머문다.

영화산업의 네 가지 주요 부문은 (1) 할리우드 스튜디오와 독립제작사가 제작하는 미국 영화, (2) 기타 국가 제작 영화, (3) 타인의 권리를 사고파는 국제 배급회사, (4) 제작과 배급, 극장 및 각종 서비스 부문에 종사하는 수많은 지역회사 등이다.

제작부문에서는 할리우드에서 만드는 프랜차이즈 영화나 애니메이션 시리즈가 주요 추세인데, 이들은 실사 영화보다 위험이 적고 거의 모든 나라에서 잘 통한다. 할리우드 제작물은 연간 영화 90~100편 정도로 균일한 수준이지만, 독립 저예산 영화의 수도 계속 늘어난다. 그러나 독립 저예산 영화는 극장이나 비디오 유통을 하기가 어렵기는 하다.

배급 부문 주요 동향을 보면 우선 디지털과 3D 화면을 갖춘 극장이 있고, 가정에서는 TV 방송, 유료 TV, DVD, 블루레이, 온라인 미디어 등을 상영할 수 있는 대형, 평면, 3D, HD 디지털 기기가 크게 증가하는 추세다. 업계 마케팅 전략은 우선 홍보가 가장 많이 되는 극장 개봉판과 매출이 가장 큰 가정용 비디오판 사이에서 균형을 잡고, 그 다음에는 가정에서 직접 받는 다운로드나 스트리밍 용도로 영화 사용권을 파는 것이다.

영화는 저작권 자격이 있는 작품이고 보호 대상이다. 각국 국내법은 대부분 의상이나 디자인 등도 따로 보호하면서 '저작자'란 각본가, 제작자, 감독 등을 포함한다고 해석한다. 영화는 일단 제작하고 나면 각 영토 내에서 매체별(영화, 방송 등), 언어별로 권리를 판매하거나 배급 업체에 사용권을 준다. 최근 들어서는 영화 제목은 상표로, 관련 상품은 디자인으로 등록하려는 경향도 생겼다.

세계시장 규모는 장편 극영화의 극장 흥행 수입과 가정용 비디오, TV 등에서 벌어들이는 900억 달러 정도다. 극장 수입 규모는 347억 달러로, 이 중 미국이 108억 달러를 벌어들이고 그 다음으로는 중국(27억 5,000만 달러), 일본(24억 달러), 프랑스(17억 달러), 영국(17억 달러), 인도(14억 달러), 독일(13억 달러), 한국(13억 달러) 순이다.

미국 영화는 여전히 전 세계 극장 흥행을 지배하며 대개 상위 20위 자리와 매출액 30% 정도를 점유한다. 대다수 국가는 수입 제한이나 과세, 보조금 등을 통해 자국 영화를 보호한다. 정부 제약이 없는데도 관객이 자국 영화를 선호하는 나라는 일본과 인도뿐이다.

가정용 비디오 판매 및 대여 세계시장 규모는 480억 달러이다. DVD와 블루레이 시장도 여전히 우세하지만, DVD 대여에서 가정용 TV로 직접 스트리밍을 제공하면서 월마트의 부두Vudu나 넷플릭스Netflix, 아이튠즈, 훌루Hulu, 아마존의 러브필름LoveFilm 같은 웹사이트에서 받는 디지털 사용료도 꾸준히 증가하는 추세다. 넷플릭스는 2012년 사용료로 35억 달러를 지출한 것으로 추정된다.[14]

전 세계에서 연간 제작하는 영화는 3,500편이다. 제작 편수로는 인도가 최대이고(1,100편), 그 다음이 일본(650편), 미국(611편), 중국(300편), 프랑스(272편), 이탈리아, 스페인, 영국이다. 그밖에 주목할 만한 제작 중심지로는 홍콩과 테헤란이 있다.

미국시장 규모는 330억 달러 정도다. 극장 흥행 수입은 2012년 입장객 14억 명에 108억 달러였다. 가정용 비디오 수입은 220억 달러였고, 그 중 실물 비디오(DVD, 블루레이)는 수입이 감소해 160억 달러, 온라인은 수입이 급증해 30억 달러를 벌어들였다. 미국인들은 영화 채널 시청 요금으로도 30억 달러를 지출했다.

주요 영화사라고 부르는 할리우드 6대 스튜디오는 유니버설(컴캐스트Comcast와 GE 소유), 파라마운트Paramount(비아컴Viacom 소유), 월트디즈니, 컬럼비아Columbia(소니 소유), 폭스(21세기폭스21st Century Fox 소유), 워너브라더스Warner Bros(타임워너 소유)이다. 이 6대 영화사는 오랜 기간 전 세계 영화산업을 지배했지만 2007~2011년 기간에는 해마다 이익이 감소했다(반면, 영화사 모기업의 TV 자회사 이익은 증가했다).[15] 이들 영화사가 2012년 제작한 영화는 총 94편인데, 뜻밖에 적은 수로 보일지도 모르지만 영화사들은 상영 극장 확보 경쟁이나 언론 보도 등을 고려해 효과적으로 개봉 가능한 작품 수를 제한한다. 미국 독립 영화사들은 대부분 스튜디오 소속이고 제작한 영화는 550편이었다. 할리우드 평균 제작 예산은 9,000만 달러 정도, 인쇄 및 광고 예산은 4,000만 달러 정도이다. 독립영화 예산은 평균 10분의 1 규모로 더 작다.

유럽 전체 시장규모는 250억 달러이며, 이 중 극장 흥행 수입은 입장객 10억 명에 110억 달러 매출을 올렸다(광고에서도 10억 달러 수입을 거둬들였다). 가정용 비디오 매출은 145억 달러이고, 이 중 실물 비디오 매체 수입은 125억 달러, 디지털 수입은 20억 달러였다. 그리고 유럽 극장 흥행 수입 가운데 70%를 미국 영화가 가져간다.

최대 극장 시장은 프랑스(입장객 2억 500만, 17억 달러), 영국(입장객 1억 7,300만, 17억 달러), 독일(입장객 1억 3,500만, 13억 달러), 이탈리아(입장객 1억 100만, 8억 4,000만 달러) 순이다. 극장 관리도 개선되고 디지털과 3D가 도입되면서 이탈리아를 제외하고는 유럽시장 대부분이 전년 대비 증가했다.

유럽 영화사는 장편영화를 1,280편 제작했는데 이 중 370편이 다큐멘터리였다. 유럽의 강점 중 하나는 약 30억 달러나 되는 국가기금인데 대부분 제작(69%)과 배급(8%)에 지출된다.

영국 영화시장 규모는 60억 달러이며, 개인 소비자가 극장에 19억 달러, 가정용 비디오에 38억 달러, 그리고 유료 TV 영화 채널에 4억 달러를 지출했다. BBC, ITV 등 무료 방송 채널도 방송권 구매에 1억 5,000만 달러를 추가 지출했다.

2012년 제작된 영화는 223편이며 이 중 50편 정도는 순수 영국 영화, 10편은 순수 미국 영화, 그리고 나머지는 공동제작 영화였다. 업계 지출은 2011년 최고액인 20억 달러보다 감소하여 15억 달러를 기록했고, 이 금액 대부분은 거의 미국에서 들어온 해외 투자로 국내 지출은 3억 5,300만 달러였다. 수출은 총 23억 달러였고 그 중 로열티로 15억 달러, 제작서비스로 9억 달러 정도가 들어왔다. 최근 성공작인 〈킹스 스피치〉는 제작비 1,500만 달러가 들었고 국내에서 7,200만 달러, 해외에서 총 5억 2,000만 달러를 벌었다. 샘 멘데스 감독의 제임스 본드 영화 〈스카이폴〉은 제작비 1억 5,000만 달러 정도가 들었는데 그 중 4,500만 달러는 제품 간접광고로 충당했고, 개봉 40일 만에 1억 5,100만 달러를 벌어들여 사상 최고 수익을 올린 영국 영화가 되었다.

중국의 영화시장 규모는 29억 달러이며 극장 수입이 27억 5,000만 달러를 차지한다. 40% 상승한 금액이다. 일부 극장이 최종 금액을 배급사에 전달하기 전에 수입을 공제하는(빼돌리는) 일도 있기 때문에 전체 가치는 사실 더 높을 가능성도 있다. 불법 복제가 성행해 가정용 비디오 매출은 미미하다. 중국 국영 라디오·영화·텔레비전 관리국State Administration for Radio, Film and Television, SARFT이 극장에서 상영하는 해외 영화 편수를 제한하기 때문에 매년 로열티 배분 방식인 상업 영화 20편과 추가로 3D나 아이맥스 형식 영화 14편밖에 상영하지 못한다. 극장 흥행 수입은 중국 영화와 해외 영화로 고르게 나뉜다.

2012년 제작된 영화는 600편이지만 극장 개봉은 300편밖에 못했다.

최근 흥행작인 장이머우Zhang Yimou 감독의 〈진링의 13소녀The Flowers of War〉는 제작비 9,000만 달러에 6주 만에 9,300만 달러 추정 수입을, 저예산 영화인 텡후아타오Teng Huatao 감독의 〈실연 33일Love is Not Blind〉은 제작비 140만 달러에 5,500만 달러 수입을 올렸고, 쉬정Xu Zheng 감독의 〈로스트 인 타일랜드Lost in Thailand〉는 제작비 480만 달러에 2억 달러 수입을 올려 중국 영화 사상 역대 최고 흥행 기록을 수립했다.

중국 영화는 해외에서 그리 좋은 성적을 거두지 못한다. 〈양자탄비Let the Bullets Fly〉는 중국 국내에서는 성공했지만 미국에서는 6만 1,000달러를 벌어들이는 데 그쳤고, 크리스천 베일Christain Bale 주연의 고예산 영화 〈진링의 13소녀〉도 중국에서는 흥행 1위를 달리며 9,500만 달러를 벌어들였지만 미국에서는 완전히 실패하여 31만 1,000달러 밖에 거둬들이지 못했다. 예외는 미국에서 상영한 해외 영화 중 가장 큰 성공을 거둔 〈와호장룡Crouching Tiger, Hidden Dragon〉과 거의 비슷한 수입을 올린 〈라이프 오브 파이Life of Pi〉 등 대만의 이안Ang Lee 감독 작품뿐이다.

일본은 미국과 중국 다음의 세계 3위 시장이며 그 규모는 74억 달러다. 극장 수입 규모가 23억 달러, 가정용 비디오 시장 규모가 51억 달러(두 수치 모두 쓰나미 영향으로 2010년 대비 15% 하락)이다. 주로 액션과 판타지인 일본 영화는 국내 극장 흥행 수입에서는 절반 이상을 차지하지만 해외로는 별로 진출하지 않는다.

인도 영화시장 규모는 42억 달러다. 극장 수입은 14억 달러로 27억 명이라는 입장객에 힘입어 인도 영화 매출의 55%까지 차지하며 세계 최고 수준을 기록하기도 한다. 인도 영화사들은 2012년에 1,000편이 넘는 영화를 제작했는데 이 중 200편 정도는 힌두어로 만든, 로맨스와 음악을 독특하게 섞는 발리우드 영화이고 나머지 800편은 다른 여러 인도 언어로 만든 좀 더 평범한 영화였다. 업계 매출은 11억 달러였다. 현재 뭄바이 영화사들은 디지털 시장에 적응하느라 어려움을 겪지만 신생 영화사들도 진입 중이다. 뭄바이에 있는 아닐 암바니Anil Ambani의 릴라이언스 그룹Reliance Group은 인도 최대 극장 체인인 BIG 시네마를 소유한 기업이며, 드림웍스Dreamworks에 3억 2,500만 달러를 투자하여 지분 50%를 인수했고 LA와 런던에 후반 작업실을 두고 있다.

나이지리아는 현지에서 제작되어 DVD로 배급하는 저예산 영화가 급증한다는 점을 근거로 세계 최대의 영화 제작국이라고 주장한다. 정부는 2012년에 영화 1,100편이 승인을 받고 수입 6억 달러를 올렸다고 한다. 극장은 거의 없다(2011년 수도 라고스에 실제로 상영하는 극장은 세 곳밖에 없었다는 말도 있다). 소위 '날리우드'라는 이 나이지리아 영화 작품들은 초기에는 예산 1만 달러 정도에 제작되었지만 이제는 좀 더 세련되고 비용도 많이 들인다. 나이지리아 영화에서 잘 다루는 주제는 가족 관계, 대도시의 삶, 도덕적 딜레마, 주술과 종교 등이다.

음악[16]

음악은 모든 창조작품 가운데 가장 무형이며 가장 널리 퍼진다. 음악의 창조성은 작곡과 연주, 녹음으로 표현 가능하고, 출판과 사용권으로도 돈을 번다. 음악은 단계마다 복잡하게 뒤얽힌 저작권으로 보호를 받는다. 작곡은 작곡가 사후 70년까지 보호된다. 공연과 녹음, 방송은 소위 저작인접권으로 보호를 받으며 그 기간은 50년에서 95년까지다. 음악가들은 아주 능숙하게 권리를 만들어내고 그것으로 돈을 청구할 방법을 찾아낸다. 그리고 수입을 관리하기 위해 특수한 각종 징수단체를 만들어 TV나 영화, 라디오는 물론 바와 호텔, 카페, 사무실, 주차장, 창고형 매장, 쇼핑몰, 미용실, 공항 등에서 음악을 트는 행위를 감시한다. 이들 단체는 책임이 있는 모든 사람에게 종별 혹은 집단 사용권을 주고 거기서 나오는 수입을 권리 보유자들에게 넘긴다(TV, 라디오, 도서 관련 권리 보유자들도 이러한 회사를 사용하기는 하지만, 그 범위가 그리 넓지 않다).

음반사의 중요성이 줄어들면서 라이브 공연이나 패션 광고에 이르기까지 다양한 거래에서 에이전트와 매니저들이 주요 거래당사자가 되었다. SFX 창업자인 로버트 F.X. 실러맨Robert F. X. Sillerman이나 라이브 네이션Live Nation 창업자로 《빌보드Billboard》 선정 2012년 음악계에서 가장 영향력 있는 100인 중 1위를 차지한 어빙 에이조프Irving Azoff 같은 기획자들이 미국 음악을 변모시켰다.[17]

녹음과 공연 부문의 세계 음악시장 가치는 490억 달러다. 음반 지출은 14년 동안 감소하다가 2012년 처음으로 성장해서 230억 달러가 되었다. 이 중 음반 판매는 150억 달러로 2000년에 비해 절반 미만으로 줄었고, 디지털 판매는 80억 달러였다. 공연 지출은 260억 달러였다. 최대 시장은 미국(150억 달러)이고, 그 다음은 일본(60억 달러), 영국(40억 달러), 독일(40억 달러), 프랑스(20억 달러), 캐나다(10억 달러), 이탈리아(10억 달러) 순이다.

음반은 수입 규모가 급감한 몇 안 되는 엔터테인먼트 시장 가운데 하나다. 1996년 사상 최고액인 395억 달러를 기록한 이래 매출액은 계속 하락해 2005년 330억 달러, 2011년 230억 달러를 기록했다. 1990년대 음반 판매는 사람들이 구 LP판을 CD로 대체하면서 호황을 맞이했지만, 1990년대 중반 이후로는 스타 기근현상을 겪고 있다(1990년대에 몇 년간이나 미국 최대 흥행을 거둔 순회 공연 20건 중 10건은 60세 이상인 가수들이 주도 하였다). 한편, 인터넷 P2P 공유와 아이튠즈나 스포티파이 등 그럴 듯한 새로운 서비스의 문을 열었고, 그러면서 불법 복제가 성행했다.

디지털 지출 비율이 가장 높은 나라는 중국이다. 중국에서는 실물 음반이 제대로 자리를 잡은 적이 없으며, 지금은 디지털 지출이 75%를 차지한다. 중국 외에 디지털 전환이 가장 빠르게 일어나는 나라는 미국으로, 2012년에는 디지털 매출액이 실물 음반 매출액을 추월했다. 유럽과 일본에서는 이보다 움직임이 느리다.

글이나 영화, TV 시장에서와 마찬가지로 여기서도 가수 등이 실제 가져가는 수입은 권리 보유자와 온라인 플랫폼이 체결하는 거래에 따라 달라진다. 음반사들은 사업이 실물 기반에서 다운로드로, 그리고 스트리밍으로 이동하면서 도통 무엇인지 알 수 없고 빠르게 변화하는 다양한 장치와 운영체제, 사용허가 조건에 의존하는 처지가 되어 분통을 터뜨린다.

세계 상위 3위 회사는 비방디Vivendi의 유니버설 뮤직 그룹Universal Music Group(2012년 매출 59억 달러), 소니뮤직엔터테인먼트Sony Music Entertainment(56억 달러), 워너 뮤직Warner Music(30억 달러)이다. 이 세 회사가 전 세계 음악 출판 및 녹음권의 약 80%를 소유한다. 시장이 축소되면서 가차 없는 집중현상도 일어났다. 비방디는 1990년대에 유니버설의 음악 회사들을 사들이기 시작했다. 소니 뮤직은 독일 BMG와 공동 소유하다가 소니에서 BMG 지분 50%를 사들였다. 워너 뮤직은 2004년부터 타임 워너와 전혀 관련이 없고 지금은 미국 재벌인 액세스 인더스트리즈Access Industries 소유다. 오랫동안 4위에 머물던 EMI는 사모투자기업인 테라 퍼마Terra Firm가 시티그룹Citigroup에서 대출을 받아 매입했는데, 테라 퍼마가 나중에 이자 지불 능력이 없어 EMI 지배권을 은행에 넘겼다. 시티그룹은 회사를 분할하여 녹음과 출판 부문을 따로 매각했다.

2012년 최고 수입을 올린 5대 순회공연은 마돈나(1억 4,100만 달러), 브루스 스프링스틴Bruce Springsteen(1억 2,300만 달러), 로저 워터스Roger Waters(1억 1,500만 달러), 콜드 플레이Cold Play(9,900만 달러), 레이디 가가(7,700만 달러) 공연이었다.

미국시장 규모는 전 부문을 아울러 150억 달러다. 음반 수입은 65억 달러로 그 중 실물 음반이 34억 달러, 디지털이 31억 달러를 차지한다.

콘서트와 축제 수입 규모도 87억 달러가 넘는다. 미국국립예술기금 NEA(National Endowment for the Arts)에 따르면 직업 음악가는 18만 5,000명, 음악가 지망생은 9만 명, 거기에 업계 종사자는 30만 명이다. NEA는 미국인 가운데 합창단이나 코러스에서 매주 노래한다고 하는 미국인도 2,000만 명이라고 한다.

유럽시장 규모는 190억 달러로 80억 달러는 음반(60억 달러는 실물 음반, 20억 달러는 디지털), 110억 달러는 각종 콘서트와 축제에서 나온다. 클래식 음악을 빼고는 국가 간 교류가 거의 없고, 각국 라디오에서 방송되는 음악도 첫째로는 자국 음악, 둘째로는 미국 음악을 선호한다.

영국시장 규모는 43억 달러고 음반 시장은 실물 음반 13억 달러, 디지털 6억 달러로 총 19억 달러 규모다. PwC는 2015년에 디지털 매출액이 실물 음반 지출을 추월하리라 본다. 라이브 공연 시장은 24억 달러 규모다.[18]

영국 음반회사 매출은 연간 60억 달러로 세계 시장의 12% 정도를 차지해 수입도 많았고, 2012년 미국에서 가장 잘 팔린 음반 가운데 5장을 봐도 아델Adele, 원 디렉션One Direction(앨범 2장), 멈포드 앤 선즈Mumford and Sons 등 영국 가수 음반이었다. 인구조사에서 자신이 음악인이라고 응답한 사람은 5만 3,000명이고, 음악가 지망생이라고 응답한 사람은 2만 9,000명이며, 업계에서 다른 일을 하는 사람도 4만 3,000명으로 이들을 모두 합하면 12만 5,000명이다.[19]

전통음악은 중국 문화에서 큰 부분을 차지하지만 젊은이들을 대상으로 젊은이들이 하는 팝 음악은 아주 서서히 나타났다. 시장 전체 규모는 3억 달러다.[20] 음악 대부분은 실제 공연에서 듣거나 인터넷에서 무료로 듣는다. 중국오디오·비디오협회China Audio and Video Association는 2012년 음반시장 가치가 64억 달러지만 실제 수입은 1억 3,000만 달러에 불과하다고 말한다. 이보다 금액을 더 낮게 추정하는 사람들도 있다. 해접Ocean Butterflies 사장이자 녹음물위원회Recording Works Council 사무국장인 루장Lu Jiang은 회원 음반사 수입이 2000년 3억 1,500만 달러에서 2012년 1억 2,000만 달러로 감소했다고 한다. 공연부문에는 강소형 시장이 있지만, 정부의 규제장벽에 부딪히기도 하고 입장권 판매 수입도 크지 않다(1억 5,000만 달러).

지역 음악산업 규모는 작다. 루장은 100명 이상을 고용한 중국 음반사는 없다고 한다. 해외 음반사들도 중국 최대 검색엔진인 바이두가 다운로드 당 로열티를 지급하는 데 합의하기 전까지는 오랫동안 6,000~7,000만 달러라는 아주 낮은 매출을 기록했다. 중국 최대 독립 음반사인 모던스카이Modern Sky 등 일부 국내 음반사들은 바이두에 전곡 무료 다운로드를 허락하고 후원과 광고, 콘서트로 돈을 번다.[21]

공연[22]

공연예술에는 연극과 뮤지컬, 코미디, 오페라, 춤, 발레, 서커스가 들어간다. 여기서 핵심 기술은 대본 집필과 연출, 공연이지만 또 기금 조성과 제작, 캐스팅, 디자인, 조명, 음향, 의상, 세트 제작, 마케팅, 행정 등에 종사하는 사람도 아주 많다.

공연예술 사업은 극작가와 연출가, 공연자를 기본으로 하지만 기획자와 에이전트, 매니저의 역할도 중요하다. 또한 초대형 국립 극장에서 크고 작은 수천 개의 지역 극장까지 시설 자체도 매우 중요하다.

연극 작품은 원작을 글로 쓰고 공연하면 저작권 보호를 받는다. 글로 쓰이지 않거나 디자인과 세트, 조명 등 대본에 들어 있지 않은 요소를 담은 작업과 공연은 보호하기가 어렵고 누군가 기록하지 않으면(꼭 원래 아이디어를 낸 사람이 기록할 필요는 없다) 보호받지 못한다.

TV 방송과 온라인 미디어가 발전했음에도 다양한 공연을 눈앞에서 직접 보고자 하는 사람들의 욕구는 더욱 커진다. 뮤지컬과 연극, 코미디 부문에 관객이 가장 많이 들며, 허구와 실제를 혼합하는 실감 내지 대화형 공연에 관한 관심도 높아지는 추세다.

세계시장 규모는 500억~550억 달러 정도다. 공연 장소와 활동이 다양하고, 또 공연 장소에서 공연예술과 기타 행사를 구분하지 않는 곳도 많기 때문에 정확한 수치를 제시하기는 어렵다. 이 부문에는 민간 후원금과 공공 기금이 아주 많이 몰리는데, 주로 공연시설에 사용되지만 간혹 공연 자체를 위한 기금도 있다.

영어권 연극과 뮤지컬의 양대 중심지는 뉴욕 브로드웨이와 런던 웨스트엔드다. 수명이 대단히 긴 작품도 있다. 애거서 크리스티Agatha Christie

의 〈쥐덫The Mousetrap〉은 현재 런던에서 70년째 상연 중이다. 캐머론 매킨토시Cameron Mackintosh는 42개국에서 〈레 미제라블Les Misérables〉을 제작하거나 사용권 계약을 맺었고 그 금액은 30억 달러에 달했다.[23] 전 세계에서 가장 크게 흥행한 공연은 앤드류 로이드 웨버Andre Lloyd Webber의 〈오페라의 유령The Phantom of the Opera〉(56억 달러)으로, 이 결과는 가장 잘 팔린 영화나 책, 음반, 게임을 능가하며 가히 단일 엔터테인먼트로 가장 큰 성공을 거두었다 할 만하다. 로이드 웨버는 뮤지컬 〈캣츠Cats〉(30억 달러)의 음악도 작곡했다.

미국은 세계 최대 공연시장이다. 극장 흥행 수입은 130억 달러로 영화나 스포츠 흥행 수입보다 조금 많다. 뉴욕은 세계에서 극장이 많은 도시다. 브로드웨이는 입장권 1,230만 장을 판매하고 수입 11억 달러를 올리며, 뉴욕 외의 다른 지역 공연은 입장권 1,310만 장에 수입 9억 달러를 기록한다(뉴욕 외 공연에서는 여성의 매표 비율이 62%, 좌석 점유율이 70%라는 사실이 눈에 띈다). 브로드웨이와 오프 브로드웨이 흥행 성적은 2000년 이래 매년 소폭 증가했다. 브로드웨이협회Broadway League에 따르면 브로드웨이는 70억 달러가 넘게 뉴욕 경제에 기여하며, 그 내용은 극장주들이 극장에 지출하는 비용(1,500만 달러)과 공연(10억 달러), 뉴욕 방문객들이 도시에서 지출하는 금액(60억 달러)이라고 한다.

2012년 미국 전역 극장은 40억 달러 규모의 민간 후원(예술 부문 전체에서 받는 후원금 80억 달러의 절반이다)을 받고, 거기에 연방 정부

(2억 달러), 주 정부(2억 달러), 시(5억 달러)에서도 기금을 받았다. 이는 2008년에 비하면 20% 감소한 수치다.

유럽 국가는 모두, 특히 수도에서 공연예술 전통이 강하며, 작은 도시라도 순회공연을 상연할 극장 하나 정도는 갖춘 곳이 많다. 시장 가치는 180억 달러로 추산된다. 유로존 금융 위기 때문에 정부 기금이 삭감되었지만, 프랑스와 독일, 이탈리아에서는 신작 상연과 마케팅 개선, 입장료 하락 등으로 관객 수가 늘었다는 증거가 있다.

영국시장 규모는 26억 달러 정도이다. 민간과 정부 지원 부문이 총 1,390만 장의 표를 팔아 8억 3,500만 달러 수입을 올렸고, 이는 2010년보다 3% 증가한 수치다. 입장권 판매 수는 지난 30년 간 1,000만~1,400만 장 사이에 머물렀지만 매출은 인플레를 반영하여 1980년 1억 6,000만 달러에서 2011년 8억 3,500만 달러로 증가했다. 웨스트엔드는 브로드웨이보다 입장권 판매가 많지만 브로드웨이 입장권이 50% 정도 더 비싸다.

중국의 공연예술은 경극에서 연극, 무용, 코미디('만담'), 기예까지 다양하다. 중국 연극에는 오랜 전통을 자랑하고 장기 공연되는 음악극과 서커스도 있지만, 신인 작가는 부족하고 현대 작품 시장은 작다. 1년에 극장에 1회 이상 가는 대도시 인구는 고작 20%밖에 되지 않고, 전혀 가지 않는다고 하는 사람도 40%나 된다.[24] 시장규모는 홍콩을 제외하면 37억 달러이고, 이 중 극장 매출에서 19억 달러, 기타 수입원에서 18억 달러를 벌어들인다.

중국 공연예술 부문에서는 전통 레퍼토리도 유지하면서 현대적 기술도 발전시키고 있다. 상하이 연극원Shanghai Theatre Academy은 창조성 학교School of Creativity를 설립했고, 전통극인 상하이 곤곡을 지켜 나가는 장준Zhang Zun은 예술 면에서나 마케팅 면에서나 매우 뛰어나다. 대극장을 짓고 그 지역에서만 하는 대규모 공연(장이머우 감독이 연출한 대규모 야외 공연 등)을 홍보하는 도시도 많다. 극장에서는 중국 전통 음악가나 무용수들이 참가하는 앙상블 공연이나 해외 수입 공연을 선호하며, 소규모 실험극을 올릴 기회는 그리 많지 않다.

비디오게임[25]

주요 시장은 두 개로 나뉜다. 하나는 전용기기로 하는 콘솔 게임, 하나는 다운로드나 스트리밍으로 훨씬 다양한 장치에서 하는 온라인 게임과 앱이다. 콘솔은 오랫동안 최대 시장이었지만 이제는 앱과 온라인 게임이 더 인기를 끄는 상황이다. PC 전용 게임시장은 규모도 작고 사양길에 접어들었다. 엔터테인먼트 매체가 다 그러하듯, 게임도 온라인으로 옮겨가며 특히 중국과 일본에서 그런 경향이 강하다. 또한 페이스북이나 구글 플레이를 이용하면 소액 결제로 탄력적인 부분 유료화 서비스를 체험할 수도 있다.

초창기 최대 제조사는 미국 아타리였지만 곧 닌텐도Nintendo에 자리를 내줬다. 원래 놀이용 카드를 제작하던 이 일본 제조업체는 곧 수익성이 가장 높은 일본기업 3위 자리에 올랐다. 1990년대에 닌텐도는 직원 900명이었지만 세계 최대 소비자 전자제품 회사로 직원 15만 명을 둔 히타치Hitachi보다 훨씬 많은 이익을 냈다. 그러나 닌텐도도 소니 플레이스테이션에 발목을 잡혔다. 플레이스테이션은 콘솔 4억 대와 수많은 게임을 팔아치우고 세계 시장의 절반을 점유했다. 한창 때는 플레이스테이션이 소니 수입의 25%, 이익의 30%를 차지하기도 했다. 콘솔 산업은 아직도 플레이스테이션('PS4'와 '비타')과 다시 떠오르는 닌텐도('위'와 '위유'), 그리고 마이크로소프트 엑스박스가 지배한다.

게임 자체는 미국과 프랑스, 한국, 일본에서 대부분 개발한다. 영국도 과거에는 2, 3위를 차지했지만 개발자와 출판업자들이 글로벌 기업으로 성장하지 못하고 미국에 매각돼 버리면서 하향세로 돌아섰다. 게다가 다른 나라 정부들은 영국보다 발빠르게 게임 제조사에 세금 공제를 해주었다.

게임이 성공하면 주요 극장 개봉작보다 훨씬 많이 팔린다. 2007년 인피니티워드Infinity Ward의 '콜 오브 듀티: 모던 워페어3'는 16일 만에 10억 달러 매출을 올렸다. 다음해 록스타Rockstar에서 출시한 '그랜드 테프트 오토 IV'에는 대사 8만 줄에 성우만 800명이 출연했는데, 제작비용은 1억 달러 정도였다고 한다. 이 게임은 첫 주에만 5억 달러를 벌어들였다.

원래 아시아와 영국 등에서 나온 '슛뎀업'과 '쿵푸' 같은 액션 게임과 캘리포니아 공상과학 판타지에서 나온 고난이도 게임 간에는 격차가 있었지만 이제 그 차이도 점차 줄어드는 상황이다. 미국 게임의 고전으로는 윌 라이트Will Wright의 '심시티'(1985년)와 '심스'(2000년)가 있으며, 이들은 1억 5,000만 장 팔렸다. 최근에 나온 게임으로는 농장 생활을 그린 시그마Sygma의 '팜빌'과 퍼즐을 푸는 밸브Valve의 '포털 2,' 그리고 록스타의 'LA 느와르'가 있다. 엔터테인먼트소프트웨어연맹Entertainment Software Alliance은 미국 가구주의 69%가 게임을 하며 현재 게임을 하는 사람의 평균 연령은 33세라고 한다.

게임 안에는 문학과 예술, 음악, 연극 저작물이 한데 묶여 있으며 게임은 영화 자격도 된다. 소프트웨어는 대개 특허를 받고 이름에는 상표를 붙이며 유럽에서는 EU 데이터베이스법으로 게임 데이터 집합도 보호한다. 이러한 복잡성과 계속 변하는 기술 때문에 까다롭고 시간이 많이 드는 권리 협상이 벌어진다.

지금은 페이스북이나 구글플러스 등 소셜 네트워크에서 하는 온라인 게임 아니면 iOS나 안드로이드 앱이 게임 시장의 흐름을 주도한다. 고정된 장소에서 해야 하는 콘솔 게임과 소위 모바일/소셜 게임이라고 하는 이 게임의 격차는 점점 벌어지는 상황이다. 닌텐도 위를 사용해서 가족, 친구와 함께 게임을 하는 사람은 다중접속 온라인 게임MMOG(Massive Multiplayer Online Game)이라고 하는, 수십만 사용자와 함께 하는 온라인 게임을 하는 사람과는 아예 다른 시장에 존재한다.

세계 게임시장 매출액은 600억~610억 달러다. 주요 시장은 콘솔 게임(270억 달러, 하락세)과 온라인 게임(170억 달러, 상승세), 무선 게임(90억 달러), PC 게임(30억 달러)이다. 약 20억 달러는 광고수입이다.

또 여기 포함되지는 않았지만, 콘솔 게임 이용자들은 새 콘솔을 구매하는 데 30억 달러 정도를 지출한다.

최대 시장은 미국(150억 달러), 일본(70억 달러), 중국(80억 달러), 한국(60억 달러), 영국(40억 달러)이다. 콘솔과 게임 가격 상승, 온라인 게임의 잦은 업데이트, 한층 복잡한 가격 책정 모형(부분 유료화 제도 등), '진지한' 게임의 증가 때문에 시장은 2000~2010년 사이에 연 10% 성장했지만, 이 시기 이후로 성장세는 꺾였다.

매출 기준으로 대표 회사는 닌텐도, 2008년 액티비전블리자드를 매입했다가 2013년 매각한 프랑스 비방디, 미국 일렉트로닉아츠가 있다. 이들 기업은 모두 제작 의뢰나 합작 투자, 최우선 협상권, 투자 등 다양한 방식으로 전 세계 개발회사들과 긴밀하게 협력한다. 온라인 게임 성장으로 디엔에이DeNA(일본), 그리Gree(일본), 넥슨Nexon(한국) 등 신생 기업도 탄생했는데, 이 세 기업 모두 예전 게임 회사들은 물론이고 소니보다도 훨씬 수익성이 높다.

미국시장 규모는 150억 달러로 콘솔 게임이 90억 달러, 온라인 게임이 30억 달러, PC 게임이 5억 달러를 차지하고 광고 수입도 20억 달러나 된다. 콘솔 게임이 아직도 우세하지만 시장은 점차 부분 유료화 온라인 게임과 앱이 주도하는 상황이다.

유럽의 소비자 지출은 180억 달러고, 이 중 콘솔과 휴대용 게임기가 90억 달러, 온라인과 무선 게임이 60억 달러, PC 게임이 20억 달러를 차지한다. 광고 수입은 6억 달러다. 시장은 몇 년 동안 큰 변동이 없었지만 콘솔 매출이 감소하고 온라인 매출이 증가하면서 시장 판도도 변하고 있다. 2014년에는 온라인 게임이 콘솔 게임을 따라잡으리라는 관측이다. 유럽 최대 시장은 영국이고 그 다음이 프랑스와 독일이다. 영국과 아일랜드, 스위스, 네덜란드, 프랑스, 독일에는 소규모라도 세계적인 게임 개발회사가 많지만, 그래도 주요 대기업은 프랑스 비방디가 유일하다.

영국시장은 1990년 3억 5,000만 달러에서 현재 37억 달러 규모로 성장했다. 이 시장은 콘솔(22억 달러), 온라인 게임(8억 달러), PC 게임(3억 달러), 무선/스마트폰/태블릿 게임(3억 달러) 등으로 나뉜다. 광고지출은 1억 달러다.

영국게임 업계는 2009~2011년 사이에 위축되었지만 2012년에 다소 회복했다. 그러나 미국에 매각하라는 제안이 아주 솔깃해서 독립성을 유지하는 영국회사가 거의 없다. 리처드 브랜슨Richard Branson은 버진인터랙티브Virgin Interactive를 미국 비아컴에 팔았고, 불프로그Bullfrog와 플레이피시는 일렉트로닉 아츠로 갔고, 록스타는 테이크투Take Two에 팔렸다. 영국 회사로 선도적인 독립 기업은 마인드캔디Mind Candy이다. 이 회사에서 만든 게임 '모시 몬스터스'는 다양한 혜택과 애완동물, '록스'라는 화폐를 갖추고 6세에서 12세 아동을 대상으로 하는 일종의 어린이용 QQ인데, 여기서 영국에서 가장 잘 팔리는 어린이용 잡지까지 나왔다.

중국시장 규모는 60~80억 달러이며, 거의 대부분이 온라인 게임이다. 3대 주요 콘솔 게임은 2000년부터 금지되었고, 사용하려는 사람은 불법 수입품이나 국내 불법 복제품을 쓰든지 아니면 온라인으로 가야 한다. 어쨌든 중국에는 집단에 속하기를 좋아하는 사람이 많아서 온라인 네트워크나 MMOG를 더 좋아한다. 2011년 중국은 전 세계 온라인 게임 지출 중 35%를 차지했다.

중국 최대 회사는 텐센트인데 일렉트로닉아츠와 액티비전블리자드를 합친 규모보다도 크다. 그밖에도 창업자 천톈차오Chen Tianqiao를 잠시 중국 최대 갑부 자리에 올린 샨다, 163닷컴을 운영하며 주준Zhu Jun의 더나인The9에서 '월드오브워크래프트' 유통권을 사들인 넷이즈 등이 주요 기업이다. 중국 개발회사는 얼마 안 되고, 텐센트나 샨다나 게임 대부분을 한국과 미국, 일본에서 사들인다.

디자인

건축[26]

건축가는 건물과 인프라를 설계한다. 건축가는 고객 주도형이면서 자금 조성과 프로젝트 수주 측면에서는 투자자와 개발사 의존형이다. 건축 사무소는 대부분 동업 기업으로 운영한다. 전문적·기술적 지식을 보다 폭넓게 얻기 위해 큰 회사들이 합병하는 추세도 있지만, 다른 한 끝에서는 점점 많은 건축가들이 단독 혹은 2인 동업 기업 형태로 일한다.

세계 건설시장 가치는 5~7조 달러 정도로 추산된다. 추산액 격차가 이렇게 큰 이유는 미국과 유럽 금융 위기로 인한 불확실성 때문인데, 금융 위기로 많은 고객사가 프로젝트를 연기하거나 취소했다. 세계 최대 건설 시장은 중국(1.25조 달러)이고, 그 다음은 미국과 일본이며 영국(2억 달러)을 포함한 유럽은 한참 뒤에 떨어져 있다. 다만 프랑스에는 빈치Vinci와 브이그Bouygues 등 세계 10위권에 드는 건설회사 두 곳이 있다. 2011년 작성된 보고서 「2020 세계 건설Global Construction 2020」은 미래 성장을 전망하면서 중국이 가장 크게 성장(2020년에는 거의 두 배로 늘어 2.25조 달러로 세계 시장의 25%를 점유)하고, 인도와 브라질, 미국은 꾸준한 수준, 유럽은 미미한 수준일 것이라고 했다. 그리고 일본은 지출이 16% 감소하리라고 전망했다.[27]

축척도나 모형, 모든 예술 및 문학 작품, 건물 자체까지 포함하는 디자인도 저작권 보호를 받지만, 건축가가 그린 스케치 역시 저작권 보호를 받는다. 그림을 사는 사람이 저작권까지 얻지는 않듯, 새 건물을 의뢰하거나 매입하는 사람도 보통 이에 수반되는 저작권을 원하지도 인수하지도 않는다. 리처드 로저스Richard Rogers의 회사가 저작권을 사용해서 어느 고객의 최종단계 설계변경을 막은 사례는 있지만, 그런 일은 매우 드물다.

건축은 가장 국제적인 부문이기도 하다. 말에 의존하지도 않는데다 건축의 현대적 도상圖像은 어느 나라 문화에서도 독립되기 때문이다. 테이트 모던 미술관에는 영국적인 면이라고는 없고, 베이징 국립경기장

(버즈 네스트)에는 중국적인 면이라고는 없다. 둘 다 스위스 회사인 헤르초그앤드뫼론Herzog & de Meuron에서 설계한 건물이다. 각국 정부도 다른 부문에서는 문화 수입을 엄격히 제한하면서 국가적, 문화적 민감성이 아주 큰 건물 설계는 외국인에게 의뢰할 때가 많다. 예를 들면 독일 정부는 영국인 노먼 포스터Norman Foster에게 베를린 국회의사당을 새로 설계해달라고 의뢰하였다.

세계 각국의 건축회사는 총 900~1,000억 달러 정도 매출을 올렸다. 매출 상위 30개 기업 가운데 미국과 일본 기업이 20개 있고, 영국 기업이 세 번째로 많다. 그러나 대형 기업은 대부분 다양한 자문 서비스도 같이 제공하고 건축은 사업 가운데 한 분야에 불과하므로 기업 규모와 수입은 신중하게 다루어야 한다.

전 세계 등록 건축가 수는 약 100만 명이다. 일본은 건축가와 기타 설계사를 거의 구분하지 않기 때문에 수가 가장 많고(37만 명), 그 다음은 이탈리아(11만 1,000명), 미국(8만 명), 브라질(8만 명), 독일(5만 명), 영국(3만 명) 순이다. 중국에는 등록 건축가 3만 6,000명이 있고 그 수도 빠르게 증가 중이다.

미국의 설계, 건축, 건설 시장 전체는 4,000억 달러 규모다. 미국건축가협회AIA(American Institute of Architects) 회원사들은 총매출 260억 달러를 올렸지만 이는 2008년 440억 달러 수입에 비하면 40% 하락한 수치다. 하도급을 제외한 순매출은 150억 달러였다. 개업 건축가는 8만 명, 관련 전문인은 10만 명 정도다. 2000년부터 보다 폭넓은 기술을 갖추기 위한 회사 합병 추세도 있지만, 2012년 AIA 회원 가운데 4분의 1은 개인사업자다.

유럽의 건설부문은 금융위기로 심각한 타격을 입었고 결과적으로 건축회사들이 받던 대규모 의뢰는 아주 뜸해졌다. 건축시장 규모는 150억 달러 정도로 추산되며, 이는 2000년보다도 적은 규모다. 최대 시장은 독일(40억 달러)이고, 그 다음은 영국과 프랑스다. 주요 부문은 도시 재생, 박물관, 상가 건물, 인프라 등이다.

영국시장 가치는 30억 달러 정도다. 기업 매출은 48억 달러로 이 중 25억 달러는 국내 매출, 23억 달러는 수출이다(전체 시장에서 영국 건축회사의 국내 매출을 뺀 금액은 외국 기업이 차지한다). 영국은 이제 소위 스타 건축가 숫자에 있어서는 미국과 맞먹는다. 노먼 포스터도 있고, 이탈리아에서 태어난 리처드 로저스도 있고, 데이비드 치퍼필드Davide Chipperfield도 있고, 탄자니아에서 태어난 데이비드 아자예David Adjaye도 있고, 이란에서 태어난 자하 하디드Zaha Hadid도 있다.

중국은 세계에서 가장 빠르게 성장하는 건설시장이며, 총 1조 2,500억 달러의 매출을 올리는 5만 개 건설회사에 약 2,000만 명이 종사하고 있다. 역사상 유례없는 건설 호황이다. 시장은 건축가가 주도하는 건물과, 계획자와 엔지니어들과 함께 일해야 하는 인프라 부문으로 고르게 나뉜다. 정부 보고에 따르면 시장 매출은 240억 달러다.

과거 중국 건축가들은 위상이 매우 낮았고 보수도 매우 적게 받았으며, 새 건물은 소속 건축사가 설계하거나 가끔 중국 회사가 해외 건축가와 협업하면서 보조 역할만 했다. 그러나 이제 상황은 변했다. 중국 건축가들이 해외에서 귀국하고, 또 새로 자격을 갖춘 중국 건축가도 많이 늘어난 덕택이다. 이제 세계적인 기업들은 모두 중국에 진출해 현지 건축가를 고용한다. 건축의 노벨상이라고 하는 프리츠커 건축상을 중국인으로는 왕수Wang Shu가 처음 수상하기도 했다. 왕수는 2010년에는 셸링 건축상, 2011년에는 프랑스 건축 아카데미 금상을 받았고 비교적 젊은 48세에 2012년 프리츠커 건축상을 받았다. 늘 장소에 잘 녹아드는 최소주의적이고 소규모인 왕수의 표현미학은 중국미술학원Chinese Academy of Arts 상산 캠퍼스에서도 아름답게 드러난다.

디자인[28]

IIIIIIIIIIIIIII 디자인은 무엇을 의식적으로 개선하여 좀 더 품격 있거나 아름답거나 재미있게 만들어 기능을 향상시킨다는 뜻이다. 코카콜라나 나이키 로고, '진입 금지' 거리 표지판처럼 성공을 거둔 디자인은 만든 사람이 누구인지는 몰라도 전 세계에서 통하는 아이콘이다(각각 프랭크 로버트슨Frank Robertson, 캐롤린 데이비드슨Carolyn Davidson, 어느 스위스 관료 위원회가 만들었는데, 그러니까 이 마지막 사례는 위원회도 노력하면 제대로 일할 수 있다는 증거다). 제품 디자인은 본질적으로 제조에 따라오며, 한 나라에서 제조업이 성장하거나 쇠퇴하면 디자인 부문도 성장하거나 쇠퇴한다. 산업 디자인 시장은 중국과 일본, 브라질, 러시아에서는 성장하고 유럽 국가 대부분과 미국에서는 쇠퇴하고 있다.

과거에는 위에서 설명한 '무엇'은 언제나 제품이었고, 디자인은 언제나 제품 디자인을 의미했다. 그러나 현대 디자이너들은 좀 더 포부가 크다. 미국산업디자인협회IDSA(Industrial Design Society of America)는 산업 디자인을 "사용자와 제작자에게 상호 이익이 되도록 제품과 시스템의 기능·가치·외양을 극대화하는 개념과 설명을 창출하고 개발하는 일"이라고 정의한다.

이 두루뭉술한 표현은 자신의 개념적 기술이 인간 노력 전 분야에 응용 가능하다는 디자이너들의 믿음을 나타낸다. 디자이너들은 헝가리 바우하우스 디자이너인 라즐로 모홀리 나기László Moholy-Nagy의 말도 자주 인용한다. "디자인은 직업이 아니라 태도다."[29] 미국은 디자인에 의료 서비스를, 중국은 설계를, 영국은 데이터베이스 디자인을 각각 포함시킨다. 영국 디자인위원회Design Council는 "디자인은 우리 주위 어디에나 있다. 인간이 만든 모든 것은 의식적으로든 아니든 모두 디자인이다"라고 하며, 디자인을 '지적 사고' 또는 '혁신'과 동의어로 사용한다. 이런 의욕은 존경스럽지만 어떤 '시스템'의 '가치'를 극대화하는 '개념'은 범위가 지나치게 넓어서 의미가 없다. 디자이너들이 이런 주장을 할 때마다 오히려 자기가 하는 일의 정체를 파악하고 측정하기 어렵게 만들 뿐이다.

증거도 불명확하다. 런던경영대학원London Business School에서 실시한 연구를 보면 신제품 디자인에 판매 금액 1%를 할애하면 기업 매출과 이익은 5년 동안 평균 3~4% 증가한다는 결과가 나왔다. 디자인위원회는 1994~2004년 사이 10년 동안 디자인에 집중한 기업의 매출과 이익을 추적하여 디자인을 그보다 적극 사용하지 않는 기업과 비교했다. 디자인에 집중한 회사는 증시가 강세일 때나 약세일 때나 비교대상 기업보다 200% 좋은 실적을 보였다.[30] 그러나 이러한 회사들도 결국 우선순위는 경영과 자금에 두었다. 이에 비추어 볼 때 디자인이 과연 디자이너들 주장처럼 통제 가능하고 개선 가능한 투입물인지, 아니면 스타일이나 편의처럼 수많은 결과물 중 하나인지 의문이 생긴다.

디자인은 예술작품으로 저작권 자격이 있고, 별도로 디자인권 자격도 있다. 디자인권은 저작권과 같지만 기간은 더 짧다. 또한 등록이 가능하고 보호 수준도 훨씬 높다. 이것만으로도 복잡한데 이러한 국가별 권리 외에도 WIPO는 국제 디자인권을, EU는 유럽 디자인권을 준다. 이러한 확산으로 인해 보호 수준이 높아지기보다는 오히려 혼란만 커진다는 강력한 증거도 있다. 디자인권이 모호하고 취약하다고 생각하고 오히려 상표와 브랜드에 의존하는 디자이너들도 많다.[31]

세계시장 규모는 1,650억 달러 정도이며, 이 중 미국과 독일, 일본이 3분의 2를 차지한다. 일부 대형 기업이 엔지니어링 디자인에서 건축까지 광범위한 전문성을 갖추기는 했지만 규모는 크게 중요하지 않으며, 대기업 고객도 직원 10명 정도의 작지만 세계적인 컨설팅 회사를 고용한다. 이러한 면에서 디자인은 광고와 비슷하며 의뢰 고객들도 계속 새로운 사고를 하는 재능 있는 사람들과 개별적으로 일하고 싶어 한다.

미국시장 규모는 410억 달러다. 1995~2000년 사이에 매출액과 수수료는 연 15% 증가했지만 그 이후로는 계속 감소했다. 채용과 훈련에 관한 IDSA 연구 결과 디자이너 지망생이 갖추어야 할 가장 중요한 4가지 기술은 '창조적 문제 해결, 2D 개념 스케치, 구두 및 서면 의사소통 능력, 소재와 제작품 처리'라고 한다. 소프트웨어 기술은 5위였다. NEA는 미국에 디자이너가 85만 명 있다고 추정한다.

유럽시장 규모는 390억 달러지만 미국처럼 매출이 감소 중이다. 각국 지출은 1인당 소득에 거의 상응하는 수준이며, 제조 부문 덕택에 독일에서 가장 높고 그 다음으로 영국, 이탈리아, 프랑스, 그리고 북유럽의 스웨덴과 핀란드, 노르웨이, 덴마크 등에서 높다. 국가별 접근법은 아주 달라서, 프랑스는 산업구조가 고도화하여 몇몇 대기업이 지배하지만 스웨덴이나 덴마크, 영국 시장은 이보다 다양하다.

영국의 산업규모는 연간 80억 달러로, 회사 내부 예산과 독립 컨설턴트 비용으로 고르게 나뉜다. 앞에 그래픽이나 인테리어 같은 말을 붙여 구체적인 활동을 지칭하지 않는 한, '디자이너'라는 단어를 미국처럼 매우 느슨하게 사용한다. 그 결과 주 업무가 디자인인 사람 수를 추정하기는 쉽지 않지만, 대개 전업 디자이너는 6만 명 정도로 추정한다.

중국시장 규모는 250억 달러다. 20세기 대부분을 고립된 상태에서 소비자 선택이나 제품 미학을 무시하고 지냈다는 점을 참작하면, 2000년 이후 중국의 성장은 대단히 인상 깊다. 주요 부문은 제품디자인이다.

중국 디자인 회사에서 고용하는 인력은 지원 인력을 포함해서 120만 명 정도이고, 베이징에만 전문 디자이너 25만 명이 있으며 연간 매출 120억 달러를 올린다. 디자이너들은 아직 이 분야 국제 경쟁력이 없다고 인정하지만 제조 기반이 강력하기 때문에 잠재력은 매우 크다(중국은 세계 최대의 가구 생산국으로 세계 무역의 4분의 1인 380억 달러를 수출한다). 2000~2010년 사이에 1,000개가 넘는 디자인 학교가 문을 열었다고 하며, 베이징 디자인학교School of Design 학장인 왕민Wang Min은 현재 디자인을 공부하는 학생 수가 100만 명이라고 추산한다.[32]

인도는 소프트웨어와 IT 부문 성장에서는 중국에 맞먹지만, 디자인에서는 뒤처진다. 의류경영대학교Institute for Apparel Management 총장인 달리 코시Darlie Koshy는 "우리나라에 전문 기술자는 80만 명 있는데 디자이너는 1,000명도 안 된다"라고 했다.

패션[33]

패션은 최대한 많은 소비자 제품에 스타일과 브랜드를 만들어내려는 경쟁이 매우 치열한 부문이다. 여기에는 미술과 공예, 디자인, 제조, 소매유통, 홍보가 뒤섞여 있다. 세계 섬유 및 의류, 신발, 장신구 부문 가운데 디자이너 패션 부문이 가장 대중적이고 규모에 비해 매우 큰 명성과 가시성이 따른다.

유명 디자이너 시장과 대중 시장에 오랫동안 존재하던 격차는 거의 사라졌다. 오늘날 디자이너들과 브랜드 소유 기업들은 고급 디자인을 의류로만 사용하지 않고 장신구와 향수, 시계와 기타 제품 라인을 도심 상권에서 판매하는 방법 중 하나로 사용한다. 반면 예전에는 디자이너들이 소수 고객을 대상으로 몇 안 되는 스타일만 창조했다. 현재 세계 최대 회사는 자라Zara를 소유한 스페인의 인디텍스Inditex와 COS를 소유한 H&MHennes & Mauritz인데, 두 회사 모두 인디텍스의 표현을 빌리면 "구매 고객이 욕망하는 바를 우리에게 전달하는, 매장에서 나오는 끊임없는 정보"를 관리한다.[34] 다른 창조시장과 마찬가지로 패션도 점점 물류와 소매, 온라인 네트워크 의존도가 높아진다.

패션작품은 '개인의 기술과 노력'으로 만들어 예술작품 자격이 있으면 저작권 보호대상이고, 따라서 수제품인 드레스는 저작권 보호를 받지만 대량생산한 드레스는 보호를 받지 못한다. 사실 제조업체들은 새로운 유행이 사라지기 전에 빠르게 널리 퍼뜨리는 데 어느 정도는 복제의 덕을 본다. 패션은 엄격한 저작권 없이도 멋지게, 끝없이 독창성을 발휘하는 방법을 찾아냈고 저작권에 의존하지 않는다. 오히려 기업의 자부심과 지나친 마구잡이 복제를 막으라는 다른 기업의 압력, 그리고 상표나 영업비밀, 그 밖의 보호(엄격한 보안을 포함해서)에 더 의존한다.

소위 '패스트 패션fast fashion'이라고 하는 추세는 새 옷이 몇 번 입고 버릴 만큼 싸다는 의미다. 한 시즌도 연 2회에서 몇 주 간격으로 바뀌었다. 자라와 H&M은 패션쇼에 올린 새 디자인을 4주 안에 고객 손에 쥐어주려고 하며, 매년 새로운 상품을 1만 2,000건 가량 출시한다고 한다. 이들에게 디자인은 출발점일 뿐이고, 제조와 물류, 마케팅이 더 중요하다. 재고기간도 아주 짧기 때문에 개별 상품을 따로 광고하는 일도 거의 없다.

패션행사는 이제 새로운 유행을 찾는 다른 분야 사람들도 끌어당기기 시작했다. 르노Renault 자동차에서 특이한 역각 해치백 디자인을 담당한 디자이너 파트리크 르케망Patrick Le Quément은 2000년경부터 밀라노 패션쇼에 가기 시작했는데 당시 거기에 자동차 디자이너라고는 자기밖에 없었다고 한다. 그러나 10여 년이 지난 지금은 여러 자동차와 전자, 미디어 대기업들이 패션쇼나 미술전, 그리고 새로운 아이디어에 관한 내부 정보를 얻을 곳이면 어디든 자사 최고 디자이너들을 보낸다.

의류, 아동복, 장신구의 세계시장 규모는 1조 2,000억 달러, 고급 디자이너 시장은 450억 달러 규모다. 최대 고급시장은 미국과 중국, 독일, 일본, 프랑스, 이탈리아, 영국이다. 고급 부문 주요 기업들은 뉴욕이나 파리, 밀라노에 본사를 두고 디자인에서 직접 판매, 사용권, 소매 유통 등 다양한 업무를 관리한다. 이 가운데 중국을 제외한 모든 나라에서 디자이너 장신구 판매가 의류 판매보다 빠르게 성장 중이다.

최대 대중시장 기업은 인디텍스(207억 달러)이고 그 다음이 H&M(162억 달러), 갭Gap(157억 달러), 패스트리테일링Fast Retailing의 유니클로Uniqlo(110억 달러) 순이다. 명품부문은 소수 재벌이 독식한다. 베르나르 아르노Bernard Arnault의 LVMH(2011년 매출 290억 달러 가운데 110억 달러가 패션 매출이다), PPR에서 이름을 바꾼 프랑수아 피노François Pinault의 케링Kering(120억 달러) 등이 있다.

미국의 총 시장가치는 710억 달러, 디자이너 패션 규모는 80억 달러다.[35] 구매하는 옷의 90% 이상은 수입품이다. 패션 업계는 뉴욕에 근거지를 두는데, 2010년 뉴욕 도매업과 소매업 일자리는 17만 5,000개로 이 도시 민간 부문 고용의 6%를 차지했고, 임금으로 100억 달러, 세금으로 17억 달러를 지불했다. 미국 최상위 브랜드로는 리Lee와 랭글러Wrangler, 노스페이스North Face를 소유한 VF와 갭, 아메리칸어패럴American Apparel, 랄프로렌Ralph Lauren, 애버크롬비&피치Abercrombie & Fitch, 토미힐피거Tommy Hilfiger 등이 있다.

유럽시장 가치는 840억 달러, 고급 디자이너 시장규모는 150억 달러 정도다. 시장규모는 1인당 지출에 상응하는 수준이며 최대 시장은 독일과 프랑스, 이탈리아다. 주요 기업 가운데 망고Mango와 인디텍스는 스페인에, H&M은 스웨덴에 본사가 있다. 주요 디자이너 브랜드 보유 기업들은 파리와 밀라노, 그리고 런던에 자리를 잡았다.

영국 전체 시장은 320억 달러, 고급 디자이너 시장은 40억 달러 규모다. 영국인 3명 중 1명은 온라인으로 옷을 산다고 하며(민텔Mintel), 2005~2010년 사이 온라인 판매는 152% 증가했다.[36]

영국에는 선도 브랜드가 별로 없다. 새빌로우Savile Row는 패션산업에서는 롤스로이스 자동차와 웨스트엔드 극장을 합친 것과 마찬가지인 존재지만 판매고는 적다. 최대 기업은 버버리Burberry로 매출은 27억 달러이며 그 가운데 4분의 1은 중국에서 나온다. 그밖에도 멀버리Mulberry, 폴스미스Paul Smith(일본 이토추Itochu가 일부 소유한다), 알렉산더맥퀸Alexander McQueen, 스텔라매카트니Stella McCartney 등이 있다(마지막 두 회사는 케링 소유다). 영국은 센트럴세인트마틴Central St. Martin이나 첼시Chelsea 등 패션학교도 아주 뛰어나지만 졸업생 가운데는 해외로 취업하는 사람이 많다.

중국은 주로 수출용인 섬유와 의류 부문에서 세계 최대 생산국이다. 시장은 해외 명품 브랜드에서 아시아풍 상점, 국내 및 해외 브랜드를 갖춘 대형 상점, 그리고 디자이너 한두 명이 자기 제품을 파는 작은 부티크에 이르기까지 다양하다. 전체 시장 규모는 450억 달러(도시지역에 한정함), 고급시장은 약 70억 달러로 추산한다. 1인당 지출은 100달러로 미국의 10분의 1 수준에 불과하므로 아직 성장할 여지가 있다. 선진국에서는 여성이 남성 대비 3:1로 지출이 많은 반면, 중국에서는 여성과 남성 지출이 거의 같은 수준이다.[37]

캐주얼 브랜드 선도기업은 저우청젠Zhou Chengjian이 1996년 창업한 미터스본위Metersbonwe로 현재 중국 내 3,000개가 넘는 점포를 보유하고 매출 14억 달러(2012년 기준)를 달성했으며, 매출 중 4분의 1은 온라인에서 나온다. 이 이름은 원래 중국어지만 영어 표기도 되고, 실제로 각 점포는 영어를 더 부각시킨다. 벨Belle은 스포츠웨어 시장 4분의 1 정도, 신발 시장도 4분의 1 정도 점유하고 56억 달러의 매출을 올린다. 가오더캉Gao Dekang이 창업한 보시덩Bosideng은 15년 넘게 다운 패딩의류 제조업체 선두를 유지하면서 중국 내 7,000개 점포에서 13억 달러를 벌어들였고, 2012년에는 런던에 4,500만 달러 규모의 점포를 열었다. 이 점포 역시 미터스본위처럼 중국과 관련된 면은 부각시키지 않는다. 고급 디자이너로는 마샤 마Masha Ma, 마커Ma Ke, 센트럴 세인트 마틴 출신인 우마 왕Uma Wang, 완다 저우Wanda Zhou 등이 있다. 중국 디자이너 중에는 전통 디자인으로 작업하는 사람들도 있지만 시장은 작다.

장난감과 각종 게임[38]

장난감과 각종 게임의 디자인과 제조, 판매는 두 가지 면에서 영화와 TV, 비디오게임의 성장에 영향을 받는다. 우선 미디어는 끝없는 신상품의 원천이다. 그리고 아이들은 장난감을 가지고 노는 시간은 줄이고 화면 앞에서 시간을 더 보내려고 한다.

장난감이나 게임 이름에는 상표를 붙이고, 보드게임의 디자인 등 디자인 및 예술적 요소는 저작권으로 보호를 받을 수 있지만, 게임의 핵심인 규칙은 필수요소라도 보호를 받지 못한다. 영국 특허 법령은 "게임을 하는" 규칙은 명시적으로 보호대상에서 제외한다.

수많은 개발회사와 그보다 훨씬 적은 출판회사가 이 산업의 두 축을 이룬다. 출판회사는 오래된 게임을 재개발하거나 신판 제작으로 가장 큰 수입을 올리기 때문에 자체 개발자를 고용하려고 한다. 또 책과 TV, 영화 캐릭터 사용권으로도 많은 수입을 올린다. 이제는 미디어에서 파생되지 않은 새로운 장난감과 게임은 드물다.

세계 시장규모는 600억 달러 정도로 비디오게임 시장이 눈에는 더 띄지만 규모는 거의 같으며, 이 시장도 계속 성장하는 중이다.

미국시장은 212억 달러 규모로 세계 시장의 40%를 차지한다. 몇 년간 감소세를 보이다가 2011년에 2% 증가했다.

유럽시장 규모는 170억 달러다. 최대 시장은 영국과 프랑스, 독일이다. 영국은 미국과 일본 미디어 기업의 라이선스 제품 구매를 선호하는 반면, 다른 나라들은 자국 문화를 반영하는 자국 장난감을 선호한다. 유럽 고유 산업은 독일과 이탈리아, 스페인, 프랑스에 집중되어 있고 수입은 50억 달러이며 그 가운데 10억 달러는 수출로 벌어들인다.

영국시장 규모는 40억 달러이며 영국 어린이들이 미국 TV와 영화에 빠진 덕분에 꾸준하게 성장 중이다. 다른 나라 부모들은 특별한 때만 장난감을 사는데 영국 부모들은 일년 내내 장난감을 산다는 점에서 유별나다(이 때문에 유니세프는 영국 부모들이 '강박적 소비주의'에 빠져 있다고 비판했다).[39]

중국시장 규모는 86억 달러로 2010년 대비 18% 증가했고, 단순한 전통 놀이에 집중되어 있다. 중국은 각종 게임의 주요 생산국이기도 한데, 200억 달러를 수출하고 전 세계에서 구매하는 장난감의 80%를 공급한다.

미디어

광고[40]

광고는 창의성과 애증관계에 있다. 오길비앤매더의 창업자 데이비드 오길비David Ogilvy는 마음을 뒤흔드는 책 『어느 광고인의 고백Confessions of an Advertising Man』에서 이렇게 썼다. "나는 신입 직원들에게 우리 대행사에서는 자기가 원래 할 일을 설명할 때 창조적이라는 단어를 쓰면 안 된다고 한다." 30년 뒤, TBWA샤이엇데이TBWA Chiat/Day 회장인 리 차우Lee Chow는 이와 정반대의 새로운 의견을 내놓았다. "나는 어쩌다 보니 광고업계에 종사하게 된 예술가다."

광고대행사들은 신문·잡지와 TV, 옥외 매체 등 기존 광고 수단을 벗어나 범위를 넓히면서 고객의 로고와 브랜드 이름, 슬로건 등을 홍보할 새로운 기회를 모색하는 중이다. 대행사들은 이제 영업 광고보다 인터넷과 협찬으로 더 많은 돈을 번다. 그런데 이를 달성하기 위해서는 도전에 직면해야 한다. 우선, 새로운(적어도 자신들에게는 새로운) 마케팅과 상품화 기술을 배우고, 또 대행사보다 훨씬 젊고 민첩하면서 이미 이러한 기술이 있는 전략 회사나 디자인 회사와도 경쟁해야 한다.

광고는 지금 저작권 사업에서 저작권 및 상표 사업으로 이행 중이다. 대행사들은 고유 저작권을 창조하기도 하지만 저작권 작품을 많이 사용하기도 한다. 그러나 아주 유명한 슬로건, 특히나 "달걀 드시고 출근하세요Go to Work on an Egg"(1950년대 영국에서 달걀 소비 촉진을 위해 실시한 대대적 광고 캠페인 슬로건) 같은 단순한 슬로건들은 얄궂게도 오히려 기술과 노력이 부족하다는 평가를 받았다. 이제 이들이 마케팅으로 이행하면서 이에 따라 상표와 브랜드가 생긴다. 그리고 광고를 사용자에 맞추는 알고리즘을 개발하는 웹사이트가 증가하면서 광고는 특허 사업이 되기도 한다.

광고를 측정하는 방법은 두 가지가 있다. 하나는 매체에 쓰는 금액에 상관없이 광고주가 대행사에 지불하는 비용(대행사 시장)만 보는 방법이다. 나머지 하나는 광고주가 쓰는 매체비용(매체시장)을 보는 방법이다. 이 책에서는 먼저 대행사 비용, 두 번째로는 매체비용을 보여주며 두 데이터를 모두 사용했다. 시장 규모 산출에는 대행사 비용을 사용했다. 매체비용은 TV와 기타 미디어 수입으로 잡히기 때문에 여기에도 포함하면 중복 산정이 되기 때문이다.

대행사

세계의 광고를 만들고 개발하는 대행사 시장 규모는 580억 달러다(《광고시대Advertising Age》). 뉴욕과 런던 대행사들이 시장 지배자들이고, 그 뒤를 프랑크푸르트, 파리, 그리고 상파울루와 방콕, 베이징 같은 각 지역 중심지 대행사들이 쫓고 있다. 유명 대행사 대부분은 세계적 그룹에 속하며 최근 합병한 옴니컴Omnicom(140억 달러)이나 퍼블리시스Publicis(80억 달러), WWP(100억 달러), 인터퍼블릭Interpublic(70억 달러) 등이 있다.

그러나 이들 그룹이 도달하지 못하는 예외가 두 곳 있다. 일본은 거의 독립시장처럼 운영되며, 덴츠Dentsu 대행사는 해외에서는 약하지만 국내에서는 매우 우세하다(36억 달러). 나머지 예외는 중국이다.

미국의 대행사 시장 규모는 240억 달러이며 대행사 마케팅 서비스 비용(47억 달러)과 홍보(34억 달러)도 여기 포함된다. 미국 브랜드 소유 기업들이 세계의 주요 광고주들이기 때문에 미국 대행사들이 국제 시장을 지배한다.

유럽의 대행사 시장 규모는 200억 달러다. 영어권 고객은 런던, 독어권 고객은 프랑크푸르트가 중심지 역할을 한다. 그 밖의 도시는 지출 수준이 낮다.

영국의 대행사 시장 규모는 70억 달러다. 전 세계를 아우르는 많은 광고주들이 전 세계 캠페인 본거지로 런던을 사용하기 때문에 수치가 비교적 높다. 핵심 인력은 IPA 회원사 종업원이라고 정의하는데, 이 인력만 보면 1만 5,000명이지만 총 노동 인구는 25만 명이다.

중국의 대행사 시장이 비교적 발달하지 못했고 규모는 30억 달러로 추정한다. 많은 광고주와 모든 국영 기업이 사내 크리에이티브 팀을 활용하며 전략과 마케팅, 브랜딩, 광고는 물론이고 기사형 광고조차도 명확하게 구분하지 않는다.

매체

이러한 대행사 비용은 광고주가 쓰는 매체비용에 비하면

매우 미미한데, 매체는 광고를 전시할 수 있는 모든 장소를 포함한다(매체시장). 매체 예산은 1970년대부터 2008년까지 꾸준하게 증가했고 TV와 라디오, 신문, 잡지의 성장에 필요한 자금 대부분이 여기서 나왔다. 2012년 전 세계 매체 비용 총액은 4,500억~5,000억 달러이며, 이는 온라인 매체비용의 포함 정도에 따라 달라진다.

전 세계 매체광고 비용 가운데 거의 절반이 미국과 일본 매체에 지출되며 4분의 3이 10개 시장에서 지출된다.

매체별 기준으로는 TV(1,970억 달러), 신문(930억 달러), 잡지(430억 달러), 라디오(340억 달러), 옥외(320억 달러) 순으로 지출한다. 매체가 점차 온라인으로 이행하면서 광고도 따라가게 되는데 2012년 온라인

전 세계 매체광고 비용 (PwC, 2012년)

국가	금액(10억 달러)	지출 비율(%)
미국	172	35
일본	51	10
중국	36	7
독일	25	5
영국	20	4
프랑스	14	3
브라질	14	3
호주	13	3
캐나다	12	2
한국	11	2
기타 국가	128	26
합계	496	100

광고로 950억 달러가 추가되었으나, 이 변화는 미디어 회사와 광고주 모두에게 어려운 과정이다.

미국의 총 매체비용 1,720억 달러 가운데 TV 광고가 720억 달러로 가장 큰 몫을 차지하고, 그 다음이 신문(260억 달러), 잡지(200억 달러), 라디오(180억 달러) 순이다. 미국 TV, 라디오, 신문은 도시 중심이고 어느 나라보다도 지역 중심이라, 지역 광고도 매우 많이 싣는다. 이 금액에 온라인 광고 360억 달러가 추가된다.

유럽의 매체 광고 시장은 1,190억 달러 규모다. 최대 시장은 독일(250억 달러), 그 다음은 영국(200억 달러), 프랑스(140억 달러), 이탈리아(120억 달러) 등이다. PwC는 연간 지출이 2007년 최고액인 1,230억 달러에 상응하는 수준으로 회복하려면 7년은 더 지나야 한다고 예상한다.

영국의 매체비용은 220억 달러다. 세계에서 가장 높은 온라인 광고 비중(110억 달러)으로 유명하다.

중국의 매체비용은 2007년 200억 달러에서 360억 달러로 증가했다. 중국은 광고 설치 장소 제한이 다른 나라에 비해 적고, 일반 대중도 관대한 편이라 성장기회는 더 많다.

그밖에도 인도와 브라질은 연간 매체비용이 과거 3년 동안 연 12~13% 증가했고, 러시아는 아주 낮은 수준에서 출발하기는 했지만 같은 기간 매체비용이 30% 성장했다. 일본은 장기침체로 비용이 감소했다(2011년 -3%). 나머지 국가에서는 성장이 거의 없다.

신문과 잡지[41]

신문과 잡지(언론)는 책(출판)과 여러 요소를 공유한다. 둘 다 문자에 의존하고 두 업종 모두 발행 회사와 간행물이 있다. 그러나 근본적인 차이도 여럿 있다. 첫째, 신문과 잡지는 주로 광고로 자금을 대는 반면 책은 전부 소비자 판매로 자금을 댄다. 둘째, 신문과 잡지는 브랜드 사업이고 사람들도 특정 내용보다는 브랜드를 사지만, 책 출판사 가운데 강력한 소비자 브랜드를 소유한 곳은 별로 없으며 판매도 작가와 내용에 달려 있다.

신문과 잡지는 모두 콘텐츠를 온라인으로 옮기는 어려운 작업을 하는 중이다. 그나마 편집기사를 온라인에 옮기기는 비교적 쉬워도, 종이 신문의 광고 수입이나 직접 판매를 대체하기는 훨씬 어렵다. 뉴스코프News Corp가 발행하는 런던 《더타임스The Times》나 《월스트리트저널》 등 비즈니스 구독자가 있는 몇몇 신문은 유료로 전환했지만, 대다수는 내용을 무료로 올리고 온라인 광고를 구축하려고 애쓴다. 일부 온라인 서비스는 인쇄판일 때보다 더 인기를 얻기도 하지만, 이 두 가지 사례에서 구독료도 온라인 광고도 아직 인쇄 광고 손실을 대체하지 못했다.

온라인 뉴스 사업은 시작하기가 쉽기 때문에 많은 발행인과 블로거들이 이곳으로 모여든다. 가장 크게 성공한 사례는 《허핑턴포스트Huffington Post》로 2005년 창간 후 2011년 AOL에 3억 1,500만 달러에 팔렸다. 매각 후 무료로 글을 쓰던 많은 블로거들이 수익금 일부를 내놓으라며 소송을 제기했지만, 법원은 이들이 무료로 글을 쓴다는 사실을 알고 기사를 제공했으며 나중에 그 암묵적 합의를 바꾸려 해서는 안 된다고 판결했다. 블로깅의 경제학을 흥미롭게 알려주는 사례다.

지금은 신문과 잡지를 별도 부문으로 취급하지만, 점차 온라인으로 이행하면서 두 매체의 양식 차이와 간행 주기는 보다 불명확해질 테고, 그러면 한 부문으로 통합될 것이다.

신문

세계 신문 매출은 1,640억 달러이며, 이 중 5년 전 1,300억 달러이던 광고 수입은 감소해서 940억 달러, 판매 수입은 700억 달러를 차지한다. 전 세계 1일 판매 부수는 5억 2,000만 부인데 인도가 선두에 있고(놀랍게도 6만 5,000종이나 되는 신문이 1억 1,000만 부 팔린다), 그 다음이 중국(1억 900만 부), 일본(5,000만 부), 미국(4,600만 부), 독일(2,000만 부), 영국(1,400만 부) 순이다. 구독료 및 광고 수입은 독자들이 점차 온라인 서비스로 이동하면서 미국과 유럽에서는 매년 감소하는 추세고, 반면 아시아와 아프리카, 남미에서는 증가 추세다.

세계 최다 판매 신문 10종 가운데 5종이 일본 신문이며 《요미우리신문Yomiuri Shimbun》이 1일 1,000만 부 판매로 1위, 《아사히신문Asahi Shimbun》이 800만 부로 2위다. 상위 10위 중에 인도 신문이 2종, 중국, 영국, 독일 신문도 각각 1종씩 있다. 신문 구독률이 높은 나라는 아이슬란드(매일 유료 신문을 읽는 성인 인구 비율 96%), 일본(92%), 노르웨이, 스웨덴, 스위스, 핀란드, 홍콩, 싱가포르, 룩셈부르크, 오스트리아 순이다. 높은 정치 및 문화적 독립수준과 높은 신문 구독률 사이에는 강한 상관관계가 있다.

미국인들이 뉴스에 그렇게 관심이 많은데도 미국의 최다 판매 신문 순위가 높지 않다니, 참 의외일지도 모른다. 그러나 미국에서는 신문이 거의 모두 도시 중심이기 때문에 판매 부수가 적은 수많은 지방지가 발행될 뿐, 전국지는 별로 없다. 다른 나라, 특히 일본은 수입 대부분이 판매에서 나오는 반면, 특이하게도 미국은 엄청난 광고 증보판에서 주로 나온다. 2,400개 미국 신문이 2006년에는 600억 달러를 벌어들였지만 2012년에는 320억 달러를 벌었다. 광고 매출도 490억 달러에서 230억 달러로, 판매 수입도 110억 달러에서 90억 달러로 줄어들었다. 음반 매출 하락보다도 훨씬 큰 하락세가 보인다.

유럽시장 규모는 520억 달러다. 국가별 최대 시장은 독일(판매부수 2,000만 부), 영국(1,400만 부), 프랑스(700만 부), 스페인(400만 부) 순이다. 독일의 높은 판매부수와 120억 달러라는 매출을 뒷받침하는 요인은 높은 교육수준과 정치의식, 지방지 충성도 등이다. 그 외 국가에서는 매출이 감소하고 있다. 프랑스 전국지는 15억 4,000만 달러의 연간 보조금에도 불구하고 모두 적자를 기록했다.

영국은 신문 종수가 매우 다양하고 90억 달러의 매출은 광고와 신문 판매에서 고르게 나온다. 《데일리메일Daily Mail》에서 운영하는 메일온라인닷컴Mailonline.com은 신문 웹사이트 중 세계 최다 방문객을 기록하면서 매월 순방문자만 1억 명을 끌어들인다. 처음에는 수입이 더디게 들어와 2012년에는 3,000만 달러에 불과했지만, 이 금액만으로도 모기업에서 인쇄 매출 손실을 메우기에 거의 충분한 정도였다.

중국 신문시장은 판매 수입 100억 달러, 광고 수입 80억 달러로 180억 달러 규모다. 다른 나라에 비해 신문 규모가 작고 제한되었으며 면수나 컬러 사진도 적다. 몇몇 예외는 있지만 사설은 공산당 지침에 따라 쓰이며 상업적 이유에서는 물론이고 정치적 이유에서도 보도 내용에 쉽게 영향을 준다.[42]

잡지

소비자 및 비즈니스 잡지의 세계시장 규모는 980억 달러다. 국제잡지연맹FIPP(International Federation of Periodical Publishers)에 따르면 발행종수는 미국이 가장 많고 그 다음이 중국, 영국, 독일, 네덜란드, 일본 순이다. 매출 대부분은 광고에서 나오며, 이 수입은 절대 가치로 보면 매년 증가 추세지만 전체 광고비용 가운데 차지하는 비중으로 보면 감소 추세다. 출판사들은 온라인판을 실험 중이고, 오히려 인쇄판은 사람들을 웹사이트로 끌어들이는 무료 '미끼 상품'으로 전환하는 출판사도 일부 있다.

미국은 강력한 전국 배포 잡지와 지역 및 도시 중심 잡지가 함께 있어 잡지 시장은 매우 활발하며, 잡지 권종은 총 7,100종이다. 소비자 잡지는 200억 달러, 비즈니스 잡지는 100억 달러 매출을 올렸지만 두 부문 모두 감소 추세다.

유럽의 시장규모는 290억 달러로 소비자 잡지 100억 달러, 업계 잡지 190억 달러다. 국가별 최대 시장은 독일인데 소비자 잡지 시장이 58억 달러, 업계 잡지 시장이 26억 달러다. 그 다음은 총 68억 달러인 프랑스, 영국(52억 달러), 이탈리아(42억 달러) 순이다.

영국 잡지시장 규모는 52억 달러로 43억 달러가 소비자 잡지에서, 9억 달러가 업계 잡지에서 들어오지만 광고와 판매 수입 모두 감소 추세다. 몇몇 발행회사는 잡지를 사용하여 파생 전시회나 도서, 특가 판매 행사 등을 추진하는데, 여기에서 20억 달러 정도의 업계 매출이 더 나온다.

중국은 1990년대부터 소비자와 비즈니스, 기술 잡지가 활성화되더니 이제는 그 수가 1만 5,000종에 달하고 시장규모는 50억 달러 정도다. 정부는 점차 과학과 기술, 스포츠, 라이프스타일 잡지에 관한 통제를 완화하는 모습이지만, 그래도 비판적 보도나 탐사 보도는 매우 드물다. 해외 출판사는 중국 출판사와 라이선스 계약을 맺어야만 중국판 잡지를 출판할 수 있다.

TV와 라디오[43]

TV는 크고 무거운 기술 장치에서 세계에서 가장 인기 있는 엔터테인먼트 매체로 진화했다. TV는 부유국 어느 가정에나 있어서 사람들의 생활양식과 여흥에 엄청난 영향력을 행사하며, 정치와 전쟁에서 핵심적인 부분을 담당할 뿐만 아니라 유명인과 프로 스포츠 선수들에게도 돈줄이 된다. 인터넷과 경쟁도 하지만, TV 시청은 계속 늘어나 새로운 기록을 수립하며 전 세계에서 가장 큰 경쟁 상대인 뉴스보다도 두 배나 많은 광고를 끌어들인다.

전파를 통해 소리와 그림을 각 가정에 보내는 원리야 여전히 같지만, 시간이 흐르면서 기술 자체는 VHF에서 UHF로, 아날로그에서 디지털로, 지상파에서 케이블과 위성 방송으로, 그리고 인터넷으로 바뀌었다. 미국 등 선진국 국민은 점점 더 추가로 돈을 지불하고 자기가 선택한 시간에 자기가 선택한 프로그램을 본다.

미래의 TV는 두 가지 기술 발전이 결정하게 된다. 첫 번째는 고화질HD과 3D 영상을 갖춘 고품질 대형 TV다. 두 번째는 인터넷에서 받은 영상을 바로 보여주면서 방송의 일대다 서비스를 인터넷의 일대일 대화형 서비스와 조합한 '연결된' 기기다.

방송은 원래 기술 발명품이라 특허 사업으로 시작했다. 앰펙스Ampex에서 1956년 2인치 비디오 녹화 형식을 발명하기 전에는 동영상에 담긴 어마어마한 데이터를 기록하는 일이 기술적으로 불가능했기 때문에 초기 방송은 모두 생방송이었다. 그러다 비디오테이프의 발명으로 TV 제작 산업도 시작되고 저작권 사업이 더해졌다. TV 프로그램은 '영화'와 같은 취급을 받으며 저작권 자격을 얻고, 각 방송은 1회 공연으로 간주한다. 최근 다채널 상품이 성장하면서 브랜딩과 마케팅이 중요해졌다. TV는 그렇게 특허 사업에 불과하다가 점차 발전하여 지금은 저작권 사업이면서 상표권 사업이다.

라디오는 지금도 계속해서 작은 성공을 거두면서 오래된 매체는 쉽게 죽지 않는다는 원칙을 증명한다. 전 세계 매출은 470억 달러로 그 중 320억 달러는 광고, 150억 달러는 위성 채널에 부과하는 공중 라이선스 사용료와 구독료이다. 미국의 라디오 수입은 180억 달러다. 유럽 시장 규모는 150억 달러로 그 중 주요 시장은 독일(47억 달러), 프랑스(23억 달러), 영국(18억 달러)이다. 영국 BBC 라디오는 사용료로 10억 달러를 받고 상업 라디오는 광고 매출 8억 달러를 올린다. 기타 유럽 국가 시장은 이보다 훨씬 작다. 일본 라디오 시장은 45억 달러, 중국 시장은 16억 달러 규모다.

세계의 TV 매출은 4,250억 달러다. 주 수입원은 광고(1,970억 달러)와 채널 가입료(1,960억 달러)이다. 여기에 정부에서 징수하는 가구별 수신료 310억 달러와 모바일 채널 가입료 10억 달러가 더 있다.

TV 시청 가구 수는 20억 정도다. 최대 시장은 중국(4억), 인도(1억 4,800만), 미국(1억 1,600만), 러시아(6,500만), 일본(6,000만) 등이다. 영국 TV 시청 가구는 2,600만이다. 매출 면에서 최대 시장은 단연 미국(1,450억 달러)과 일본(430억 달러)이고, 그 다음은 220억 달러인 중국이다. 영국과 독일, 브라질, 이탈리아는 각각 180~200억 달러 수준이다.

미국 TV시장 규모는 1,450억 달러다. 4대 방송사(ABC, CBS, NBC, 폭스)와 1,774개 지방 방송국이 올리는 광고 매출(스폿 광고와 협찬)은 총 720억 달러이며 상당히 꾸준한 추세다. 시청 요금으로도 비슷한 수준인 710억 달러를 벌어들이며 이 금액은 증가 추세다. 방송국은 수십 년째 시청자를 잃고 있지만 케이블과 위성 방송에 전파 재전송 요금을 청구할 방법을 찾아내면서 수입이 늘었다.

유럽 총 시장규모는 1,050억 달러로 3분의 2는 유료 TV 가입료와 정부 수신료에서, 나머지 3분의 1은 광고에서 나온다. 4대 시장은 수신료 189억 달러와 광고 49억 달러를 벌어들이는 프랑스, 수신료 126억 달러와 광고 57억 달러를 벌어들이는 영국, 수신료 121억 달러와 광고 57억 달러를 벌어들이는 독일, 수신료 63억 달러와 광고 59억 달러를 벌어들이는 이탈리아다. 이 4개국이 유럽 총 TV 매출 가운데 4분의 3을 차지한다.

영국 TV시장은 183억 달러 규모로 가구 수신료(43억 달러), 케이블 및 위성 채널 가입료(83억 달러), 그리고 광고(57억 달러)다. TV 시청은 이제까지 잘 유지되었고, 2011년에는 주문형 시청과 구별되는 방송 시간대 직접 시청도 1일 4시간으로 사상 최대를 기록했다.

1982년에 채널포 방송국이 생기고 정부에서 제작사와 방송사 간 사업 거래 조건을 규제하면서 영국에는 왕성한 독립 제작 부문이 생겼고, 이제는 스튜디오 형식 및 드라마 부문에서 주요 프로그램 수출국이 되었다.

중국시장 지출 규모는 220억 달러 수준이고 이 중 광고가 140억 달러, 수신료가 80억 달러다. 정부는 인프라와 프로그램 편성 용도로 연간 보조금 60억 달러 정도를 지급한다.

중국 CCTV에는 18개 채널이 있지만 프로그램 편성은 비교적 단조롭고 지방 방송사들은 뉴스와 엔터테인먼트에서 심한 경쟁을 펼친다. 중국에서 두 번째로 큰 후난 위성방송Hunan Satellite Broadcasting은 나중에 〈해피걸Happy Girl〉로 이름을 바꾼 〈슈퍼걸Super Girl〉과 〈엑스팩터XFactor〉를 제작했다. 프로그램 편성이 제한되고 온라인 매체 사용 수준이 높다보니 중국 프로그램 재방송에서 사용자 제작 자료, 미국 시리즈까지 다양하게 제공하는 온라인 비디오 서비스 시장이 급속히 성장했다. 2012년 온라인 시장은 16억 달러 규모였다. 최대 네트워크는 2012년 합병한 여우쿠Youku와 투도우Todou로 정기 가입자가 4억 5,000만 명이고 둘을 합친 시장점유율은 31%다.

혁신

혁신은 이제 기술 연구개발을 의미하고 실험실 연구에 한정되던 과거에 비해 훨씬 광범위하고 흥미로운 의미가 되었다. 오늘날 혁신은 물류와 교육, 의료 과정은 물론이고 소재에서 생명공학에 이르는 하이테크 상품을 아우른다. 혁신은 엄청난 변화도 포함하지만 점진적 변화도 포함한다. 혁신 목표는 영리일 수도 있지만 사회복지일 수도 있다. 차이나브리지China Bridge에서 시력 장애가 있는 사람들을 위해 만든 휴대전화 디자인은 사회적 편익 때문에도 그렇지만 상업적 가치 때문에도 주목을 끌었다. 타타Tata의 기발한 '1라크'(약 3,000달러) 자동차 같은 '절약형' 혁신이나 '요람에서 요람으로Cradle to Cradle' 운동(재활용을 넘어 자원을 끊임없이 선순환하자는 운동으로 C2C라고도 한다)이나 메이커운동Maker Movement(개인이 제품을 직접 만드는 운동) 같은 지속 가능한 혁신에도 점점 관심이 높아진다.

어느 나라나 좀 더 혁신하자 하고 어디서나 혁신을 찾으려고 한다. EU는 자칭 혁신 연합이라고 한다. 그 결과 모든 변화를 혁신이라고 부르는 인플레 현상까지 발생한다(디자이너들이 조금 기발한 생각을 전부 디자인이라고 하면서 소위 디자인 인플레 현상이 생기듯이). 인시아드 경영대학원과 WIPO에서 만드는 세계혁신지수Global Innovation Index는 혁신을 "새롭거나 유의하게 개선된 제품, 새로운 과정, 새로운 마케팅 방법 혹은 기업 관행이나 업무 조직, 외부 조직, 대외 관계의 새로운 조직 방법을 실행하는 일"이라고 정의한다. 그렇다고 하면 대체 포함되지 않는 것이 무엇인지 모르겠다.

여기서는 세 가지 혁신을 다룬다. 우선은 여전히 혁신을 낳는 방법으로는 가장 널리 퍼진 연구로 시작하고, 그 다음에 소프트웨어와 닷컴 기업을 살펴보겠다.

연구[44]

각국 정부와 기업, 대학, 비영리 단체가 하는 연구개발은 기본적으로 '기초학문blue sky' 연구, 응용 연구, 개발 연구로 구분할 수 있다. 상업성을 탈피하고자 하는 학자들은 기초 연구를 선호하는 반면, 기업들은 상용화와 사업 개발에 훨씬 더 관심이 많다. 연구개발은 주로 특허 사업이다. 연구가 '기초학문'이거나 이론적이거나 막다른 골목에 부닥칠 때도 있기 때문에 모든 연구개발이 특허를 받지는 않지만, 거의 모든 특허는 연구에서 나온다.

연구개발을 측정하는 방법은 다양하다. 가장 일반적인 기준은 지출한 시장 투자비와 특허 건수다(이 책에서 특허라는 단어는 발명 특허나 실용 특허를 지칭하며 소특허나 디자인 특허, 식물 특허를 지칭하지는 않는다). 연구개발 비용은 한 일(적어도 그 비용)을 보여주는 데 유용하기는 하지만 결과를 측정하지는 못한다. 특허 건수는 특허의 품질이나 영향력은 나타내지 못하기 때문에 결과를 대충 측정하는 방법이다. 미국과 중국에서 다른 발명가를 막는 '특허 방패'를 구축하거나, 투자자 혹은 정부 기금 승인권자에게 특허 보유자를 홍보하려고 투기 목적으로 특허 신청을 하는 경향이 점점 커지면서 혁신과 특허의 관계는 더욱 뒤죽박죽이 되었다. 특허가 단순히 여러 지표 가운데 하나에 불과하다는 사실은 확실하다. 그럼에도 불구하고 특허는 비교하기 쉬운 과거 기록을 수치로 보여주며 정부도 투자자들도 그런 이유로 특허를 좋아한다.

2008년 금융위기 전까지 수십 년 동안 세계의 연구비 지출은 국가 GDP보다 다소 빠른 속도로 증가했다. 2000~2008년 사이에 미국과 일본, 유럽은 총 연구개발 투자비GERD(Gross Expenditure on R&D)를 연 5% 정도 늘렸다. 중국과 브라질, 러시아는 이보다 더해 같은 기간 투자비를 2배 늘렸고, 이들 국가의 총합은 2000년 세계 총 투자비의 15%에서 2010년 28%로 증가했다. 세계 총 GERD는 2010년 1조 2,500억 달러에서 2012년 1조 4,690억 달러로 늘었다.

금융위기로 미국 연구개발 투자는 20년 만에 처음으로 감소했고, 일본에서는 감소폭이 더 컸다. 양국 모두 직접 원인은 기업 및 정부 예산 삭감이었다. 중국은 여전히 매년 투자를 늘리고 2012년에는 일본을 추

세계 상위 연구개발 시장 (NSF, 2011년)

국가	연구개발	
	금액 (10억 달러)	GDP 대비 비율(%)
미국	419	2.7
중국	197	1.6
일본	160	3.5
독일	91	2.9
한국	56	3.5
프랑스	50	2.2
영국	42	1.8
인도	41	0.8
러시아	37	1.5
브라질	26	1.3
캐나다	29	2.0
기타 국가	321	n/a
합계	1,469	n/a

월하더니 미국에 이어 연구개발 시장 2위를 차지했다.

미국 조사기관인 바텔Battelle은 위의 NSF 데이터를 사용하여 2013년 GERD가 1조 4,960억 달러로 성장하리라고 전망한다. 10년 전 8,000억 달러와 비교하면 엄청난 증가다. 또한 중국이 2019년에는 유럽을, 2023년에는 미국을 따라잡으리라는 전망도 내놓았다.[45]

이 1조 4,960억 달러 가운데 기업 투자가 75% 정도다. 투자가 가장 많은 기업은 토요타, 로셰Roche, 마이크로소프트, 폴크스바겐Volkswagen, 화이자Pfizer, 노바티스Novartis, 노키아, 존슨앤존슨Johnson & Johnson, 사노피Sanofi, 삼성 등이다. 마이크로소프트의 40년 역사는 소프트웨어 부문에서는 유구한 역사로 취급 받지만 어쨌든 이 회사를 제외하고 명단에 든 기업은 모두 오래된 기업들이다. 연간 예산은 삼성이 68억 달러에서 도요타가 99억 달러까지로 다양하다.

신생 소프트웨어와 닷컴기업에서는 미국이 지배한다. 유럽은 뒤처지는 상황이고(비방디의 현재 순위가 유지되는 이유는 미국 회사들을 사들인 덕분이기도 하다) 중국 기업은 처음 등장했다. 모든 기업이 지출을 줄였다.

하지만 이 회사들을 더 면밀히 살펴보면 지출 자체를 줄였다기보다 좀 다르게 지출하고 있다는 사실이 보인다. 순위에 오른 미국 기업은 모두 젊은 졸업생들이 누구나 협력하고 똑똑하게 일해야 하는 작은 집단을 이루면서 시작한 회사들이고, 여전히 그런 방식으로 일한다. 이런 회사에서 연구개발은 그저 일상 업무다. 정부 보조금을 받지 않고

소프트웨어/닷컴 연구개발 투자비

회사명	국가	10억 달러
인텔	미국	5.3
시스코	미국	5.2
구글	미국	3.0
퀄컴	미국	2.3
LG	한국	2.2
화웨이Hwawei	중국	2.1
아마존	미국	1.6
애플	미국	1.6
야후!	미국	1.3
비방디	프랑스	1.3
일렉트로닉아츠	미국	1.3

자료: 'The R&D 2010 Scorecard', Department of Business, Innovation and Skills

독자적으로 일하기 때문에 보조금 자격을 얻으려고 예산에서 일상 업무와 연구를 인위적으로 구분하지 않아도 된다는 점도 도움이 된다. 그리고 이런 회사들은 돈이 많이 드는 임상 시험이나 제품 시험을 하지 않아도 된다.

그런데 이 수치는 이들 기업이 공급 회사의 연구개발에서 어떤 혜택을 얻는지는 보여주지 않는다. 애플은 공급 회사가 나중에 아이폰과 아이패드에 설치 가능한 앱을 연구개발하면 그 덕을 본다. 페이스북은 플레이피시 같은 회사가 게임을 공급하면 그 덕을 본다. 일은 플레이피시가 다 하지만 사용자는 페이스북에 늘어나기 때문이다. 페이스북은 매출의 10%만 연구개발에 지출해서 평균보다 높은 마진을 확보하고

57%라는 이익을 달성하며, 연구결과는 사는 편이 더 빠르고 경제적이라고 생각한다(모바일 서비스 전문 기술이 더 필요하자 페이스북은 10억 달러를 주고 인스타그램Instagram을 매입했다).

그 밖에도 소프트웨어와 닷컴기업 지출이 더 적어보이는 이유는 이들 회사가 연구는 그저 싸움의 절반일 뿐이며 실제로 법정에서 특허를 보호하는 데 그만큼을 더 써야 한다는 사실을 의식하기 때문이다. 애플과 구글은 연구개발보다 특허 소송과 특허 매입에 지출을 더 많이 한다.[46]

2011년 기업 특허출원은 총 214만 건이었다. 최다 특허출원국은 중국(52만 6,000건)이고, 그 다음이 50만 3,582건인 미국, 34만 2,610건인 일본 순이다. 중국은 2002년 특허출원이 6만 3,000건에 불과했지만(WIPO) 이제는 믿기 어려울 정도로 늘어났다. 독일과 프랑스, 영국, 스위스, 네덜란드, 러시아가 그 뒤를 잇는다.

2010년 총 유효 특허는 730만 건이었다(WIPO).[47] 이 가운데 210만 건은 미국 특허청에서 승인했고, 140만 건은 일본 특허청, 69만 7,000건은 중국 특허청에서 승인했다.

2012년 미국의 연구개발 투자비는 4,190억 달러로 증가했다. 2004년 3,020억 달러에서 2008년 4,040억 달러까지 꾸준히 증가했다가 2009년에는 기업 지출 감소로 투자비에도 문제가 생겼다. 사용권 관련 데이터는 신뢰하기 어려우나, 사용권 수입이 연간 3,000억~3,500억 달러에 달하는 것으로 추정한다. 이 수치에서 가장 눈에 띄는 점은 절대가치

미국 특허청 승인 특허 건수(출원인 국적별, 2012년)

국가		특허 건수	전체 특허 중 비율(%)
미국		121,026	48
	주 구분		
	캘리포니아	32,107	
	텍사스	8,367	
	뉴욕	7,640	
	매사추세츠	5,734	
	워싱턴	5,390	
일본		50,677	20
독일		13,835	6
한국		13,233	5
대만		10,646	4
캐나다		5,775	2
프랑스		5,386	2
영국		5,213	2
중국		4,637	2
이탈리아		2,120	1
기타 국가		20,607	8
합계		253,155	100

만이 아니라 1995년부터 250%나 증가했다는 사실이다. 모든 투자비 중 64%가 기업 지출이다.

2012년 특허출원을 가장 많이 한 회사는 여전히 IBM으로 6,457건을 출원했다. 그 다음은 삼성(5,043), 캐논Canon(3,173), 파나소닉Panasonic(2,748), 도시바Toshiba(2,415), 마이크로소프트(2,610) 순이다. 구글은 1,151건, 애플은 1,136건을 신청했다.

유럽의 연구개발 투자비는 3,460억 달러로 GDP 1.9%에 해당한다.[48] 대부분은 독일과 프랑스, 영국 세 나라에서 지출하고, 그 다음으로 이탈리아와 스페인, 스웨덴, 네덜란드, 스위스가 훨씬 적은 금액을 투자한다. 혁신 선도국은 주로 북유럽 삼총사인 스웨덴과 핀란드, 덴마크, 그리고 최대 강국인 독일, 영국, 프랑스인데, 놀랍게도 EU 자체 조사에서도 노르웨이와 마찬가지로 EU 비회원국인 스위스가 27개 회원국보다 훨씬 좋은 실적을 낸다고 평가한다. 비회원국이 회원국 전체를 앞서간다니, EU 정책도 예상 밖의 결과를 낳는 듯하다.

영국의 연구개발 투자비는 420억 달러이고,[49] 주요 지출 주체는 기업(64%), 대학(26%), 정부부처(9%), 비영리단체(1%)였다. 총액은 GDP의 1.7%로 1980년대 2.4%에 비하면 엄청난 감소다. 그러나 영국은 연구품질 측면에서는 여전히 높은 순위를 차지한다. 영국 인구는 세계 인구의 1%밖에 안되지만, 세계 연구자의 4%가 영국인이며 이들이 세계 연구 논문의 6%, 인용이 가장 많은 논문의 10%를 차지한다.

그러나 특허승인은 2000년 초 1만 건에서 계속 감소하여 2011년 2,992건을 기록했다. 영국 기업들은 지출을 줄일 뿐만 아니라 연구 상용화도 줄어들고 특허 건수도 작아졌다. 2011년 영국 기업의 특허 실적은 뉴욕보다도 적었다. 연구는 있는데 개발이 없다.

중국은 지금도 연구자 수(92만 6,000명), 연구개발 투자비(1,970억 달러, GDP의 1.6%), 특허 건수로 측정한 연구개발 부문에서 2위국 지위를 굳히는 중이다. 2010년에는 일본을 따라잡아 특허 2위국이 되더니

2011년에는 미국을 추월하면서 최다 특허국이 되었다. 국가 우선 정책 과제는 에너지와 정보, 보건, 환경이다. 중국과학원Chinese Academy of Science에서 지출하는 규모[50]만 해도 360억 달러지만, 중국은 돈이 최선의 척도가 아니라는 점을 잘 알며 자국 연구자들에게 혁신이 부족하다고 불만을 토로한다. 영국이 '기초 학문' 연구에 뛰어나지만 실행은 잘 못하듯이, 중국은 정반대 문제를 겪는 중이다.

중국은 2015년까지 각종 특허 200만 건이라는 목표를 정했고, 미 특허청장인 데이비드 J. 카포스David J. Kappos는 이를 "어안이 벙벙할 정도"라고 했다. 국가지식재산청State Intellectual Property Office이 지나치게 관대하게 특허를 승인한다는 비판도 자주 나오지만, 이 목표는 달성될 듯하다.[51] 오랫동안 미국인들이 특허 건수는 성공의 징표라고 말하는 소리를 들은 중국은 1위에 오르겠다는 결심이 확고하다.

일본은 미국보다 연구개발 예산은 작지만 1인당 지출은 더 많으며, 매년 특허출원도 증가한다. 일본 특허청Japanese Patent Office은 2010년 34만 4,000건의 특허출원 신청을 받았고 대다수 신청자는 일본인이다. 이는 일본이 형식을 따지기 때문이기도 하지만 순전히 고급 연구 건수가 많기 때문이기도 하다. 일본 특허청은 특허 기반 일본 상품의 가치가 2조 달러를 넘는다고 추산한다.

소프트웨어[52]

이 과정은 인간이 읽기 편한 원시 코드, 그러니까 컴퓨터에 수학 연산을 수행하라고 지시하는 규칙 집합에서 출발했다. 여기서 코드는 인간이 관리하는 번역compilation과 기계가 관리하는 수행execution 단계를 거쳐 프로그램 또는 어플리케이션을 만든다. 프로그래머들은 이러한 과정과 산출물, 그리고 가끔은 최초의 원시 코드까지 다양하게 시험한다. 오픈소스 소프트웨어FOSS와 사유私有 소프트웨어의 차이는 사용자가 원시 코드에 자유롭게 접근할 수 있느냐에 있다.

코드와 프로그램 언어의 발전은 지난 50년간 이루어진 가장 뛰어난 업적 가운데 하나였다. HTML과 같은 프로그램 언어는 물론 COBOL과 포트란, C, 자바 언어를 개발한 사람들은 20세기 가장 창조적인 사람들로 보아야 한다. 월드와이드웹의 프로토콜을 최초로 만든 팀 버너스리나 이 아이디어를 더 발전시킨 미국인들도 마찬가지다. 닷컴기업과 운영 체제에 사용하는 상업 알고리즘의 혁신도 이와 마찬가지로 획기적인 독창성과 참신성을 보여준다.

기존 부문에 속하는 디지털 시장들은 이미 이 책에 포함했지만, 코드와 프로그램을 만드는 사람들에게는 자신만의 서식지와 적소, 특징적 태도, 사업 모델이 있기 때문에 별도 범주를 할애할 만하다. 이들은 지식재산에 관해서도 나름대로 아주 뚜렷한 접근법을 취한다. 어느 나라나 컴퓨터 프로그램을 문학 저작물로 인정해 저작권을 보호하고, 미국은 프로그램과 그 결과물에도 특허를 주며, 유럽은 저작권과 비슷한 데이터보호법을 별도로 갖추었다. 그러나 코드를 만드는 일의 협업 성격 때문에 코드 제작자들은 솔선해서 일반공중 사용허가서나 저작물 사용허가 같은 혁신적인 사용허가 방법을 개발했다. 이러한 사용허가 덕택에 코드와 디지털 미디어를 사용자 친화적인 비영리 방식으로 사용할 수 있다.

세계 하드웨어와 소프트웨어, 관련 산업은 통신비용을 어떻게 배정하느냐에 따라 1조 6,000억에서 1조 8,000억 달러 규모로 달라지며, 소프트웨어가 이 중 3,100억 달러 정도를 차지한다. 주요 시장은 전체의 45%를 차지하는 미국, 유럽(25%), 아시아(20%) 등이다. 미국 시장이 성장 중이기는 하지만 아시아 시장 성장이 훨씬 더 빠르다. 최대 소프트웨어 기업은 소프트웨어 매출로 330억 달러를 벌어들이는 마이크로소프트, IBM(140억 달러), 오라클(140억 달러), SAP(80억 달러), EMC(40억 달러)이다. 이들과 아래 설명할 소프트웨어 기업들은 다른 수입원에서도 매출을 올린다.

미국 소프트웨어 시장의 가치는 1,370억 달러다. 이 시장은 2000년~2008년 연간 12% 성장했는데 이는 미국 경제성장률의 2.5배였다. 그러나 최근에는 성장이 둔화되었다. 주요 기업은 마이크로소프트, IBM, 오라클, EMC, 시만텍Symantec 등이다. 업계 고용 인원은 110만 명이고, 이들은 연 평균 8만 5,000달러라는 놀라운 소득을 올린다. 미국 평균 연봉 3만 7,000달러와 비교하면 2배가 넘는 금액이다. 소프트웨어 산업은 중국과 경쟁하면 무역 적자를 본 미국의 추세를 거스른 유일한 분야다.

유럽 소프트웨어 시장은 780억 달러 규모다. 최대 시장은 독일, 그 다음이 영국과 프랑스, 이탈리아다. 주요 기업으로는 SAP, 세이지Sage, 다소Dassault, 소프트웨어AG, 마이시스Misys 등이 있다.

영국 소프트웨어 시장은 310억 달러 규모이고 이 중 레저용 소프트웨어가 50억 달러 정도다. 최대 컴퓨터 회사는 ARM이고(오토노미Autonomy가 2011년 100억 달러에 휴렛패커드Hewlett-Packard에 매각된 후부터다), 최대 소프트웨어 회사는 세이지, 마이시스, 로지카Logica, 액시전Acision이다.

중국은 상당수 거래가 정부기관 대상으로 이루어지고 내용이 기밀이라 시장규모를 추정하기 어렵다. 중국 소프트웨어 시장추정 규모는 2012년 350억 달러에 달하는데, 무허가 소프트웨어 규모도 이와 비슷한 금액일 것으로 보인다. 미국, 유럽과 비교해 중국은 소프트웨어에 지출하는 금액 비중이 훨씬 작아서 전체의 10% 정도다. 중국 소프트웨어 산업은 호황을 맞아 2005년~2010년 신규 창출된 소프트웨어 관련 일자리가 150만 개라고 한다. 중국정보산업부는 소프트웨어와 정보산업에서 2010년 벌어들인 돈이 1,670억 달러이며, 이 중 소프트웨어가 차지한 금액이 260억 달러였다고 한다. 주요 기업으로는 뉴소프트Neusoft, 우피다Ufida, 상하이 바오사이트Shanghai Baosight, CDC, 킹디Kingdee 등이 있다.

인도 소프트웨어 시장은 특히 서비스 부문에서 빠르게 성장했다. 주요 기업은 타타, 인포시스Infosys, 3i인포테크Infotech, 텔레데이터Teledata, 퍼시스턴트Persistant 등이다. 인도 소프트웨어연합 추산에 따르면 소프트웨어 매출은 GDP의 5.4%를 차지했고 1996년 16만 개였던 일자리도 2011

년 60만 개로 늘어났다고 한다.[53]

닷컴기업[54]

닷컴기업은 온라인으로만 존재하는 기업을 말하며, 세계 시장 규모는 2,420억 달러로 추산한다. 많은 미국 기업들이 절세 목적으로 아주 복잡한 재무구조를 사용해서 저비용 영토로 수입을 이전하기 때문에 국가별 시장을 평가하기는 어렵다. 매출 기준으로 최대 닷컴기업은 다음과 같다.

이들 기업 대부분은 사업을 다각화했다. 구글은 2003년 블로그스팟Blogspot(현재 세계 11위), 2007년 유튜브(3위)를 사들이더니 자동 번역부

세계 최대 닷컴기업

이름	국가	창업연도	매출액(10억 달러)	사업
아마존	미국	1994	61	전자상거래
구글	미국	1998	50	검색
이베이	미국	1995	14	경매
텐센트	중국	1998	7	네트워크
야후!	미국	1995	5	네트워크
페이스북	미국	2004	5	네트워크
알리바바	중국	1999	4	전자상거래
넷플릭스	미국	1997	4	미디어
바이두	중국	2000	4	네트워크
넷이즈	중국	1997	1	포털

터 지도 제공, 운전자 없는 자동차까지 놀랄 만한 새로운 아이디어의 원천이 되었다. 아마존도 킨들 등 여러 장치로 모험을 하며 세계에서 가장 큰 클라우드 서버 중 하나를 구축했다. 중국 텐센트의 QQ(9위)에는 2013년 6월 현재 회원 계정이 8억 1,000만 개 존재하고 네트워크 구축, 게임, 음악, 쇼핑 등 다양한 서비스를 제공한다.

이들 기업은 전자상거래나 광고가 주요 수입원이다. 전자상거래 웹사이트는 거래 금액이 높기 때문에 전체로 보나 사용자 1인당으로 보나 매출이 가장 크다. 검색엔진 매출이 그 다음으로 크다. 광고주들은 검색 순위 상위권에 머물기 위해 돈을 내고, 정보를 찾는 사람들은 광고를 볼 의향이 있기 때문이다. 소셜 네트워크 수입은 훨씬 적다. 사용자들이 어느정도는 개인 공간에서 친구들과 관계 맺기를 원하지 주의를 다른 데로 돌리고 싶어 하지 않기 때문이다. 이런 이유로 페이스북과 텐센트에는 비교적 제약이 있다. 트위터도 광고를 일반 트윗에 포함하겠다고 과감하게 결단을 내리기 전까지는 수입이 거의 없었다. 그 밖의 수입원은 협찬과 브랜드 홍보, 각종 가상 선물이며 전 세계적으로 여기서 30억 달러 정도 매출이 나온다. 링크드인에서 제공하는 인메일InMail이나 잡서치JobSearh 등 부분 유료화 서비스 수입도 4억 달러다.

할리우드도 세계 영화시장을 지배하지만, 미국 닷컴 시장은 훨씬 더 확고하게 세계 시장을 지배한다. 매출은 낮은 수준에 머물지만 시장 가치는 계속해서 치솟는다. 페이스북은 모바일 웹 분야에 대비가 제대로 안 되었다는 의구심에도 불구하고 2012년 최초 상장 이후 시가 총액이

1,040억 달러에 달했다. 그 밖에도 네트워크 닷컴 선도 기업으로 트위터(10위)와 링크드인(13위)이 있다. 이들은 가시성이나 트래픽은 매우 높은 수준이지만 매출이 상대적으로 낮다. 위키피디아는 6위를 차지하지만 기부로 자금을 조달하며(2012년 3,480만 달러) 영리 매출은 전혀 없다.

세계 상위 100대 닷컴기업 가운데 유럽 기업은 하나도 없다. 사용자 대부분은 미국 닷컴기업을 선호한다. 영국에서 가장 인기있던 닷컴기업인 검트리Gumtree(웹사이트 전체 중 31위)는 2005년 이베이에 매각되었다. 그 다음으로 성공을 거둔 IMDB는 아마존에 팔렸다. 온라인 미디어 성적은 좀 낫다. 영국에서는 BBC(영국 7위),《데일리메일》,《가디언Guradian》 웹사이트가 적자를 보는데도 불구하고 높은 순위를 기록한다.

중국의 가장 인기 있는 닷컴기업은 바이두(세계 6위), 텐센트(9위), 타오바오(11위), 시나Sina(6위), 163(31위) 등이다. 마이크로 블로그 활동에서 앞서가는 사이트는 시나의 웨이보로 시장의 절반 이상을 점유한다. 알리바바 웹사이트는 세계 71위에 불과하지만 중국 전자상거래를 독식한다. 처음에는 기업대상으로 시작했지만 이제는 사용자가 대중에게 판매할 수 있게도 하고(티몰Tmall), 대중이 서로 판매하게도 한다(타오바오). 총 거래액은 아마존과 이베이를 합친 금액보다 크다.

미국과 유럽에서는 다양한 시장이 연간 2% 성장하며 아시아 등 기타 지역에서는 2배는 빠르게 성장 중이다. 단, 이 평균 수치는 다양한 차

핵심 시장 (2012년, 10억 달러)

	미국	*유럽	영국	중국	세계
예술과 문화					
미술	18	21	13	14	56
도서	37	48	6	13	135
공예	6	6	1	8	42
영화	33	25	6	3	90
음악	15	19	4	**	49
공연	18	18	4	4	52
비디오게임	15	18	4	8	61
디자인					
건축	26	15	3	24	95
디자인	41	39	8	25	165
패션	8	15	4	7	45
장난감/게임	21	17	4	9	60
미디어					
광고대행사	24	20	7	3	58
잡지	30	29	5	5	98
신문	32	52	9	18	164
라디오	18	15	2	2	47
TV	145	105	18	22	425
혁신					
R&D	419	310	42	197	1,469
소프트웨어	137	78	31	35	310
닷컴기업	n/a	n/a	n/a	n/a	242
총계	1,043	850	171	397	3,663

* 유럽 수치는 영국 포함 ** 5억 달러 미만

이를 가리는 경향이 있다. 사실 음반과 출판 도서, 신문, 잡지는 온라인 미디어 때문에 크게 타격을 입었다. 그러나 이런 손실은 일시적이다. 지식과 엔터테인먼트를 원하는 우리의 욕구는 그 어느 때보다도 강하고, 다양한 새로운 사업이 모습을 드러내리라 본다.

이들이 모습을 드러낼 장소는 온라인이다. 닷컴기업은 창업자금이 그렇게 필요하지 않고 매출이 낮아도 성장이 가능하다(페이스북 연간 수입은 고전하는 유럽의 신문 모기업 수입보다 훨씬 적다). 그러나 그 결과 치열한 경쟁이 생긴다.

사람들이 욕구 단계에서 점점 위로 올라가고, 자유롭게 재능을 사용하고, 시장에 좀 더 쉽게 접근하면서 세계 전 지역에서 경제는 성장할 것이다.

9

제 9 장

도시:
사이에 존재하는 **공간**

지붕 위의 배

도시와 새로운 아이디어는 상대방을 먹고 산다. 도시는 변화와 다양성을 낳는 온실을 제공하면서 패션과 엔터테인먼트, 화려함으로 변화 가능한 재료를 만들어낸다. 여기에는 부와 빈곤의 양극단과 신체적 근접성, 시끄럽고 바보 같은 일로 가득한 장소라는 특징이 있다. 창의성은 보다 갈고 닦이고 더욱 공개되며 더 많은 구매자를 찾는다. 생태계와 경제, 생활양식과 사업 사이에 존재하는 경계는 이제 파악하기가 어려우며 개인 성향의 문제일 때가 많다. 대규모 제조업에서 두뇌 규모의 사고로 이행하는 이러한 변화로 인해 도시는 한층 매력과 변동성을 더하고, 그 분위기와 목적도 변한다.

2012년 여름, 내 친구와 나는 '벨기에의 왕Roi des Belges'이라는 배에 하룻밤 머물렀다. 배라고는 하지만 사실 런던 중심부에 있는 사우스뱅크센터Southbank Centre 건물 꼭대기에서 올려 템즈강을 굽어보도록 설계된 구조물이었다. 콘서트 홀 위로 배를 올리다니, 그것만으로도 정신 나간 생각이지만 어쨌든 효과는 있었다. 이 구조물은 급진적 예술가 집단인 아트엔젤Artangel에서 의뢰해 작가 피오나 배너Fiona Banner와 건축가 데이비드 콘David Kohn이 설계한 구조물이었다. 조셉 콘래드Joseph Conrad의 『어둠의 중심Heart of Darkness』에 나오는 벨기에령 콩고, 그 안에서 벌어지는 나오는 어둡고 신비한 여정이 주된 테마인데, 이 작품은 프란시스 포드 코폴라Francis Ford Copola 감독이 만든 영화 〈지옥의 묵시록Apocalypse Now〉에 영감을 준 소설이기도 하다. 12개월 동안 이 구조물을 거쳐 간 투숙객(아니, 선원이라 해야 할까?) 가운데는 로리 앤더슨Laurie Anderson(미국 행위예술가, 음악가)과 저넷 윈터슨Jeannette Winterson(영국 작가. 이 구조물 자체가 호텔 겸 공연장과 스튜디오 기능을 하는 큰 공간으로 주로 예술가들이 묵으면서 공연, 전시 등도 한다)도 있었다.

지붕 끝에 매달린 뱃머리에서는 빅벤부터 성 베드로 성당까지 런던이 한눈에 보이고, 그 아래에는 런던에서 가장 인기 있는 노천광장이 있다. 내가 머문 날 저녁에 아트엔젤은 노숙자들과 마약 중독에서 벗어난 사람들이 설계하고 관리하는 인근 공원에서 여름 파티를 열었다. 그리고 우리 바로 아래 눈에 보이지 않는 곳에서는 사우스뱅크센터가 140개국 시인을 초청해 세계 시 축제를 개최하고 있었는데 이 행사는 비행기에서 시 10만 편을 떨어뜨리며 그 시작을 알렸다. 이 배와 주위 환경은 런던 사람들이 기존 건물과 열린 공간(열린 공간은 중요하다)을 활용하여 일련의 매혹적인 행사를 주최하고 조정하는 능력을 보여주는 아주 극단적인 사례였다.

생긴 지 60년 이상 된 런던 사우스뱅크센터는 약 8만 5,000제곱미터에 달하는 유럽 최대의 특정 목적 문화지구라고 자처한다. 이 지구는 원래 전쟁의 공포가 끝나고 국가적 희망을 기념하려는 1951년 영국 대박람회용으로 지었지만, 1960년대에 재개장한 뒤로는 여기에 세운 브루탈리즘(거대 콘크리트나 철제 블록으로 지은 1950~60년대 건축 양식) 건축물이 심하게 낡으면서 소유 주체가 관심도 없고 관료주의에 빠졌다는 소리가 나오기 시작했다. 음악 애호가들은 공연장에 가기 위해 고개를 푹 숙이고 다니면서 주변은 돌아다니려고 하지 않았다. 나중에 리처드 로저스 등 한동안 이 부지를 되살리려는 계획을 낸 사람도 많았지만, 건물 자체가 어마어마하게 크다 보니 새로운 아이디어가 다 죽는 느낌이었다.

문제 해결은 불가능해 보였고 런던 시민도 거의 희망을 놓았다. 그런데 그 때 사업가 클라이브 홀릭Clive Hollick, 경영자 마이클 린치Michael Lynch, 그리고 예술 감독 주드 켈리Jude Kelly 세 사람이 새로 등장하더니 건물이 아니라 사이에 있는 공간, 그 공간에서 대중이 할 수 있는 일로 초점을 돌렸다. 이들은 영국 주류판매법의 변화에 맞추어 카페와 레스토랑을 장려했다. 노점상이나 임시매장도 환영했다. 지붕에 계단을 올려 정원을 (그리고 배를) 만들었다. 스케이트보드를 타도록 램프도 지었다. 대관람차 '런던 아이'도 설치했고, 여기서 나오는 임대료는 여러 비용을 대는 데 도움이 되었다. 강을 가로지르는 보행자용 다리도 두 개 놓았다.

이러한 변화는 엄밀한 의미에서는 전혀 예술적이지도, 문화적이거나 창조적이지도 않았다. 음악과 예술이라는 사우스뱅크의 공식 기능과는 명확한 연결점이 하나도 없었다. 정부 계획의 일환도 아니었다. 새로운 관리자들은 오히려 원하는 대로 자유를 얻기 위해 5년간 정부 등록 면제권을 신청했다. 그 계획은 성공했고 대중은 계획 실행에 직접 동참할 수 있다는 이유로 이 새로운 장소를 사랑하게 되었다.

처음 지었던 건물들은 하향식 정부 계획을 보여준 아주 좋은 예였다. 그리고 그 주변 공간의 재생은 사람들이 과연 오늘날 도시에서 어떻게 살기를 원하는가를 보여주었다.

사람의 두뇌는 함께 놀고 함께 배우기 좋아하는 가정에서 훨씬 빠르게 발달하고, 자신을 성인으로 대접하며 지시보다는 아이디어 발휘를 장려하는 회사에서 일을 더 잘 해내며, 변화와 다양성, 학습과 적응이라는 4대 특성이 문화에 녹아 있는 지역과 도시에서 잘 성장한다.

도시로, 도시로

2011년 기준으로 전 세계 인구의 절반이 도시에 살고, 이 비율은 2025년 60%까지 늘어날 전망이다. 도시 중에 인구가 감소한 곳은 거의 없으며 이는 아마 역사상 처음 있는 일이리라. 이러한 변화는 유럽과 미국에서도 뚜렷하지만 아시아, 아프리카, 남미에서 가장 극적으로 나타난다. 여기서는 아직 논밭이나 공장에서 일하는 부모를 둔 젊은이들이 엄청나게 많은데, 정작 젊은이들은 도시야말로 더 높은 임금과 더 많은 기회를 줄 원천이라고 믿는다. 새천년의 첫 10년 동안 매년 약 5,000만 명이 농촌에서 도시로 이동했다. 이는 리우데자네이루나 방콕만 한 도시 일곱 곳, 또는 맨체스터 인구의 75배와 맞먹는 숫자다. 1980년에서 2010년 사이에는 3억 5,000만 중국인이 동부 해안지방의 여러 대도시로 이주했다고 추정되고 상당수는 불법으로 이주한 듯하다. 그러니까 러시아 인구 전체가 서유럽으로 이동한 셈이다.[1]

인구가 이동하는 주된 이유는 일자리다. 이는 폴란드인들을 런던으로, 서부 중국인들을 동부 해안도시로, 남미 유목민들을 부에노스아이레스나 상파울루로, 그리고 박사 학위를 취득한 인도인들을 캘리포니아로 끌어들이는 이유이기도 하다. 그리고 이러한 일자리 찾기에 새로운 경험과 기회를 찾는 욕구까지 섞여 있다.

이동하려는 욕구는 대개 온라인에서나 휴가 때 생기는 일이 많고, 청소년이 집에서 멀리 떨어진 대학으로 갈 때 실현된다. 이는 다른 삶의 방식을 맛보려는 욕구이며, 동시에 다양한 학습방법이자 자신이 하고 싶은 일, 잘하는 일을 알아낼 장소를 추구하는 욕구이기도 하다. 도시에서는 임금이 더 높고 승진이 빠르고 친구와 연인을 선택할 때도 훨씬 더 개인 위주로 한다.

어느 한 도시에서 일하는 사람들이 놀며 휴가를 즐기기 위해 다른 도시에 관계를 형성할 때도 많다. 예를 들면 상파울루의 어느 금융가는 자기 어머니가 화랑을 운영하는 리우데자네이루에 주말 별장이 있다. 런던에 있는 디자이너 두 사람은 파리에 주말을 보낼 아파트를 두었다. 중국 선전에서 일하는 젊은 임원들은 주말에 홍콩으로 떠난다. 워싱턴DC에 사는 어느 관료는 뉴욕으로 간다. 인도에서 가장 유명한 어느 배우는 런던 메이페어에 아파트가 있다. 그렇다고 부자들만 다른 도시에 가려고 하지는 않는다. 아시아 대학생들은 런던, 파리, 로마에는 가고 싫어 하지만 그 주변 시골에는 관심이 없다. 런던 사람들은 뉴욕을 사랑하지만 미국 농촌 지역에는 잘 가지 않는다. 휴가나 은퇴 생활을 시골에서 보낸다는 생각은 아직도 농촌 지역에 귀족이 존재하는 나라에는 남아 있지만, 다른 모든 지역에서는 아주 희미해졌다. 중국과 인도에서는 이제 시골을 유배나 빈곤, 짧은 여행 장소로만 인식한다.

도시 생활을 향한 이러한 열정이 어찌나 빠르게 퍼졌던지 도시 계획자들도 놀랄 지경이었다. 19세기 빠른 산업화와 도시화 이후로 도시는 대부분 붐비고 시끄럽고 더러워졌고, 사람들은 교외로 탈출하려고 했다. 런던 인구는 1950년에서 1980년 사이에 4분의 1이나 줄어들었다. 범죄율은 치솟았고, 학교는 텅 비었고, 세수는 줄었다. 1950년대 미국에서는 도시보다 교외에 사는 인구가 더 많았다. 이들은 일하러는 도시로 갔지만, 사교 생활은 집이 더 크고 싸며 아이를 둔 젊은 가족에게 훨씬 적합한 교외에서 했다.

도시 계획자들은 오래된 도시에 등을 돌리고 미개발지에 새로운 마을과 도시를 세웠다. 그러한 예가 바로 르 코르뷔지에Le Corbusier가 지은 마르세유 집합 주택이나 영국의 밀턴 케인즈, 독시아디스Doxiadis가 이슬라마바드를 위해 세운 대계획, 그리고 뉴욕 롱아일랜드에 있는 윌리엄 레빗William Levitt의 레빗타운 등이다. 기술기업들은 소위 '스마트 주택'의 원형을 만들기 시작하면서 이런 주택이 인간을 도시 사무실에서 해방시키고, 멀리 이동하지 않게 하며, 오염을 줄이고, 삶의 질을 개선하리라고 주장했다.

그렇지만 결과는 딴판이었다. 캐나다와 스칸디나비아 국가들이 별도로 진행한 실험 두 건을 보면 이유는 명백했다. 오타와 주정부는 에스키모 집단인 이누이트족 청년들이 고향을 떠나는 상황에서 원격으로 공동체 유지를 도우려고 했다. 텔레샛캐나다Telesat Canada에서 이들에게 전화 서비스와 TV 채널을 제공할 아니크 위성망을 설계했다('아니크anik'란 이누이트 말로 남동생이라는 뜻이다). 그런데 이누이트들은 이에 만족하며 자기 자리에 남아 있기는커녕, 나라 밖에서 일어나는 일에 눈을 떴고 오히려 더 많은 사람들이 고향을 떠나기로 결심했다.

몇 년 뒤 스웨덴과 노르웨이, 핀란드에서도 똑같은 일이 벌어졌다. 캐나다처럼 이곳 산간 지역도 북극 깊숙이까지 들어가기 때문에, 세 나라는 여기에 일반 유선 전화망을 건설하기로 했다. 이 망은 후일 세계 최초의 이동전화망이 되었지만(그리고 노키아가 휴대전화 기기 제조에서 선도할 길을 열어주었다), 결국 사람들을 도시로 떠나게 부추기는 영향력밖에는 발휘하지 못했다.

교외는 반짝 현상이었다. 대형 제조공장들은 처음에 누리던 지배적 위치를 잃었고 사회는 변화했는데, 교외란 그런 순간에 그런 제조공장 중심으로 돌아가던 사회가 품은 지속 불가능한 비전일 뿐이었다. 일의 성격 자체가 변화하고 있었다. 저렴한 항공여행은 물론이고 언제 어디에나 존재하는 전화, 다채널 TV, 그리고 인터넷으로 사람들은 다른 생활양식에도 마음을 열었다. 낯선 도시에 있는 대학에 진학하면서 교외나 시골에 사는 부모님처럼 살고 싶지는 않다는 사람도 늘었다. 이들은 도시 한가운데 근거지를 둔 미디어나 광고, 마케팅 같은 서비스 산업에 더 관심이 있었다. 그리고 도시 중심지 주택이 꽤 싸졌다는 사실도 깨달았다. 그 결과 도시의 삶이 부활했다.

도시가 이렇게 갑작스럽게 성장하면 삶의 질을 위협한다. 급증하는 인구는 수도와 주택, 학교 교육, 의료, 교통, 쓰레기 문제를 유발한다. 다른 나라에서 들어오는 이민은 조세와 공공지출의 부담으로 돌아오고 인종 갈등을 야기한다. 아시아와 아프리카에서는 10여 개 도시 인구가 3,000만에서 4,000만 규모로 늘어나는 중인데, 이 과정에서 도시 거버넌스에 큰 문제가 발생할 테고 인구가 작은 도시나 시골로 다시 탈출하리라는 예상도 충분히 가능하다.

창조도시

도시 경제는 자원과 고객에 접근하는 정도에 따라 성장한다. 접근이 거래자 집단을 끌어들이고, 이런 거래자들은 작은 마을에 사는 경쟁자에 비해 낮은 거래비용을 누린다. 각 거래자가 전문화하면서 혁신과 경쟁력도 커진다.[2] 제인 제이콥스Jane Jacobs가 처음 설명한 이 과정은 바뀌지 않았지만, 자원의 성격과 고객이 원하는 바는 바뀌었다.

그런데 우리의 지식이 늘고 타인의 지식에 접근할 가능성도 늘면서, 아이디어가 이해하기 더 쉬워지는 대신 오히려 더 복잡해진다는 놀라운 결과도 나온다. 다양성은 낮은 수준이고 아이디어 수가 적다면, 개별 아이디어는 친숙하고 관리하기 훨씬 쉬울 터다. 그러나 다양성 수준이 높고 아이디어 수가 훨씬 많다면, 개별 아이디어는 훨씬 복잡하고 아마 혼자 힘으로는 이해하지 못할지도 모른다. 네트워크 기술 확산으로 한 곳에 있는 사람들이 세계 어느 지역에 있는 사람과도 이야기하기 쉬워졌고, 그러면서 다양성과 복잡성이 증가했고, 또 그러면서 불확실성과 모호함도 커졌다. 결정을 내려야 하는 속도도 더 빨라졌다. 이러한 상황에는 대처하기 어려울지도 모른다. 이에 보상하기 위해 사람들은 같은 지역에 살면서 자신을 지지하는 핵심 친구들을 선별해 자기 주위를 에워싸려고 한다.

우리는 이러한 관계를 유지하는 능력으로 도시를 판단한다. 이 능력은 어느 정도는 인구 규모로도 측정하지만, 대개는 생각이 비슷한 사람들을 찾을 기회로 측정한다. 도시에는 그 나라 다른 지역에서 이주한 사람도 많지만 해외 이민자도 많고, 인구 평균 연령이 국가 평균에 비해 젊고 교육 수준도 더 높은 경향이 있다. 도시 대학에는 해외 유학생 비율이 높고, 기업도 해외 인력을 채용하는 일이 많다. 도시는 거주자나 방문자를 보아도 인종 다양성이 훨씬 높고, 다양한 문화와 경험이 혼재한다. 2012년 런던 인구조사를 보면 인종집단이 매우 복잡한 다양성을 보이고, 자신이 '백인 영국인'이라고 하는 사람은 인구 45%에 불과했다. 아마도 이 비율이 50% 미만으로 떨어지기는 처음이었을 것이다. 몇몇 런던 자치구는 100개가 넘는 언어를 사용하는 학생들을 다루어야 한다.

인구가 다양하고 도시가 특이함에 열려 있고 차이에 호기심을 품으면 좋다. 그런데 지금 부족한 점은 차이를 그 자체로 그냥 인정하는 태도가 아니라, 새로운 해석, 새로운 의미, 새로운 이해 방법을 생각해내려는 타인의 시도를 끊임없이 탐구하는 자세다. 이러한 자세를 만드는 첫 단계는 사람들이 서로 다른 역사를 존중하고 서로 공정하게 대하도록 도와주는 다문화주의다. 두 번째 단계는 미래를 만들어 가고자 하는 사람들의 노력이다.

창의성은 재기 발랄한 사업이다. 창조계급이라는 개념을 떠올린 리처드 플로리다Richard Florida는 "다양성이 없다면, 괴상함이 없다면, 차이가 없다면, 관용이 없다면, 도시는 죽는다. 도시가 경제적으로 성공하는 데 쇼핑몰이나 컨벤션 센터는 필요 없다. 괴짜이면서 창의적인 사람들이 필요하다."[3]

창조도시란 찰스 랜드리Charles Landry가 만든 표현이다.[4] 이 도시에서 사람들은 새로운 아이디어에 열려 있을 뿐만 아니라 적극적으로 아이디어를 찾아다닌다. 도시 인구는 자기가 직접 일을 하기도 하고 남의 일을 경험하기도 하면서 계속 그 사이를 오간다. 도시 인구는 아이디어 인재로서 스스로 하는 일에서도 창의적이지만, 타인의 아이디어를 대하는 구매자, 관객, 소비자, 사용자로서도 창의적이다. 여기서 말하는 타인 역시 창조자답게 괴상하고 별난 데 관심을 둘지도 모른다. 어느 한쪽만을 대변하는 상황이 아니다. 창조하는 사람은 줄 때나 받을 때나 창의적으로 생각한다.

아트엔젤이 지붕 위에 올린 배로 흥행을 시작하자 하루 만에 12개월분 이용권이 팔렸다. 런던에 있는 또 다른 별난 회사 시크릿시네마Secret Cinema는 영화 제목이나 상영 장소도 고객에게 말해주지 않고 일반 영화표보다 세 배나 비싼 30파운드를 받는다. 내가 처음 이곳에 갔을 때는 작업복 바지를 입고 유스턴역 앞 광장에서 다른 관객들을 만나라는 지시를 들었다. 이 회사에서 파는 표도 아주 금방 팔린다.

창조과정에 기꺼이 참여하려는 이러한 태도는 〈유 미 범 범 트레인You Me Bum Bum Train〉 같은 연극에서도 보인다. 이 연극은 일러스트레이터인 케이트 본드Kate Bond와 모건 로이드Morgan Lloyd가 구상했는데, 이 연극에서는 관객 한 명을 위해 200명이 넘는 배우가 공연했다. 일반적 배우 대 관객 비율이 이렇게 역전되자 배우 조합인 이퀴티Equity는 배우들이 노조기준 임금을 받지 못한다며 불만을 제기했다. 이 말은 사실이었지만 동시에 필요없는 소리였다. 배우들과 그보다 훨씬 많은 자발적 참여자들은 이 별난 점을 아주 좋아했고, 참여할 의사가 있는 사람은 늘 남아돌았다. 관객이 더 적고 배우가 훨씬 많은 상태로 역할극을 하는 이러한 추세는 런던뿐만 아니라 베를린, 뉴욕 등 여러 도시에서도 나타났다. 캘리포니아 오클랜드에 있는 오딧세이웍스Odyssey Works는 단 한 사람을 위해 주말 내내 진짜 같은 설치물과 공연으로 이루어지는 복잡한 '리얼리티'를 구축한다. 이러한 공연이 성공하려면 마음이 열린 대규모 자발적 참여자가 필요하고, 이는 대도시에서만 찾을 수 있는 요소다.

인터넷이 발명되기 오래 전부터 도시에는 사회적 관계망이 있었고, 이 망은 페이스북 사용자 대부분이 만들어낼 어떤 네트워크보다도 훨씬 다채롭고 널리 퍼져 있었으며 다양한 감각으로 구성되었다. 이들의 뜻하지 않은 우연한 만남은 아무런 결과를 낳지 않을 때도 있었고 흥미로운 결과를 낳을 때도 있었다. 물론 이렇게 미지에서 생기는 흥분과 누구와 어디서 무엇을 할지 정하는 우연한 기회를 즐기는 사람도 있지만, 이런 일에 불안을 느끼고 아주 기진맥진하는 사람도 있다.

도시는 이렇게 헤아리지도 못할 만큼 엄청난 수의 관계망을 뒷받침할 정도로 커야 한다. 사람에게는 각자 나름의 관점과 호기심, 희망이 있고 서로 상대방에게 들어올 지점과 표지판, 디딤돌을 제공한다. 이 수가 무한히 크고 누구도 알거나 세지 못할 수준이 되면, 도시 생태는 어마어마하게 생산성이 높아진다. 수가 더 많을수록 더 즐겁다. 나라면 내가 관심 있는 것, 내가 하고 싶은 것이 무엇이든 나와 비슷한 생각을 하고 이미 실행에 옮기고 있는 사람이 100명은 있었으면 좋겠다. 내가 보는 기준으로는 그렇다.

한두 개밖에 안 되는 관계망 속에 머물기보다는 다양한 망에 들락거리며 배회하고, 친구들도 낯선 사람들도 만나고, 새롭고 다른 아이디어가 있는 사람들에게 도전을 받는 편이 훨씬 낫다. 태도나 일하는 시간이 남들과 다를 때 종종 일어나는 일이지만 특히 한 군락에 사람들이 지나치게 오래 머문다면 그러는 편이 더욱 좋다. 브라이언 우지Brian Uzzi

와 재럿 스피로Jarrett Spiro는 브로드웨이 극장에서 일하는 사람들의 친밀성과 성공률을 비교했는데, 사람들이 지나치게 친밀하면 실패율이 급등했다.[5] 이들은 다수의 여러 관계망에 계속해서 드나드는 편이 더 좋다고 주장한다. 창의성과 혁신을 북돋는 가장 강력한 자극제 중 하나는 외부인이다.

말하자면 창의성은 집에서 시작되지만, 가장 좋은 장소는 자기가 집처럼 편안하게 느끼는 뒷마당이다. 그럼에도 불구하고 가끔씩 자신이 편안하게 느끼는 곳을 떠나 다른 장소를 탐구하고 새로운 관계를 맺어야 한다. 창의성은 차이가 있어야 피어난다.

디지털 미디어는 어떤 형태든 이러한 차이를 가늠하는 시험대가 된다. 미디어와 엔터테인먼트 부문 종사자들은 이제 보통 사람들의 온라인 행동 양식도 알아야 하고, 기술 전문가들이 내놓는 향후 몇 년 간의 전망도 알아야 한다. 음악, 영화, TV, 게임 회사들은 모두 현재 사업에서 기록하는 수치와 기술 쪽에서 나오는 수치 사이에 존재하는 엄청난 격차를 아주 잘 안다. 이 격차를 이해하려면 2012년 최고 인기 디지털 곡을 구매한 800만 명 혹은 전통형 TV를 스트리밍으로 받은 100만 명과 페이스북 및 구글 1일 사용자 5억 명을 비교하면 된다. 레이디 가가의 매니저인 트로이 카터는 바로 이런 이유 때문에 음악산업 관계자들과도 시간을 보내지만 기술이나 혁신 전문가들과도 많은 시간을 보낸다고 한다. 음악산업 밖을 보아야 레이디 가가가 거두어 마땅한 성공을 가져다 줄 능력이 생긴다는 말이다.[6]

카터가 운영하는 아톰팩토리Atom Factory는 미국 음반사와 라디오 방송사의 본고장인 뉴욕이 아니라 LA 컬버 시티에 본사를 두었다. 디지털 미디어와 엔터테인먼트 분야에서 지금 전개되는 상황을 이해하려면 기술 전문가, 혁신가들과 함께 일해야 한다는 사실을 알기 때문이다. 카터는 적절한 때에 적절한 장소에 있으려고 애쓰는 인간의 전형이다. 같은 이유에서 스웨덴 기업가인 니클라스 젠스트롬Niklas Zennström과 덴마크인 프리스Friis도 고국을 떠나 런던으로 와서 스카이프Skype를 세우기로 했다. 스포티파이를 세운 스웨덴인 다니엘 에크Daniel Ek가 그랬듯이 말이다.

프린스턴대학교의 사회학자인 마틴 루프Martin Ruef는 기업가들이 매우 새롭고 서로 충돌하는 정보에 둘러싸이면 성공할 가능성이 더 높다는 사실을 증명했다.[7] 루프는 기업가들이 어떻게 장소(서식지)를 선택하고 자신이 창조하기를 원하는 적소에 스스로 맞춰 가는지 시험하면서 사회 진화 원칙을 사용한다. 창업에 관한 루프의 연구를 보면 기업가들이 사회적 통념에 순응하거나 따르라는 압박을 피한다는 사실을 알 수 있다. 기업가들은 대개 사업 아이디어를 마련할 때 자신을 지지하는 친구 한두 명을 옆에 둔다. 창의성은 두뇌 안에서 이렇게 움직인다. 우리가 이미 아는 내용과 우리가 인식하거나 듣는 다른 내용 사이에 존재하는 긴장으로 말이다.

세 가지 문화[8]

이러한 관계망의 다양성을 측정하는 방법 중에는 한 도시의 문화란 과연 무슨 의미인지 살펴보는 방법도 있다. 문화가 의미하는 가장 공통적인 뜻에는 '예술-미학'이 있지만 다른 여러 의미들도 도시가 작용하는 방식을 이해하는 데 도움이 된다. 인류학자들은 문화culture라는 단어를 다양한 믿음과 행동, 태도의 집합 및 삶의 방식이라는 의미로 사용하지만, 생물학자와 생태학자들은 이 말에 성장 자양분을 담는 생물학적 매체, 그러니까 세포를 키우는 배양이라는 세 번째 의미를 담는다. 이러한 관점들을 결합하여 우리는 창조도시를 '예술-미학'과 삶의 양식을 섞는 매체, 그러니까 생태계로 취급할 수 있다.

2012년, 런던 올림픽 기간에 런던 시장과 BOP컨설팅은 세계도시문화에 관한 포럼을 개최했다.[9] 여기서 실시한 어느 연구에서는 런던, 베를린, 뉴욕, 파리, 상파울루, 상하이, 시드니, 도쿄 등 12개 도시를 살펴본 뒤 어떤 도시를 세계적인 도시로 만드는 요인은 위치나 규모, 정치적 힘, 부가 아니라 문화라는 결론을 내렸다. 훌륭한 박물관, 미술관, 극장, 그리고 명성 있는 대학이나 런던 센트럴 세인트 마틴 예술대학교, 뉴욕 줄리아드 학교 등 예술과 음악, 디자인 부문에서 우수한 전문학교들은 이러한 문화를 상징한다. 런던과 파리에는 세계문화유산이 각각 4곳씩 있고 두 도시의 상위 5위 박물관 입장객은 연간 2,000만 명이 넘는다. 문화 규모가 그야말로 웅장하다.

그러나 크고 위용 있는 건물만으로는 부족하다. 대개는 개인이 소유한 훨씬 작은 장소와 조직으로 이루어진 또 다른 층, 즉 요소도 존재한다. BOP에서 만든 60개 지표는 비주류 극장이나 새책 또는 헌책을 파는 서점, 나이트클럽, 식당, 바, 비디오게임장 등 매우 다양하다. 브라질 사람들은 춤추기를 좋아해서 상파울루에는 나이트클럽이 2,000개가 넘지만, 도쿄에는 37개밖에 없다. 그러나 도쿄에는 어느 도시보다 식당과 바가 많다. 좀 의외인 결과도 있었다. 신간이나 중고를 막론하고 서점이 가장 많은 곳은 뉴욕이나 런던이 아니라 도쿄(1,675개)와 상하이(1,322개)였고, 12개 도시 가운데 중고 서점이 가장 많은 곳은 놀랍게도 요하네스버그였다(943개).

런던 사우스뱅크센터나 더 눈에 띄는 시드니 오페라하우스, 빌바오 구겐하임 미술관 등 일부 유명 건물들은 인근 지역의 자극제로서 가장 좋은 효과를 냈다. 세 건물 모두 굉장한 역사役事이기는 하지만, 초기에는 외따로 떨어진 상태였다. 지금 생각하면 이들은 새로운 지역을 나타내는 서막, 출발을 알리는 총소리였다. 시드니에서는 다른 건물들이 덩달아 문을 열고 바다가 보이는 뒷마당을 치워 사람들이 즐기게 하면서 록스에서 울루물루까지 항구가 살아나기 시작했다. 빌바오 미술관은 도시 재생의 도화선이 되었고, 이 되살아난 지역은 네르비온 강둑을 따라 길게 이어지다 다시 도시 안으로 들어왔다.

세 번째 요소는 훨씬 정서적이다. 사람은 격식에 매이지 않는 풀뿌리 활동, 거리에서 임시로, 아주 소규모로 일어나는 활동을 바라는 욕구가 있다. 이러한 활동 각각은 수명이 짧을지도 모르지만, 이들을 모두 더하면 끝없는 정보의 시장 안에 다양한 사건과 경험이 계속해서 흐르고, 이 시장은 생산자와 제조자의 기술과 구매자의 욕구를 자극한다. 참여란 나이를 막론하고 누구에게나 있는 태도지만, 그중에서도 가장 적극적인 학습자이자 적응자인 젊은이들에게서 눈에 띈다. 온라인 네트워크에서 표현되는 이들의 모방과 협업, 큐레이션과 트윗 같은 활동은 도시 창의성을 나타내는 특징이다. 상하이에는 전문 예술 및 디자인 과정을 듣는 학생이 5만 명 있고, 창조부문에서 학습하고 실험하며 제작하는 일을 하는 청년은 이보다 몇 배는 더 많다. 중국에는 예술과 디자인을 배우는 학생이 총 65만 명 있고, 이 가운데 상당수는 베이징이나 상하이, 그 외 4~5개 도시에서 취업하기를 원한다. 전 세계에서 점점 늘어나는 이러한 호기심 많고 근면한 젊은이들이야말로 새로운 경제의 규모와 범위를 지키는 수호자들이다.

주요 도시의 주요 예술, 음악, 디자인 학교들도 그렇지만, 대규모 시설은 대부분 100년도 전에 세운 곳들이다(테이트모던은 110년 된 테이트 브리튼에서 파생되었다). 당시에 이 시설들은 홀로 떨어진 개척자였다. 그런데 사우스뱅크센터에서 보았듯이 최근에는 태도 변화가 생겼고, 이 변화는 먼저 보편성이라는 명제를 던지고 그 다음에 규모와 범위를 넓히는 현상을 반영한다. 이제 이러한 장소들은 더 이상 전문가에게만 호소하지 않으며, 새로운 분위기를 경험하고자 하는 사람 누구에게나 그곳을 찾으라고 홍보한다. 지금 테이트모던은 저녁 시간에는 미술을 감상하는 곳이기도 하지만 사람들을 만나 여흥을 즐기는 곳이기도 하다(물론 모든 방문객이 이러한 변화를 환영하지는 않는다).

네 번째 요소는 상업적 시장이다. '무료' 거리 연극이든, 박물관 '무료' 입장이든, 판매자와 구매자 간 혹은 사용자와 사용자 간 상업 거래든, 일어나는 모든 교환은 경제적으로 지속 가능해야 하므로 이 요소는 과정 전반에 내포된다. 창조도시가 존재하려면 개인의 위험 감수와 상업적 성공이 필요하다. 가장 창조적이라는 평가를 받는 도시들에 대단히 경쟁력 있고 세계적인 기업이 많다는 사실은 우연이 아니다. 이러한 기업들이 하는 일은 두 가지다. 우선 회사는 시장에서 판매하기 위해 치열하게 경쟁하고, 그 회사 직원 등은 시장에 나와 있는 다른 상품을 보는 안목 있는 비평가이자 구매자 노릇을 한다.

도시의 성장과 쇠퇴

1960년대부터 학교를 졸업하고 도심 지역에 재정착하기 시작한 사람들은 다양한 도시가 전환기를 맞고 있다는 사실을 깨달았다. 원래 목적을 잃고 변화도 불가능해 보이는 도시도 몇몇 있었다. 석탄과 철강에 얽매여 가장 크게 타격을 받은 곳은 영국 북부와 독일 루르 지방, 북부 프랑스에 있는 조선과 제조업 기반 도시들, 중국 북부 탄광촌들, 그리고 '러스트벨트rust-belt'라는 이름을 얻은 미국 북부 공업지역이었다.

제너럴모터스GM(General Motors)가 재채기를 하면 미국이 감기에 걸린다던 알프레드 슬로언Alfred P. Sloan 회장의 말도 더 이상은 맞지 않지만, 그래도 GM이 곤경에 빠지면 디트로이트에 사는 사람들 모두 고통을 겪는다. 디트로이트는 제분과 선박, 엔지니어링, 구리 부문에서 혁신을 일으켜 성장했다. 이 도시는 미국에서 엔지니어링 인재와 독창적 기업, 좋은 대학, 활기 넘치는 사람들로 아주 유명한 생태계로 발전했다. 그러다가 중간에 두 가지 흐름이 나타나면서 처음에는 환영을 받았지만 나중에는 도시 기능을 마비시키는 원인이 되었다. 먼저 GM과 포드, 크라이슬러Chrysler가 엄청난 성공을 거두는 바람에 디트로이트는 단일 산업밖에 없는 도시가 되었고 다양성이 줄어들었다. 그러다 보니 1980년대에 일본 회사들이 작고 저렴하고 연비 좋은 경쟁제품을 팔기 시작할 때 대비가 되지 않은 상태였다.

동시에 자동차 덕분에 사람들은 교외에 있는 새 집으로 이동했고, 그러면서 일과 사교 생활을 아예 다르게 구분했다. 관리자나 엔지니어나 노조 간부들의 교제 범위는 점점 더 좁아졌다. 사람들이 교외로 이동하면서 1950년~2000년 사이에 디트로이트 인구는 절반으로 줄었다. 2005년에 디트로이트에서 팔리는 주택의 중간 가격은 2만 5,000달러였다. 도시의 심장박동 소리는 느려져 잡음 수준으로 줄었다. 여전히 우수한 대학들이나 남아 있는 전문 엔지니어링 기술, 그리고 저 유명한 모타운Motown이나 테크노 음악 현장처럼 활기찬 지역도 일부 존재했지만, 다양성, 참신성, 차이, 특이성 등이 부족해지면서 사람들의 상상력은 마비되었다.

디트로이트는 서서히 재기하고 있다(2011년 《이코노미스트》는 '디트로이트의 우화: 값이 너무 싸서 오히려 희망이 보인다'라는 제목의 기사도 실었다).[10] 도시 상상력이 다시 제 힘을 발휘하는 모습이다. 버려진 거리에 도시 농장이 생겨났고, 디트로이트는 이제 창조부문에 식품까지 포함할 능력이 되는 몇 안 되는 도시 중 하나다. 메이커 운동을 보면 뒤로는 미국의 개척 정신과 1960년대에 나온 「지구 종합 목록Whole Earth Catalog」이 생각나고 앞으로는 현재의 CAD와 3D 설계 도구가 떠오른다. 자동차 산업에 종사하던 작은 공급업체들은 이제 소비자 시장으로 기술을 돌리고, 조립라인 보호소재를 만들던 어느 기업은 현재 자체 패션의류를 제작하기도 한다. 3대 자동차 회사들도 배우고 있다. 포드에 새로 취임한 미래파 기업인 셰릴 코넬리Sheryl Connelly는 자신이 '자동차 전문가'가 아니라고 씩씩하게 인정하면서 이렇게 말한다. "나는 자동차 산업을 보지 않는다. 그 일을 할 사람은 이미 포드에 있다. 나는 밖을 본다."[11] 과거 디트로이트에서 밖을 보는 일은 매우 급진적인 행동이었다.

오늘날 도시 전체가 실패하는 일은 별로 없으며 디트로이트나 글래스고, 에센 같은 곳도 도시 재생에 좀 더 능숙해지는 중이다. 그러면서 도시 전체는 계속 유지되고, 사람들이 어디서 살고 어디서 일할지 결정을 내리는 과정에서 여러 구역이 인기를 얻었다가 잃었다가 하는 현상이 오히려 더 증가한다. 대부분의 도시에는 유명한 5단계 재생 모형이 있다. 첫째, 시간이 지나면 사람들이 어떤 구역에 있는 건물을 원하지 않게 되고 임대료가 떨어진다. 만일 계속 비어 있으면 건물은 버려진다. 둘째, 돈은 없지만 크고 단순한 곳을 원하는 창조하는 젊은이들이 여기에 입주한다. 셋째, 이 새로운 거주민들 때문에 예술적이고 유행을 따르며 재미도 있는 클럽과 바, 식당들이 몰려든다. 넷째, 따라서 이 지역은 다시 활기를 얻고 임대료가 올라간다. 다섯째, 다음 젊은 세대는 높은 임대료를 감당하지 못하고 또다시 새로운 정착지를 찾아 떠난다.

뉴욕에서는 추상화가들이 소호의 주철 지구로 들어오면서 이런 현상이 있었다. 런던에서는 1960년대 노팅힐의 낡은 주택들, 1970년대 세인트 캐서린 포구와 창고에서 이런 현상이 있었는데 이 지역은 런던 예술가 스튜디오 최대 밀집지가 되었고, 데미언 허스트도 이곳에서 프리즈Freeze 전시회를 열었다. 모스크바에서 베스닌Vesnin 형제의 구성주의 걸작인 ZIL 공장과 붉은 10월 공장을 문화 중심지로 개조할 때도, 상하이에서 육류 도축 지구를 도시 최대의 예술군락인 M50로 만들 때도 이런 현상이 있었다.

이 현상은 1990년대 런던에서 다시 나타났다. 런던 금융지구의 북쪽에 있는 허름한 사무용 건물들이 현대적 수요에 부응하지 못하면서 황폐해졌다. 그런데 당시 예술가들은 새로 유행하던 큰 캔버스와 비디오 작품, 설치물로 작업할 때 높은 천정에 넓은 공간이 꼭 필요했고, 이 건물들은 그런 장소를 찾는 예술가들에게 환영할 만한 서식지가 되었다.

이 혹스턴 지역의 재생은 그 뒤부터 일반적인 모형에 따라 일어났다. 우선, 예술가들이 생활도 하고 작업도 할 장소를 찾아 들어왔고, 디자이너와 건축가들이 그 뒤를 따랐다. 카페와 화랑이 생겨나기 시작했고, 인근지역은 색다르고 멋진 곳이 되었다. 다른 사람들도 몰려들자 임대료도 올랐다.

그런데 새로운 현상이 생겼다. 예술가들을 바짝 뒤쫓아 디지털 회사들이 만든 두 번째 물결이 나타났다. 내가 일하던 디지털 스트리밍 회사 토네이도Tornado는 2001년 올드스트리트로 이사했다. 임대료가 싸기도 했지만 혹스턴과 쇼어디치, 스피털필즈, 클러큰웰, 패링던, 세인트루크스 등 인근지역에 생각이 비슷한 기업들도 있었기 때문이다. 젊은 신생 기업들은 나중에 작업장이나 공동작업 공간, 회원 클럽, 창업 센터 등을 세우면서 트램퍼리Trampery, 테크허브TechHub, 혹스턴믹스Hoxton Mix, 런던핵스페이스London HackSpace 같은 이름도 붙였다. 구글은 지역기업 창업의 출발점으로 구글캠퍼스를 열었다. 자칭 '글로벌 캠퍼스 네트워크'라고 하는 뉴욕 제너럴어셈블리General Assembly는 페이스북과 스포티파이를 후원하기도 한 러시아 DST글로벌DST Global에서 자금을 조달해서 클러큰웰에 지사를 열었다.

이어 전개된 상황도 평범하지 않았다. 이 지역에 세계적인 대기업이 모여들기 시작했다. 남쪽으로 수백 미터 펼쳐진, 1600년대부터 금융 중심지이던 시티오브런던이라는 도시의 요새가 다양해지기 시작했다. 여러 주요 기업이 객장과 사무실을 동쪽의 카나리워프로 옮겼고, 좀 더 작은 회사들은 서쪽 메이페어에 있는 도시 주택 건물로 옮겼다. 시티 지구는 이제 하나밖에 모르던 단일 문화를 잃어가는 중이며, 지금은 금융회사들이 구글과 블룸버그, 뉴스코프, 오라클, 익스피디아Expedia 등 기술중심 회사들과 공존한다.

이러한 큰 변화는 도시 중심지가 동쪽으로 이동하는 북반구의 기본 추세를 어느 정도 설명한다.[12] 부자들은 지난 몇 세기 동안 도시에서 풍기는 악취를 피하기 위해 바람이 부는 반대 방향으로 이동했고, 북반구에서 그 방향은 서쪽을 의미했다. 하수도 시설이 마련되자(런던 하수도는 1870년대에 완공되었다) 이동할 원인은 없어졌지만 이때쯤에는 이미 서쪽에 나름의 매력이 생겼고 동쪽 지역은 쇠퇴했다. 그 후로 거주공간에 관한 압박이 커질 때마다 사람들은 다시 동쪽에 있는 저렴한 지역들을 다시 살펴보고 점유한다.

이러한 흐름은 민간이 주도한다. 영국에서는 중앙정부나 시정부나 사태를 뒤늦게 파악했고, 정부에서 파악했을 즈음에는 이미 도울 일이 별로 없었다. 정부는 2010년 혹스턴 부근 테크시티를 홍보하고 재정 지원을 하겠다고 말했지만, 자금은 거의 들어오지 않았다. 2012년에는 런던 가장자리에 있는 리 밸리에 올림픽 공원을 지어 지역 인프라 자금을 조달하려 했지만, 올림픽 공원이 대부분 그렇듯 이 공원도 올림픽 이후에 실제 사업을 하기에는 너무 먼 곳에 자리를 잡았고, 그 장기적 가치를 아직 확신할 수도 없다. 사실 정부는 이러한 도시의 대변화에 거의 영향력을 미치지 못한다. 꽤 일반적인 정책도구와 규제수단이 있기는 하지만, 정부의 실패는 다반사다.[13] 변화를 일으키는 원동력은 이곳에 들어온 영국과 미국 민간 기업들, 그리고 예술과 문화, 미디어, 소프트웨어 부문 청년 문화에서 생겨난 거리의 소규모 행동주의다.

수술보다는 물리치료

||||||||||||||||| 가장 효과적인 개입은 외과 수술보다 물리치료에 가깝고, 그러한 계획을 활용해서 이미 발생한 현상을 따라가며 효과를 낸다. 이러한 접근법의 선구자는 후일 브라질 쿠리티바 시장이 된 건축가 자이메 레르네르Jaime Lerner이다. 레르네르는 임기를 시작할 때 빠른 환승 시스템을 설치하고 차량 도로를 일부 폐쇄하는 등 고비용 인프라 사업도 피하지 않았지만, 그래도 보다 눈에 띄지 않는 개입을 선호한다. 소위 '도시 침술acupunctura urbana'이라는 방법인데, 말하자면 도시 자오선의 정확한 지점에 작지만 극적인 개입을 시행해서 에너지와 흐름에 영향을 주는 방법이다. 레르네르는 시민의 감정에 호소한다. 사우스뱅크센터도 건물 걱정은 접어두고 사람들이 그 사이에 존재하는 공간에서 무엇을 하고 싶어 하는지 생각하고서야 문제가 해결되기 시작했고, 레르네르 역시 그 점을 잘 알았다.

이러한 도시 침술 도구는 비용도 저렴하고 실패해도 쉽게 뒤집으면 그만이기 때문에 도시를 운영하는 시장들은 이 도구를 잘 사용한다. 기억에 남는 도시 개입 사례를 보자. 칠레 발파라이소는 낡은 가옥을 선

명한 색채로 칠하는 사업을 했고, 캐나다 몬트리올은 지역 미술가에게 거리의 각종 표시를 수수께끼 같은 상징물로 바꾸도록 의뢰했고, 우크라이나 키로보그라드는 도시 개조사업의 개막을 알리기 위해 100만 송이 천수국을 심었으며, 중국 우시는 주택 외관에 조약돌을 깔고 수성 페인트를 칠하고 공간 사이에 전통방식의 패루를 세웠다.

이렇게 거리에서 이루어지는 변화는 시정부와 거주민 간 창조 에너지 관계에 존재하는 새로운 자의식을 표현한다. 최근 다시 깨어나는 베를린도 이러한 변화를 보여준다. 독일 경제 상황과 정치적 공포에도 불구하고 1919년에서 1933년까지 짧은 바이마르 공화국 시대에 베를린의 예술과 문화는 활발하게 꽃을 피웠다. 도시에서 예술과 디자인, 무용, 카바레, 풍자, 연극, 영화, 사진 활동이 급격히 늘어났으며 프리츠 랑Fritz Lang, 오토 딕스Otto Dix, 게오르그 그로스George Grosz, 아르놀트 쇤베르크Arnold Shoenberg, 발터 그로피우스Walter Gropius, 베르톨트 브레히트Bertolt Brecht 등이 흐름을 주도했다. 대학에는 앨버트 아인슈타인도 있었다. 생각은 지독하게 독립적이고 도발적이었으며 분위기는 오만할 정도였고 관습에 저항했다. 그 시절 베를린과 상하이는 흥미로운 비교대상이었지만(특히 러시아와 독일 유대인이 중국에 들어온 후에는), 베를린은 전쟁과 분단으로 고립되고 주변으로 밀려났다.

통일이 되자 시정부는 '창조 베를린'을 선포하고 새로운 개방성과 자유, 저렴한 임대료를 찾는 수많은 청년을 불러들였다. 현재 창업 건수는 독일 어느 도시보다도 많지만, 실업률도 20%로 독일 평균의 2배다.

일간신문인 《베를리너차이퉁Berliner Zeitung》은 "베를린에서는 창조적 풍요와 경제적 빈곤이 불가분 관계이고, 바로 이런 점이 이 도시의 드라마다"라고 썼다. 클라우스 보베라이트Klaus Wowereit 시장은 이 도시가 '가난하지만 섹시'하다는 악명 높은 발언을 했고 베를린 시민은 이 문구를 자랑스럽게 티셔츠에 새기고 다닌다.[14] 지금 베를린에서 벌어지는 상황에는 1920년대와 같은 정치적 도전도 없지만 (아직은) 당시에 필적하는 결과도 나오지 않았다. 베를린은 이제 정부를 포용하고, 조신하게 행동하고, 기업과 발맞추어 가고, 관광객에게 더 매력적인 도시다. 구 베를린은 1920년대의 도시였고, 모스크바나 시카고, 상하이에서 일어난 다른 어떤 상황과 견주어 봐도 거칠고, 기운 넘치고, 퇴폐적인 곳이었다. 오늘날 베를린은 보다 협동적이고 조용한 2010년대를 상징하며, 웅장한 문화와 거리의 실험을 모두 보여주는 등불이 되어 유럽 다른 나라 사람들은 물론 같은 독일인들까지 끌어들이는 장소다.

활동적인 뉴욕시 문화국장 케이트 레빈Kate Levin은 문화국에서 지원하는 서비스 가운데 절반가량은 사회복지 사업 등과 구분이 어렵다고 하면서 교도소 내 정원 조성 사업을 자주 거론한다.[15] 상파울루도 빈민 지역에 공예 작업장을 만들면서 같은 접근법을 취하는데 이런 작업은 예술이라고도, 사회통합 작업이라고도 할 수 있다(시정부는 보조금 지급 타당성을 이렇게 설명한다). 어쨌든 결과는 같다. 변화와 다양성, 학습과 적응이라는 소우주로 생각하고, 행동하고, 만들어 간다는 것. 도시에서는 이 4대 특성이 그저 다른 곳에 비해 좀 더 큰 규모로, 훨씬 빨리,

무작위로 증폭효과를 내며 존재할 뿐이다. 이들 사이에 존재하는 관계망과 침투 가능한 경계의 수는 도시의 특성 중에서도 가장 유혹적이다. 인구가 많을수록 이러한 뒤섞임은 속도가 더 빨라지고, 경계를 무너뜨리는 성질이 강해진다. 아이디어는 어디에서든 태어나 어디로든 가게 되어 있으며, 이런 현상은 도시에서 유독 뚜렷하게 나타난다.

10

제10장

나의 두뇌, 나의 재산

개인의 목소리 대 집단의 힘

창조경제 시대에는 아이디어가 있는 개인과 그 아이디어를 보다 발전시킬 수단이 있는 다른 개인 또는 기업 사이에서 흥정이 흔하게 이루어진다. 개인 아이디어를 상업화하려면 불가피한 과정이다. 조언이나 돈, 그 밖의 것들이 이 흥정을 좌우한다. 이 거래에서 전자는 아이디어가 희석되거나 폐기되지 않고 살아남기를 원하고, 후자는 다음에 일어날 일에 관하여 어느 정도 통제권을 얻어야만 관여한다.

'개인의 목소리'란 여기서 아이디어가 있는 사람의 고유한 어조와 관점을 말하고, '집단의 힘'이란 아이디어를 다음 단계로 가져갈 자산이 있는, 협상 테이블 반대편에 앉은 자를 말한다. 개인의 목소리와 집단의 힘 사이에 일어나는 흥정은 양편에서 자산이 어떻게 구성되는지, 그러니까 자기와 상대방의 자산이 어떻게 될지 서로 합의해야 결정된다. 이들은 자산의 현재 가치와 미래 생산능력을 추정하려 하고, 상대적 가치를 비교한 후에 그것을 지금 사용할지 아니면 미래를 위해 보관할지 결정하고자 한다. 만일 보관이 되면 다른 자산과 마찬가지로 그 가치는 올라가기도 하고 내려가기도 한다.

창조경제는 경제제도로서는 최초로 사람, 상상력과 호기심이라는 개인의 특성, 사람 사이의 관계, 지식재산과 공정거래 능력을 가장 가치 있는 자산으로 삼는다. 역사를 보면 자산은 대부분 돈(금융자본)과 토지, 건물, 설비(물적 자본)라는 형태를 취했다. 자산의 성격을 파악하면 경제가 어떻게 움직이는지 이해하는 데, 또 경제가 흔들리거나 피해를 끼칠 때 효과적으로 개입하는 데 도움이 된다.

자본의 시작

역사가 페르낭 브로델Fernand Braudel은 "교환과 생산, 소비에 관련된 필요와 논쟁을 해결하려고 고심"해야 하는 사회에서 자본은 필연적이라고 한다.[1] 브로델은 『자본론Das Kapital』에서 "근대 자본의 역사는 16세기, 세계를 품는 상업과 세계를 품는 시장이 창출된 그 시점으로 거슬러 올라간다"라고 한 마르크스Karl Marx의 말에 동의한다.[2] 브로델은 '자본가'라는 단어는 17세기가 되어서야 나타났고 '자본주의'라는 단어는 19세기에야 빈번하게 등장했다고 설명한다. 그리고 경제학자들은 토지, 노동, 자본이라는 3요소를 논하기 시작했다.

자본자산의 상대적 가치는 사회 우선순위를 반영하며 지속적으로 변한다. 수렵에서 농경으로 진화하고, 무역과 제조, 서비스가 성장하고, 정보사회가 도래하는 등 새로운 제도가 생기면 새로운 자본이 필요했다. 사냥꾼은 땅에 아주 단기간 접근하면 그만이었지만, 파종하는 농부는 적어도 1년은 필요했다(토지 소유는 가장 안정적인 자산이 되었다). 무역상이라는 단어를 처음 쓴 베니스와 제노아, 리보르노 사람들은 배와 창고와 보관용 상자가 필요했다. 제조업자들은 공장과 기계가 필요했다.

이러한 공장에 대규모 자금까지 필요하자 전업 자본가가 생겼다. 이들은 물량이 커지면서 각 단위 생산비용이 감소하는 자본집약적 규모의 경제와 폭넓은 전문화가 성장을 좌우한다고 믿었다. 리카도가 주장한 규모의 경제이론에 따라, 이러한 규모의 경제는 더 많은 자금과 더 큰 공장, 더 많은 노동자, 더 큰 기계를 요구했다.

자본의 일족들

그런데 인텔의 고든 무어Gordon Moore는 18개월마다 마이크로칩 속도가 두 배로 증가한다고 컴퓨터의 용량을 계산했고, 그 과정에서 규모의 경제가 아니라(그 내용도 아주 조금은 들어 있었지만) 사람들이 자기 업무를 더 능숙하고 빠르게 수행하는 법을 어떻게 배우는지에 관해 생각했다. 무어는 인텔에 있는 집단의 힘과 경쟁우위의 주요 원천은 바로 사람들이 협력하고 서로 배우는 능력이라는 사실을 깨달았다. 공장 소유주가 원하는 시간 엄수, 복종, 반복 같은 기존 요건은 이미 자동화로 공급하는 상품이 된 지 오래다. 무어는 특히 협업과 경쟁, 즉 언제 공유하고 언제 추월할 것인가라는 양극단의 관계에 관심이 있었다. 그리고 전문지식이 늘어날수록 수입능력도 늘어나며, 이 능력을 누적하면 예전 규모의 경제에 비해 훨씬 더 이롭다는 사실을 알았다.

예술과 문화, 디자인, 미디어처럼 경험을 제공하는 부문은 물적 투입 비용을 줄여서가 아니라 상상력을 이용해 인류가 가진 무형가치를 늘려야 성장한다. 사람들은 대충 기억하는 지식부터 정식 자격과 각종 사실, 판단력, 그리고 운이 좋으면 지혜에 이르기까지, 평생 살면서 얻는 이러한 인간자본을 잔뜩 가지고 있다. 고등교육이 늘어나면서 곧바로 지식 수준도 높고 무엇보다 배우려는 정신이 더 충만한 사람이 많아졌다. 그 결과 기업도 사람을 주요 자산으로 보기 시작했다. 광고나 디자인 대행사들이 첫 번째 주자였다. 어느 대행사 임원은 회사 자산이 매일 저녁 문 밖으로 걸어 나가 집으로 돌아간다고까지 말했다.

프리츠 매클럽Firtz Machlup이 「미국 내 지식의 생산과 유통The Production and Distribution of Knowledge in the US」이라는 제목으로 발표한 기념비적 연구를 보면 경제생산 기여 측면에서 이러한 무형 부가가치가 물적 투입에 맞먹는다는 설득력 있는 증거가 보인다.[3] 그 결과 기업들은 이제 인력개발과 사내교육 투자에 더 큰 우선순위를 두고, 각국 정부도 중등교육 예산을 늘리고 고등교육 기관으로 진학하는 청소년 비율을 확대하면서 그 뒤를 따른다.

2008년, 미국 경제학자이자 연방준비은행 의장을 역임한 앨런 그린스펀Alan Greenspan은 이렇게 말했다. "상품과 서비스 생산에서 생각과 아이디어가 물적 자원과 인력을 이렇게까지 대체하다니, 반세기 전만 해도 그야말로 상상조차 못 할 일이었다."[4] 경영 컨설팅 회사인 액센추어Accenture는 미국 S&P 500대 기업 가치 중 무형자산 비중이 1980년대 20%

에서 2010년 약 70%로 급등했다고 한다. 런던에서는 2010년 런던 증권거래소 상장 기업 중 이러한 비율이 80%였다.

인간자본은 눈에 띄게 특이한 자본 변종이다. 구 금융자본과 물적 자본은 인간과 관계가 없고 '밖에' 있다. 인간자본은 개인적이고 '안에' 있는 무엇으로 인식되는 첫 변종이다. 그러나 이 자본이 잘 자라려면 여전히 적절한 토양이 필요하다.

제리 허시버그Jerry Hirshberg가 디트로이트 GM 선임 디자인 임원으로 있을 때 디자이너들은 신차 모형에 손도 대지 못했다. 손으로 만지면 노조 규칙에 어긋났기 때문이다(미국 영화감독들도 노조 때문에 스튜디오 소도구를 움직이는 일이 금지되어 있다). 그러다 닛산의 첫 미국 사업인 닛산디자인인터내셔널Nissan Design International을 이끌게 되면서 허시버그는 디자이너가 원하는 것은 마음껏 만지고 움직이는 환경을 만들겠다고 결심했다. 새로운 회사는 디트로이트에서 최대한 멀리 떨어진 캘리포니아 샌디에이고에 두자고 주장했다. 허시버그는 모든 사람이 협력하기를 바랐다.[5] 여기서 허시버그가 더한 요소는 구조자본이었다.

인간자본이 매일 저녁 문 밖으로 나가는 자본이라면, 구조자본은 모두가 남겨두고 가는 생태계다. 구조자본은 GM처럼 위계질서가 있든 밸브처럼 수평적이든, 그 회사 조직과 하루 할 일을 정하는 일상업무, 채용 및 보수, 교육정책, 열심히 일하고 늦게까지 일하는 태도 등에서 출발한다. 그리고 지식재산과 브랜드, 도메인 이름 관리도 포함한다. 사무실 위치와 인테리어 디자인, 탕비실도 여기 들어간다. 구조자본의 목표는 사람들이 여러 아이디어를 다른 아이디어나 상품으로 바꾸는 환경, 그러니까 창조생태계를 제공하는 데 있다. 창조성과 혁신은 격식에 얽매이지 않는 작은 단위의 교류에서 태어나 증가하고 누적되는 성질이 있고, 조직은 뜻밖이거나 급격한 단절이 아니라 스펀지가 물을 흡수하듯 점진적 과정을 통해 학습한다.

지식자본

||||||||||||||| 스웨덴 금융회사인 스칸디아Skandia의 레이프 에드빈슨Leif Edvinsson은 인간 및 구조자본에 관한 이러한 생각을 '지식자본'이라는 단일 개념으로 한데 모았고, 이 표현은 전 세계에서 큰 반향을 이끌어냈다.[6] 에드빈슨은 상도 많이 받았는데, 그중에서도 나는 BBC 프로그램 〈두뇌 재단The rains Trus〉에서 1998년 '올해의 두뇌'로 선정된 사실이 가장 마음에 든다. 당시 후보자는 빌 게이츠와 폴 매카트니Paul McCartney 등 개인 지식자본을 꽉꽉 채워놓은 사람들이었다.

앞서 매클럽도 이미 지식의 똑똑한 사용을 설명하기 위해 '지식투자'를 거론한 바 있다. 에드빈슨은 이 개념을 한 단계 발전시켜 이러한 투자가 기업가치에 중요한데도 회사의 연간 계정에 포함되는 일이 별로 없다는 사실을 증명했다. 회계는 연구실 설비는 인식하지만 연구자의 전문지식은 인식하지 않으며, 그러므로 자기 지식이 가장 중요한 자산이라고 믿는 창조적인 사람들은 지식에 아무 가치도 부여하지 않는 회

계사들을 그리 신뢰하지 않는다.

그러니까 주차장에 세워둔 회사 차량에는 가치를 부여해도 행선지를 아는 소유자의 지식에는 가치를 두지 않는 셈이다. 에드빈슨은 이후자를 '숨은 자산'이라고 하면서 이렇게 말했다. "대부분은 상식이지만 이것을 일반 관행으로 전환하기가 가장 어렵다." 빌 게이츠는 런던경영대학원《경영전략리뷰Business Strategy Review》에 이렇게 기고했다. "우리의 주요 자산은 소프트웨어와 소프트웨어 개발 기술이지만 대차대조표에 전혀 나타나지 않는다. 이는 아마 순수 회계 관점에서 보면 아무 정보도 주지 않는 항목일 것이다."[7] 코카콜라 회장도 회사의 지식자산이 토지와 사무실, 공장, 차량, 보틀링 공장 전체보다 훨씬 자본가치가 높다고 했다.

소니는 워크맨과 디지털 비디오 기술을 발명하고 나서 엔터테인먼트 업계로 자리를 옮기기로 결정하고 음반사 CBS와 컬럼비아 영화사를 인수했다. 그러나 오가 노리오Ohga Norio 회장은 후일 이런 불만을 토로했다. "우리는 일본에서 여전히 콘텐츠 회사가 아니라 전자제품 회사로 평가받는다. 회사의 엔터테인먼트 사업이나 음악 사업, 영화 사업 모두 저평가된 상태다. 주가는 더 올라야 한다. 우리의 숨은 자산을 좀 더 눈에 띄게 만들고 싶다."[8]

창조경제에서는 상상력이 인간에게 가장 귀중한 자산이다. 모두 합해서 보면 앞으로 세계 지식자본 가치는 금융 및 물적 자본 가치보다 더 커질 듯하다. 미술과 문화, 디자인, 미디어, 혁신 부문에서는 지식자본 비중이 확실히 훨씬 더 크다. 전 세계 대학과 연구개발 실험실에서도 지식자본 비율이 높다. BBC가 보유한 엄청난 지식자본은 아이디어를 프로그램으로 만드는 유럽 최대의 프로그램 제작자 집단과 경영구조를 포함하고 있지만, BBC 대차대조표에는 사람도 구조도 드러나지 않는다.

지식자본은 저작권과 특허에 의존하는 기업, 상표와 브랜드에 의존하는 기업에는 중요한 자원이다. 의약품에 특허도 브랜드도 없다면 소비자들은 싼 값에 잠시 환호하겠지만 금세 혼란을 겪을 테고, 만일 제약회사들 말이 맞는다면 신약이 시장에 나오는 속도가 느려 분통을 터뜨릴지도 모른다. 내일 신문이 디자인 없이 나온다면 독자들은 아마 단어의 수렁에 빠져 허우적대리라.

이러한 자산에는 재능이나 기술이라는 꼬리표도 붙지만 이런 표현은 맥락을 무시하는 단어다. 예전에 이탈리아 공영 방송국 RAI에서 내게 고위 관리자 300명을 대상으로 하는 1년 과정을 함께 해달라고 부탁한 적이 있는데, 그때 세 가지를 배웠다. 첫째, RAI에서 소유한 엄청난 금융 및 물적 자본은 언뜻 견고해 보였지만, 시청자의 흥미를 불러일으키는 프로그램 공급이라는 목적을 추진하기에는 놀라우리만치 역부족이었다. 둘째, 많은 관리자들은 재능과 기술을 가지고 있었지만 그 재능과 기술은 본인만 제대로 알고 공유되지 않은 채 결국 낭비되었다. 셋째, 이 관리자들에게는 단순히 아이디어를 내는 데 그치지 않고 그것으로 무언가를 하기 위한 생태계, 구조자본이 필요했다.

유엔이 발표하는 '세계 부富 보고서'는 이러한 다양한 자본 변종을 수치로 보여주려는 야심찬 시도다. 이 보고서는 인간자본을 교육과 기술, 암묵지, 의료로 정의한다. 분석대상 20개국 가운데 미국이 GDP의 8배에 달하는 118조 달러로 1위에 올랐고, 그 다음은 일본(55조 달러), 중국(20조 달러), 독일(20조 달러), 영국(13조 달러) 순이다. 각국 인간자본이 자연자본이나 제조자본보다 훨씬 컸다.[9]

바람이 가능성을 만날 때

이 책 앞부분에서는 매시브소프트웨어사가 영화에 사용한 아이디어를 응용해 사람들이 실생활에서 더 안전하게 길을 다니도록 도와준 사례를 들었다. 매시브의 다이앤 홀랜드가 네이트 워터섹을 만난 비슷한 시기에 버밍엄대학병원재단Birmingham University Hospital Trust 직원들은 영국 보건부 동료들과 함께 주력기관인 퀸엘리자베스병원Queen Elizabeth Hospital의 임상 효율성 개선 방법을 모색 중이었다. 그 와중에 버밍엄병원 재단 이사와 CEO는 좀 즉흥적으로 지역 BMW 자동차 공장을 찾았다. 일본과 독일 자동차 제조업체들은 벌써 몇 년째 오류를 작업의 0.1% 수준으로 낮추면서 신속히 조사, 처리하는 오류탐지시스템 부문에서 전 세계 연구개발을 선도하던 상황이었다. CEO 줄리 무어Julie Moore는 이 공장에서 병원이 인간의 건강을 다룬다는 점을 고려하더라도 의료과실에 지나치게 관대하다는 사실을 깨달았다.

영국 보건부는 결과를 감시하는 방식으로 의료과실에 접근하고, 심각한 상황이 발생하고나서야 근본적 오류를 추적한다. 오류 탐지와 수정은 며칠까지는 아니지만 몇 시간은 걸렸고, 효과가 전혀 없을 때도 많았다.[10] 무어는 이렇게 말한다. "환자가 죽지 않는 한 큰 소란은 없었고, 아무 조치도 취해지지 않았다."[11] 결국 무어와 병원재단 이사인 데이비드 로서David Rosser는 BMW 공장을 돌다가 보건부 업무를 개선할 방법을 찾았다. BMW는 오류에 무관용 정책을 취했다. 모든 사고를 추적 관찰하고 필요하면 조치를 취했다. 공장 방문 이후로 병원은 CSE 헬스케어CSE Healthcare와 협력하여 처방정보전달시스템PICS(Prescribing, Information and Communication System)을 개발해 성과를 추적 관찰하고 해결책을 활성화했다. 병동마다 한 대씩 설치한 PICS 대시보드는 놀라운 실적을 냈다(예를 들어 이제 병원은 전에는 처리에 30시간은 걸리던 항생제 내성 세균 발생을 평균 10초 안에 처리한다). 학습과 적응의 아주 좋은 예다.

그러나 다음 단계는 순조롭게 진행되지 않았다. 보건부는 다른 병원에도 PICS 대시보드를 설치하라고 독려했지만 별 효과가 없었다. 의료정책연구소 킹스펀드King's Fund는 보건부 최고 원칙이 우수성보다는 표준화이며, 관료주의에서 벤치마크나 우수 관행, 사례 연구를 선호하기 때문에 누구에게도 평균보다 잘 하려는 동인이 되지 않는다고 지적한다. 줄리 무어와 데이비드 로서가 병원 밖으로 나가 자동차 공장을 방문하기로 결정한 번뜩이는 개인 통찰력은 그저 특이한 사례였을 뿐이다. 영국 보건부의 생태계는 반복이 중심이고, 변화나 다양성에는 보상을 하지 않는다.

이런 경우, 변화는 주로 외부에서 올 가능성이 높다. 미국 가정의 제레미 브레너Jeremy Brenner는 길거리 총격 사건에 휘말렸다가 사람들에게 정말 필요한 것에 각종 제도가 전혀 대응하지 못하는 무능력한 모습에 당황하고 충격을 받았다. 그는 먼저 지역 경찰에 취약지역을 보여주는 범죄지도 전산화 자료를 만들라고 요구했다. 경찰이 거부하자 브레너는 스스로 지도를 만들었다. 그렇게 취약지역을 보여주는 역동적인 실시간 지도가 나왔고, 여기서 세 가지 극적인 결과가 파생되었다. 의료서비스 개선, 치안유지활동 개선, 그리고 비용 감소였다. 이제는 전국에서 각 개인과 비영리 단체들이 데이터를 분석해 사람들이 진정 원하는 바를 파악하고(닷컴기업들이 여러 해 동안 해왔듯이) 그에 맞게 공급을 한다. 그러자 사람들이 더 건강해지고 의료비용이 감소하는 이익도 생겼다. 일레인 슈밀트가 유전자 데이터로 그린 그림으로 그랬듯, 브레너는 창조정신을 간추려 보여준다.[12] 두 사람 다 개인의 본능과 독창성을 활용하여 타인에게 훨씬 의미 있는 무언가를 만들었다. 창의성은 단지 새로운 생각을 하는데서 그치지 않고, 이를 실행하고 바람을 가능성으로 전환해야 한다. 그러니까 아이디어를 자산으로 취급해야 한다.

아이디어는 우리가 늘리거나 다각화하는 투자(관심과 시간, 돈)에서 나오는 결과이고 이것이 미래의 결과물을 결정하므로 자산으로 취급해야 마땅하다. 아이디어를 자산으로 취급하면 창조시장의 본질을 파악하는 데 도움이 된다. 재무 관점에서 자산시장은 투기영역, 그러니까 대량생산보다는 일회성 거래의 세계다. 생각하기에 노력을 기울이면 다른 자본자산에 투자할 때와 마찬가지로 확실히 가치와 효과가 올라간다.

수요와 공급은 유동적이다. 이곳은 개성과 전망, 우연과 사고로 이루어진 세상이다. 우리가 자신이나 타인의 아이디어를 가지고 거기에 개인 가치를 더하고 새롭고 독창적인 무엇을 만들면 창의성이 생긴다. 여기에 공식적인 거래 시세는 없다. 어떤 사람이 낸 아이디어는 다른 사람에게는 재미없거나 쓸모없을지도 모른다. 돈은 돈이지만, 아이디어는 좋기도, 나쁘기도, 그저 그렇기도 하다. 어느 날은 좋았다가 다음 날은 나빴다가 한다.

투자전략도 다양하다. 현금은 침대 밑에 숨겨두고 가치가 주는 대로 내버려 두기도 하고, 쓰기도 하고, 투자해서 불어나기를 바라기도 한다. 창조자산도 마찬가지로 잠자게 둘 수도, 쓸 수도, 투자할 수도 있다.

창의성의 이러한 형태는 쉽게 혁신으로 바뀌며 둘 사이를 가르는 경계선은 모호하다. 창의성은 점차 새로운 업무방식, 신기술, 새로운 알고리즘, 미지의 타인들이 하는 새로운 과정을 논하는 폭넓은 대화 주제가 되기도 한다. 2012년 상하이창의성학교에서 디지털 기술과 성과에 관한 국제 세미나를 개최한 적이 있다. 처음에 나선 연사들은 자신이 지식 부문에서 얼마나 자격이 있는지 증명하느라 열심이었고, 이런저런 결정이 예술 기반이니 기술 기반이니 구별하기도 했다. 그러나 회의가 끝날 무렵에는 다들 그런 세세한 차이는 더 큰 전체 앞에서 사라지며, 예술이든 기술이든 그저 자신이 하려는 일을 대하는 서로 다른 사고방식에 불과하다는 사실을 깨달았다.

아이디어는 관리하고 목적의식을 뚜렷하게 할 때 가장 큰 이익을 낳는다. 아이디어는 작고 유연한 생태계에서 잘 자란다. 이 생태계에는 전업으로 생각하는 사람들과 네트워크 사무실도 있고, 권리를 관리하는 법과 아이디어를 재산으로 전환할 수 있거나 그래야 하는 시점, 그리고 가장 비용효율적인 전환 방법을 아는 사람들도 있다.

상점에서 돈을 주고 사거나 다운로드 받은 대상은 내 소유가 되면 거기서 모든 일이 끝나는 듯하다. 어차피 판매조건에서도 대개 그 이상은 사용을 금지한다. 그러나 창조본능이라는 이 생태는 그렇게 쉽게 포기하지 않는다. 내가 한 일, 내가 지금 가진 것, 내가 다음에 할 수 있는 일, 나 말고도 그것을 즐길 만한 사람에 관해 생각하면 나는 또 자극을 받아 그것을 사용할 방법을 더 궁리하고, 그렇게 창의성은 다시 순환을 시작한다.

이 책에서는 줄곧 경제와 시장에 집중했지만, 창조생태계가 미치는 전반적 영향력은 훨씬 광범위하다. 우리가 아이디어와 발명을 취급하는 방식은 사회와 문화, 정치 사안에도 파급효과가 있다. 아이디어와 발명품의 소유권을 어떻게 결정하는가, 그리고 누가 결정하는가에 따라 우리가 스스로 만들어내는 사회가 달라진다.

창조자산을 억누르거나 잘못 사용하는 사회는 번영하지 못한다. 그러나 우리가 이 새로운 창조경제를 이해하고 잘 관리하면 개인도 이익을 얻고 사회도 보상을 받는다. 창의성을 보편적 인간 특성으로, 또 학습과 적응 과정의 출발점으로 본다면 첫 발걸음은 뗀 셈이다.

감사의 말

전 세계에는 창의성에 관해, 그리고 창의성이 어떻게 시작하고 자라며, 또 어떻게 해야 그 가치가 더 커지는지를 항상 생각하는 사람들이 있다. 그런 여러 사람이 도와주지 않았다면 이 책은 나오지 못했을 것이다. 그들 모두에게 감사하며 그러한 사람들이 창의성에 관해 대화할 때 이 책을 유용하다고 생각하기를 바란다. 런던 BOP 컨설팅과 상하이, 베이징에 있는 동료들에게 특히 고맙게 생각한다. 내 에이전트인 PFD의 마이클 시슨스Michael Sissons와 처음부터 이 아이디어를 열렬히 지지한 펭귄 출판사 편집인 스튜어트 프로핏Stuart Proffitt에게 감사의 말을 전한다. 그리고 '벨기에의 왕'은 물론이고 다른 여정에도 나와 함께 항해한 아리안 뱅크스Ariane Bankes에게도 언제나처럼 깊이 감사한다.

서문 누가, 왜 창조하는가?

1. *Capitalizing on Complexity*, Global CEO Study, IBM, 2010

2. Elaine Shemilt, 'A Blueprint for Bacterial Life', Birkbeck College, 2006

제1장 오크들이 옥스퍼드 서커스를 가로지를 때

1. Humphrey Carpenter, *The Letters of J. R. R. Tolkien*, HarperCollins, 1981

2. 2006년 6월 3일, 워싱턴 DC의 미국 공로단체Academy of Achievement 인터뷰에서

3. 2012년 1월 13일 저자와의 인터뷰에서

4. C. A. Ronan, *The Cambridge Illustrated History of the World's Science*, Cambridge University Press, 1983

5. Edward O. Wilson, *Consilience: The Unity of Knowledge*, Little Brown, 1998

6. Hasan Bakshi, Alan Freeman and Peter Higgs, 'A Dynamic Mapping of the UK's creative industries', NESTA, 2013

7. Abraham H. Maslow, *Motivation and Personality*, Harper and Brothers, 1954

8. Linus Torvalds and David Diamond, *Just for Fun*, Harper Business, 2001

9. Fred Hoyle, 'The Universe: Past and Present Reflections', *Engineering and Science*, November 1981

10. *Family Spending, 2011 Edition*, Office of National Statistics, London; Consumer Expenditure Survey, Bureau of Labor Statistics, Washington DC, 2011

제2장 3대 명제

1. 'The Foundations of Lifelong Health are Built in Early Childhood', Center on the Developing Child, Harvard University, 2010

2. Noam Chomsky, 'Approaching Universal Grammar from Below', in Uli Sauerland and Hans Martin Gartner, eds, *Interfaces + Recursion =Language?*, Walter de Gruyter, 2007; and Steven Pinker, *The Language Instinct*, William Morrow and Company, 2007; and Steven Pinker, *The Language Instinct*, Allen Lane, London 1994

3. Bill Gross, 'The $300 House', *Harvard Business Review Blog Network*, 25 October 2010; http://blogs.hbr.org/cs/2010/10/the_300_house_the_design_chall.html

4. Venkataraman Krishnaswamy, 'Closing the Electricity Demand-Supply Gap', World Bank, 2007 참조

제3장 첫째가는 재능

1. 2000년 1월 23일자, *The Sunday Times*

2. Herman Vaske, *Why are You Creative?*, How Design, 2002

3. Kurt Vonnegut, *A Man Without a Country*, Seven Stories Press, 2005

4. Robert Craft, *Stravinsky: Chronicle of a Friendship*, Nashville, 1994

5. 피카소는 인터뷰에서 "컴퓨터는 쓸모가 없다. 대답밖에 하지 못하니까"라고 말했다. Paris Review, 32, 1964

6. Daniel Kahneman, *Thinking, Fast and Slow*, Farrar Straus and Giroux, 2012

7. C. J. Jung, *The Development of the Personality, The Collected Works*, vol. 17, Routledge, 1954

8. Richard Fisher, 'Dream a Little Dream', *New Scientist*, 16 June 2012

9. Jennifer Wiley and Andrew Jarosz, *Psychology of Learning and Motivation*, vol. 56, 2012

10. Mihaly Csikszentmihalyi, Flow: *The Psychology of Optimal Experience*, Rider, 1990

11. Charles Sherrington, Man on his Nature, Penguin, 1940

12. Somerset Maugham, The Summing Up, Heinemann, 1938

13. A. N. Whitehead, *Science and the Modern World*, Macmillan, 1925

14. J. R. R. Tolkien, *The Lord of the Rings*, Allen and Unwin, 1954

15. Johan Huizinga, *Homo Ludens*, Routledge, 1949

16. David Puttnam, 'Behind and Beyond the Screen', *The Utopian Papers*, Newell and Sorrell, 1996

17. Richard Feynman, *The Pleasure of Finding Things Out*, video, BBC, 1981; book, Perseus, 1999

18. Anthony Storr, The Dynamics of Creation, Secker & Warburg, 1972

19. 이 단편은 *The Crack-Up*, New Directions, 1945에 수록되어 있다.

20. Peter Bazalgette, 'How to Spot (and Manage) the Creatives', *Broadcast*, 20 November 1998

21. K. Anders Ericsson, *The Road to Excellence*, Psychology Press, 1996; Malcolm Gladwell, Outliers, Allen Lane, 2008

22. Erving Goffman, *Where the Action Is*, 1969

23. 'Breaking the Rules: Apple Succeeds by Defying Core Valley Principles', WIRED, 18 March 2008

24. Peter Ackroyd, *T. S. Eliot*, Hamish Hamilton, 1984

25. Bob Dylan, 'It's Alright, Ma (I'm Only Bleeding)', Columbia, 1965

26. Kamil Idris, Introduction to WIPO, Annual Report (1999)

27. Richard Findlater, *The Player Kings*, Weidenfeld and Nicolson, 1971

제4장 아이디어가 뿌리내리는 곳

1. 스타인벡은 1947년 로버트 밴 겔더와 인터뷰를 하면서 이 말을 했다. Jay Parini, *John Steinbeck: A Biography*, Trafalgar Square, 1994에서 인용

2. Soedjatmoko, 'The Future and the Learning Capacity of Nations', Louis G. Cowan Lecture, 11 September 1978

3. Kenneth Goldsmith, *Uncreative Writing*, Columbia University Press, 2011

4. 모방과 상호 즐거움의 연결성은 애들레이드대학의 피오나 커Fiona Kerr가 경영의 신경과학에 관한 연구에서 살펴보았다.

5. Richard Dawkins, *The Selfish Gene*, OUP, 1976

6. Francis Galton, 'Vox Populi는', *Nature*, 28 March 1907; Eric S. Raymond, *The Cathedral and the Bazaar*, O'Reilly, 1999

7. Keith Johnstone, *Impro: Improvisation and the Theatre*, Methuen, 1981 참조

8. 집단 지성에 관한 내용은 Charles Leadbeater, *We-Think*, Profile, 2008 참조

9. The Valve Handbook for New Employees', http://newcdn.flamehaus.com/

10. 이 말은 다음 기사에서 인용했다. Ross Tieman, 'From Teamwork to Collaboration', *Financial Times*, 15 March 2012

11. Edward de Bono, *Six Thinking Hats*, Time Warner, 1985

12. 기억과 참여의 연결 관계는 Kenneth T. Kishida and others, 'Implicit Signals in Small Group Settings', *Philosophical Transactions of the Royal Society*, 23 January 2012 참조

13. Rabindranath Tagore, *Gitanjali*, Macmillan, 1970

제5장 아이디어 관리하기

1. Joseph Schumpeter, *Capitalism, Socialism and Democracy*, Allen& Unwin, 1943
2. 유렵의 새로운 노동방식에 관한 데이터는 *Fifth European Working Conditions Survey* (2012), Eurofound에서, 다른 나라 데이터는 OECD Factbook, 2012 참조
3. 다국적 기업의 낮은 세율에 관한 내용은 2012년 6월 OECD 재정위원회 보도자료 참조. Media Release, Committee on Fiscal Affairs, OECD, Los Cabos, June 2012
4. Daniel Bell, *The Matching Scales*, Louis G. Cowan Lecture, 12 September 1979
5. Peter Drucker, *The Landmarks of Tomorrow*, Harper and Brothers, 1959
6. 에머슨의 말은 다음 책에서 인용했다. Bliss Perry (ed.), *The Heart of Emerson's Journals*, Dover, 1995
7. 이 설문 조사는 다음 기사에 실렸다. 'Information Strategy', *Economist*, March 1997
8. Ernest Hall, *In Defence of Genius*, Arts Council of England, 1996
9. 베조스는 이 말을 잡지 인터뷰에서 했다. Upside, October 1996
10. Ayelet Fishbach and Jinhee Choi, 'When Thinking about Goals Undermines Goal Pursuit', *Organizational Behavior and Human Decision Processes*, 118 (2012), 99.107
11. 베일리스의 말은 다음 신문에 실렸다. *The Times*, 14 March 2000
12. 오팔리의 말은 다음 기사 참조. Schumpeter, 'In Praise of Misfits', *Economist*, 2 June 2012

13. 기업가의 높은 난독증 비율에 관해서는 Julie Logan, *Dyslexic Entrepreneurs*, Cass, 2010 참조

14. 배런은 1994년 채널 파이브에 관해 런던에서 열린 한 회의에서 전략이 없다는 말을 했다. John Howkins, 'Why Michael Porter is Wrong', BOSS, *Australian Financial Review*, September 2006 참조

15. Scott Cook, 'Emergent Strategies', *Harvard Business Review*, June 2011

16. 켈리의 말은 다음 기사에 실렸다. Stefan Stern and Peter Marsh, 'The Chaos Theory of Leadership', *Financial Times*, 2 December 2008

17. John Kao, *Jamming: The Art and Discipline of Business Creativity*, HarperBusiness, London, 1996

18. Pam Jones, 'Leading Complex Teams: A Model for the Future', World Future Annual Conference, 29-31 July 2007

19. Alfred Marshall, *The Principles of Economics*, Macmillan, 1890

20. Charles Leadbeater, *Living on Thin Air*, Viking, 1999

21. 할리우드에 진입한 외부자에 관한 기사는 *Wall Street Journal*, 10 April 1994 참조

22. 배리 딜러의 말은 다음 신문 기사에 실렸다. *Financial Times*, 10 March, 1990

23. 유튜브 비디오 제작자 기사는 다음 기사 참조. Rob Walker, 'On YouTube, Amateur is the New Pro', *The New York Times*, 28 June 2012

24. 니더로어Niederauer의 말은 다음 기사 참조. *Economist*, 16 June 2012

25. 크라우드 펀딩 규제는 Steven Bradford, 'Crowd funding and the Federal Securities Laws', *Columbia Business Law Review*, 2012 참조

26. UKIE가 만든 크라우드 펀딩 규제의 틀은 *Crowd Funding Report: A Proposal to Facilitate Crowd-funding in the UK*, UKIE, 2012 참조

27. 퍼트넘은 2012년 7월 25일 영국국립영화학교National Film and Television School 연설에서 이 말을 했다.

28. 유럽이 실리콘밸리의 맞수를 만들어낼 능력이 없다는 기사는 다음 참조. 'Lessons from Apple', *Economist*, 9 June 2007

29. '거래와 계약 협상하기' 부분의 내용은 다음 자료를 근거로 했다. Richard E. Caves, *Creative Industries: Contracts Between Art and Commerce*, Harvard University Press, 2001, and John Howkins, *Creative Ecologies: Where Thinking is a Proper Job*, UQP, 2009

30. 스타워즈 관련 상품 수입 내용은 Alex Ben Block, 'The Real Force Behind Star Wars', *Hollywood Reporter*, 17 February 2012 참조

31. 조너선 아이브는 2012년 8월 3일 런던 ICT 기업인 정상회의에서 이 말을 했다.

32. 아인슈타인의 말은 다음 신문에 실렸다. *Observer*, 15 January 1950

제6장 아이디어 소유하기

1. 지식재산의 미묘함에 관한 언급은 다음 세 자료 참조. *Intellectual Property and the National Information Infrastructure*, Information Infrastructure Task Force, 1994; Folsom v. Marsh, 9 F.cas. 342, 344 (CCD Mass. 1841); and Mark Twain's *Notebook*, 1902.1903

2. Ian Hargreaves, *Digital Opportunity*, IPO, 2011

3. BOP Consulting, '*Design Economics: International Comparisons*, IPO, 2012 참조

4. 1813년 8월 13일 제퍼슨이 아이잭 맥퍼슨에게 보낸 편지. Merrill D. Peterson (ed.), *Thomas Jefferson: Writings*, Library of America, 1984

5. 책이 저자의 소유라는 디포의 발언은 Raymond Williams, *The Long Revolution*, Chatto and Windus, 1961 참조. 글쓰기가 상업에서 아주 중요한 분야라는 발언은 1725년 《애플비저널*Applebee's Journal*》에 실렸다.

6. *The Internet and Copyright*, Green Paper, Department of Commerce, 1999

7. John Perry Barlow, 'The Economy of Ideas', *WIRED*, 2.03, March 1994

8. 광범위한 저작권 침해의 결과는 Stephen Siwek, *The True Cost of Copyright Industry Piracy to the US Economy*, Institute for Policy Innovation, 1997 참조. 롭 레이드Rob Reid가 제작한 비디오 *Copyright Math* (2012)는 풍자적이면서도 사실에 근거해서 다른 견해를 제시한다.

9. 빈곤국 미디어 불법 복제에 관해서는 다음 참조. Joseph Karaganis, 'Media Piracy in Developing Countries', SSRC, 2011; www.piracy.ssrc.org

10. 페트라르카가 퍼스 작가 축제에서 연설한 이 내용은 다음 신문에 실렸다. *Sydney Morning Herald*, 26 February 2013

11. 1997년 마이크로소프트 내부 문서 'Halloween Report'

12. Eric S. Raymond, *The Cathedral and the Bazaar*, O'Reilly, 1999

13. CODE회의 자료 전체는 www.cl.cam.ac.uk/conference/code 참조

14. ENCODE 관련 추가 정보는 www.encodeproject.org/ 참조

15. 한스 로슬링의 발언은 다음 잡지 기사에 실렸다. 'Making Data Dance', *Economist*, 9 December 2010

16. 백악관 발표 자료 참조. Directive Supporting Access to Publicly Funded Research, White House, 22 February 2013; 'Open Data Policy: Managing Information as an Asset' (M-13-13), White House, 9 May 2013

17. Tim Berners-Lee, *TED Talk*, 2009

18. 특허가 스마트폰에서 하는 역할은 다음 기사 참조 Geoff McCormick, 'Patents Wars: Stripping the iPhone Bare', *BBC News*, 16 February 2012

19. 삼성은 애플만큼 멋지지 않다는 판결은 www.bailii.org/ew/cases/EWHC/Patents/2012/1882.html 참조

20. Andrew Gowers, *Review of Intellectual Property*, TSO, 2006

21. James Gleick, 'Patently Absurd', *The New York Times*, 12 March 2000

22. Lawrence Lessig, *Code and Other Laws of Cyberspace, Basic Books*, 1999

23. 슈미트 회장 인터뷰는 2012년 12월 4일자 《월스트리트저널》에 실렸다.

24. European Patent Offnte, *Patents for Software?*, 2012

25. 수브차른 박사의 말은 다음 참고자료에 인용되어 있다. D. R. Mankekar, *Media and the Third World*, Indian Institute of Mass Communication, 1979

26. 이 표현은 다음 자료에 기록되어 있다. S Rep. No. 1979, 82nd Congress, 2nd Session, 5 (1952)

27. 개인 신체 부위의 독점 소유에 관한 법원 판결 자료는 다음과 같다. *Moore vs University of California*, 51 Cal. 3d 120; 271 Cal. Rptr. 146; 793 P.2d 479. 추가 참고자료는 James Boyle, *Shamans, Software and Spleens*, Harvard University Press, 1996

28. 이 인용문의 출처는 EU 지침이다. EU Directive 98/44, Article 5.2

29. 소송 관련 자료는 *Association for Molecular Pathology vs Myriad Genetics Inc.*, Supreme Court, 12.398, 13/6/13

30. Immanuel Kant, *The Critique of Judgement*, translated J. C. Meredith, Hackett

31. 1976년 백악관 대통령 국가정보정책 전담반 보고서 참조. Presidential Task Force on National Information Policy, report, White House, 1976

32. Jeffrey Sachs, 'Helping the World's Poorest', *Economist*, 14 August 1999

33. 영국 저작권 허브 타당성 연구는 리처드 후퍼가 주관했다. Richard Hooper, *Copyright Works*, IPO, 2012

34. WIPO와 오픈 소스 소프트웨어 이야기는 로렌스 레식의 다음 글에 나온다. Lawrence Lessig, 'Open Source, Closed Minds', *E-Week*, 1 October 2003; www.lessig.org/content/columns/cio3.pdf

35. 노키아 소송부서장인 리처드 배리Richard Vary는 2012년 4월 12일 분쟁이 사업에 악영향을 미친다는 주제 'Bifurcation: Bad for Business'로 영국 지식재산청에서 발표하면서 이 수치를 언급했다.

제7장 찾고, 배우고, 섞고, 공유하고

1. 앱과 온라인 비교는 모바일 분석 회사인 플러리Flurry에서 제공한 2013년 자료다.

2. 온라인 쇼핑 데이터는 다음 자료 참조, 'Are You Giving Your Customers What They Really, Really Want?', *WorldPay*, 2012

3. 아랍의 봄에 온라인 소셜 미디어가 미친 영향은 다음 참조. Chris Zambelis, 'Information Wars: Assessing the Social Media Battlefield in Syria', Combating Terrorism Center (CTC), 2012

4. Gary Wolf, 'The Data Driven Life', *The New York Times Magazine*, 28 April 2010; www.quantifiedself.com

5. 스텔스와 샤크 등 매매 알고리즘은 다음 책 참조. Scott Patterson, *Dark Pools*, Random House, 2012

6. 결혼 생활이 깨질 조짐을 기업이 안다는 사실은 다음 기사에 실렸다. Oliver Burkeman, 'Reality Check', *Guardian*, 15 March 2011

7. Isenberg, 'The Rise of the Stupid Network', *Computer Telephony*, August 1997. isen.com/stupid에도 게재되어 있다.

8. Peter Martin, *Financial Times*, 20 October 1998

9. John Naughton, 'Everything You Ever Need to Know About the Internet', *Observer*, 20 June 2010

10. 조니 블랙이 2012년 5월 4일 저자에게 보낸 이메일

11. 에린 매키욘은 2012년 3월 뉴욕에서 열린 2012 저작권 회의Copyright Conference에서 연사로 섰다.

12. 앨범 판매고 데이터는 2012년 6월 신음악 토론회New Music Seminar 자료 참조; http://newmusicseminar.com/

제8장 창조경제의 심장부: 예술, 디자인, 미디어, 혁신

1. 미국의 쇠퇴에 관한 글은 다음 기사 참조. Edward Luce, *Time to Start Thinking: America in the Age of Descent*, Atlantic Monthly Press, 2012

2. 디지털 미디어와 문화 유산 간 격차는 John Howkins, 'Digital Divide', WIPO, 2010 참조

3. 창조 생산을 다루는 방식은 미국 상무부 경제국에서 발표한 다음 자료 참조. 'Preview of the 2013 Comprehensive Revision of the National Income and Product Accounts', Bureau of Economic Affairs, Department of Commerce, March 2013

4. 영국 연구개발비 지출 자료는 다음 자료 참조. Peter Goodridge and Jonathan Haskell, 'Film, Television & Radio, Books, Music and Art: UK Investment in Artistic Originals', IPO, 2011; 'Copyright Adds £3 billion to National Accounts', IPO, 8 June 2012

5. 영국의 새로운 접근법을 다룬 자료는 다음 참조. Hasan Bakshi, 'Alan Freeman, and Peter Higgs, 'A Dynamic Mapping of the UK's Creative Industries', NESTA, 2013, and Hasan Bakshi ', Ian Hargreaves, and Juan Mateos-Garcia, 'A Manifesto for the Creative Economy', NESTA, 2013

6. 명품시장은 다음 보고서 참조. Dr. Thitiporn Sanguanpiyapan, *A Love Affair with Luxe*, 2008

7. 미술 관련 자료는 《미술신문Art Newspaper》, 아트프라이스닷컴, 경매 결과 참조

8. 세계 시장 자료는 다음 자료 참조. Clare McAndrew, *The International Art Market*, TEFAF, Maastricht, 2013

9. 영국 미술시장 가치는 다음 자료 참조. Arts Economics, 'The British Art Market: A Winning Global Entrepot', BAMF, 2011

10. 책 자료는 다음 조사 기관 및 자료 참조. Bookseller; Bowker; Nielsen; Publishers Association of China and *Publishers Weekly*.

11. 세계 도서시장 중국 점유율은 다음 자료 참조. David Graddol, 'The Future of English', British Council, 1997

12. 공예부문 자료는 다음 참조. Bundesverband Kunsthandwerk; Crafts Council; and Craft and Hobby Association

13. 영화부문 자료 출처는 다음 각 기관 및 잡지 등 자료 참조. British Film Institute (BFI); British Screen Advisory Council (BSAC); CMM Intelligence, Beijing; European Audiovisual Observatory; Film Business Asia; KPMG; Motion Picture Association of America (MPAA); Nielsen; Nigerian Films and Video Census Board; *Screen International and Variety*

14. 넷플릭스가 사용권과 관련해서 지출하는 비용은 다음 자료 참조. Brooks Barnes, 'Web Deals Cheer Ailing Hollywood', *The New York Times*, 11 March 2012

15. 할리우드 6대 영화사 관련 자료는 모건스탠리Morgan Stanley의 벤자민 스윈번Benjamin Swinburne이 제공한 자료이며 다음 잡지에 실렸다. *Economist*, 25 February 2013

16. 음악 부문 자료 출처는 다음 단체다. Billboard British Phonographic Industry (BPI); China Performing Industry Association; International Federation of the Phonographic Industry (IFPI); PRS for Music; and Recording Industry Association of America (RIAA)

17. 2012년 100인 순위는 다음 참조 *Billboard*, 27 January 2012

18. 영국 음악시장 점유율은 다음 자료 참조 'Adding Up the Music', PRS for Music, 2011

19. 영국 음악업계에서 일하거나 자칭 음악가라고 하는 사람들에 관한 자료는 다음 참조. Creative & Cultural Skills Council, 'The Music Blueprint', 2011

20. 중국 음악시장 자료는 다음 참조. *People's Daily*, 21 March 2013

21. 모던 스카이 무료 다운로드 제안은 다음 뉴스 참조. *BBC News*, 21 February 2008

22. 공연부문 자료 출처는 개별 제작자와 다음 기관 참조. Broadway League; China Performing Industry Association; IBDB; Society of London Theatre (SOLT); *Variety Stage*

23. 〈레 미제라블〉자료는 회사 웹사이트와 언론 보도 사용

24. 중국 극장 관람객 자료는 다음 자료 참조. 'Theatre in China', Guangzhou Public Opinion Research Centre, 2012

25. 비디오게임 부문 자료 출처는 다음 기관 참조. Entertainment Software Association; Interactive Entertainment Association (UK); TIGA; and Information Industry Association

26. 건축 부문 자료 출처는 다음 참조. American Institute of Architecture (AIA); Architects' Journal Building Design Royal Institute of British Architects (RIBA); and Union Internationale des Architectes (UIA)

27. 'Global Construction Perspectives and Oxford Economics', *Global Construction 2020*, PwC, 2011

28. 자료는 다음 참조. China Industrial Design Association (CIDA); design-china.co; Design Council; Icograda; Industrial Designers Society of America (IDSA); International Council of Societies of Industrial Designers (ICSID); Japan Institute of Design Promotion; and eightsix.org

29. Lazlo Moholy-Nagy, *Vision in Motion*, Paul Theobald, 1947

30. 디자인에 집중하는 기업의 실적에 관한 자료는 다음 참조. *Multidisciplinary Design Education in the UK*, Design Council, 2010

31. 디자이너들이 디자인권에 관해 혼란스러워한다는 점은 다음 보고서 참조. BOP Consulting, *Design Economics*, IPO, 2011

32. 중국 디자인 학교 자료는 다음 참조. 'Design in China: Mapping Report', MovingCities, Shanghai, 2012

33. 패션부문 자료는 각 기업 보고서와 다음 참조. British Fashion Council; *Women's Wear Daily*

34. 인디텍스 표현은 다음 참조. www.inditex.com/en/who_we_are

35. 미국 패션산업은 다음 참조. 'Strengthening New York City's Fashion Wholesale Market', New York City Economic Development Corporation, 2009

36. 패션 시장과 온라인 쇼핑 데이터는 다음 자료 참조. 'The Future of Fashion', London Fashion Week, 2012

37. 중국의 패션시장 점유율은 다음 참조. Vincent Lui and others, 'Dressing Up: Capturing the Dynamic Growth of China's Fashion Market', *BCG Perspectives*, 2011

38. 장난감 부문 자료 출처는 다음과 같다. British Toy and Hobby Association (BTHA); International Council of Toy Industries; and Toy Industries of Europe (TIE)

39. 영국 부모들에 관한 유니세프의 비판은 다음 참조. 'Child Well-Being in UK, Spain and Sweden', UNICEF/HMSO, 2012

40. 광고 부문 관련 자료 출처는 다음과 같다. *Advertising Age* Advertising Association; American Advertising Association; Institute of Practitioners in Advertising; Nielsen; and World Advertising Research Centre

41. 신문과 잡지 부문 출처는 다음과 같다. Groupe Publicis; International Federation of Periodical Publishers (FIPP); International Publishers Association; Newspaper Association of America; Periodical Publishers Association; and Publishers Weekly

42. 중국 신문시장 데이터는 다음 참조. *Global Times*, 8 May 2012

43. TV와 라디오 자료 출처는 다음과 같다. European Audiovisual Observatory; Federal Communications Commission; Ofcom; State Administration of Radio, Film and Television; BBC; and CMM Intelligence, Beijing

44. 주연구개발 자료 출처는 각국 특허청 및 다음과 같다. Department for Business, Innovation and Skills (BIS); Department of Commerce; European Commission; National Science Foundation; Battelle

45. 바텔 전망은 다음 참조 '2012 Global R&D Funding Forecast', Battelle, 2011

46. 애플과 구글의 특허 관련 활동은 다음 기사 참조. Charles Duhigg and Steve Lohr, 'The Patent, Used as a Sword', *The New York Times*, 7 October 2012

47. 2010년 유효 특허 건수는 다음 참조.'Statistical Communique on National Economic and Social Development', National Bureau of Statistics, 22 February 2012

48. 유럽 연구개발 및 특허 자료는 다음 참조. 'Innovation Union Scorecard 2012', European Commission

49. 영국 연구개발 및 특허 자료는 다음 참조. Janet Finch, *Accessibility, Sustainability, Excellence: How to Expand Access to Research Publications*, Research Information Network, 2012

50. 중국 과학원 연구개발 투자 데이터는 다음 참조. *People's Daily*, 17 September 2012

51. 중국 특허 목표는 다음 참조. 'National Patent Development Strategy 2011.2020', SIPO, 2012

52. 소프트웨어 부문 자료는 기업 보고서와 다음 참조. Business Software Alliance; Gartner; Ministry of Information Industries, China; NASSCOM, India

53. 인도 소프트웨어 시장 성장은 다음 참조. 'The Software Industry and Developing Countries', UNCTAD, 2012

54. 닷컴기업 자료는 각 기업 보고서와 Alexa.com

제9장 도시: 사이에 존재하는 공간

1. 인구의 도시 이동 자료는 다음 참조. go.worldbank.org/QHKRLTGH70

2. Jane Jacobs, *The Economy of Cities*, Random House, 1969

3. Richard Florida, *The Rise of the Creative Class*, Basic Books, 2001

4. Charles Landry, *The Creative City*, Earthscan, 2000

5. Brian Uzzi and Jarrett Spiro, 'Collaboration and Creativity: The Small World Problem', *American Journal of Sociology*, September 2005

6. 트로이 카터의 말은 다음 기사에 실렸다. Neal Pollack, 'How Lady Gaga's Manager Reinvented the Celebrity Game with Social Media', *WIRED*, 21 May 2012

7. Martin Ruef, *The Entrepreneurial Group*, Princeton University Press, 2010

8. 문화의 세 가지 차원에 관한 내용은 다음 책에서 좀 더 발전시켰다. John Howkins, *Creative Ecologies*, UQP, 2009

9. 이 2012년 세계도시문화포럼은 다음 보고서 참조. BOP Consulting, *World Cities Culture Report 2012*, Greater London Authority, 2012

10. *Economist*, 22 October 2011

11. 코넬리의 발언은 다음 기사에 나왔다. 'Dreaming Up the Shape of Cars to Come', *New Scientist*, 21 August 2012

12. 도시 중심지의 동쪽 이동은 다음 글 참조. John Howkins, 'Why Cities Move from West to East', Architectural Association, 1970

13. 각종 정부정책 도구에 관한 내용은 다음 참조. 'Driving Growth Through Local Government Investment in the Arts', London Government Association, 2013

14. 보베라이트 시장은 2004년 한 TV 인터뷰에서 이 말을 했다.

15. 레빈 국장의 발언은 다음 행사의 발표 중에 나왔다. *World Cities Culture Report 2012* in Shanghai, April 2012

제10장 나의 두뇌, 나의 재산

1. Fernand Braudel, *Civilisation and Capitalism*, Collins, 1984

2. Karl Marx, *Capital*, William Glaisher, 1918

3. Fritz Machlup, *The Production and Distribution of Knowledge in the US*, Princeton University Press, 1962

4. 그린스펀의 발언은 다음 책에 인용되어 있다. Richard Bolton, Barry Libert and Steve Samek, *Cracking the Value Code*, HarperCollins, 2000

5. Jerry Hirschberg, *The Creative Priority*, Viking, 1998

6. Leif Edvinsson, *International Journal of Strategic management)*은 Managemal , 30 (3), Jule 1997

7. Bill Gates, 'Business @ the Speed of Light', *Business Strategy Review*, February 1999

8. 1998년 소니 연차 주주 총회

9. 연간 부의 규모에 관한 유엔 데이터는 다음 자료 참조. *Inclusive Wealth Report 2012*, Cambridge University Press

10. 영국 보건부가 겪는 문제는 데이비드 로서가 아주 잘 설명했다. David Rosser, 'The Role of Information in Ensuring Quality and Patient Safety', Mid Staffs Public Inquiry, 19 October 2011

11. 무어의 말은 다음 잡지 기사에 실렸다. 'From Petrol to Prescriptions', *Economist*, 16 June 2012

12. 브레너 이야기는 다음 기사에 실렸다. Atul Gawande, 'The Hot Spotters', *New Yorker*, 24 January 2011

찾아보기

ㅂ

ㅅ

ㅇ

ㅊ

ABC

123